本书为国家社会科学基金"十三五"规划 2020 年度教育学一般课题《新时代积极职业教育范式的行动研究》（批准号：BJA200094）、江苏省社会科学基金项目《产教融合背景下江苏职业教育创新技能型人才培养模式研究》（批准号：16JYB003）的研究成果，得到"十四五"江苏省重点建设学科"教育学"学科的资助

职业教育创新技能型人才培养模式：基于产教融合视域

蒋 波 著

中华工商联合出版社

图书在版编目（CIP）数据

职业教育创新技能型人才培养模式：基于产教融合视域／蒋波著.—北京：中华工商联合出版社，2022.6

ISBN 978-7-5158-3500-6

Ⅰ.①职… Ⅱ.①蒋… Ⅲ.①职业教育—人才培养—培养模式—研究—中国 Ⅳ.①G719.2

中国版本图书馆 CIP 数据核字（2022）第 108061 号

职业教育创新技能型人才培养模式：基于产教融合视域

作　　者：蒋　波
出 品 人：刘　刚
责任编辑：于建廷　王　欢
封面设计：十　一
责任审读：傅德华
责任印制：迈致红
出版发行：中华工商联合出版社有限责任公司
印　　刷：北京毅峰迅捷印刷有限公司
版　　次：2024 年 1 月第 1 版
印　　次：2024 年 1 月第 1 次印刷
开　　本：710mm×1000 mm　1/16
字　　数：240 千字
印　　张：13.5
书　　号：ISBN 978-7-5158-3500-6
定　　价：78.00 元

服务热线：010-58301130-0（前台）
销售热线：010-58301132（发行部）
　　　　　010-58302977（网络部）
　　　　　010-58302837（馆配部、新媒体部）
　　　　　010-58302813（团购部）
地址邮编：北京市西城区西环广场 A 座
　　　　　19-20 层，100044
http://www.chgslcbs.cn
投稿热线：010-58302907（总编室）
投稿邮箱：1621239583@qq.com

前 言
PREFACE

　　本书是国家社会科学基金"十三五"规划 2020 年度教育学一般课题《新时代积极职业教育范式的行动研究》 （批准号：BJA200094）、江苏省社会科学基金项目《产教融合背景下江苏职业教育创新技能型人才培养模式研究》（批准号：16JYB003）的研究成果，得到"十四五"江苏省重点建设学科"教育学"学科、江苏高校哲学社会科学优秀创新团队（江苏职业教育现代化研究）和江苏第二师范学院高层次人才引进项目的资助！

　　2021 年全国职业教育大会创造性地提出了建设技能型社会的理念和战略，也开启了我国职业教育事业的新征程。以"大国工匠"为代表的创新技能型人才是一个国家核心竞争力的重要体现之一。随着经济社会的快速发展和产业结构的转型升级，行业企业需要的不只是普通的技术技能型人才，更需要大批能够适应未来产业链、创新链发展的创新技能型人才。近年来，创新创业研究越来越受到各国心理学界和教育界的重视，创新技能型人才的培养也提到一些发达国家的教育议程。

　　产教融合、校企合作是职业教育的基本办学模式，是办好职业教育、实现创新技能型人才培养和职业教育高质量发展的关键所在。针对产教融而不合、校企合而不作这个难点、痛点、堵点问题，修订后的《职业教育法》以"产教融合"取代了"产教结合"，在多方面进一步明确了诸多举措，明确了行业企业支持职业教育高质量发展的社会责任。通过产教深度融合，能大大提高职业院校学生的岗位适应能力、职业能力和创新能力，缩短创新技能型人才的成长周期，使学校培养目标和企业需求紧密对接，增强人才培养的针对性、适应性、优质性，为现代制造业基地建设和经济社会的发展做出贡献。

本书在产教融合背景下，在明确创新技能型人才素质结构和主要特征的基础上，深入洞察职业教育产教融合人才培养模式的内外机制，提出了校企双方在利益、人员、资源、技术、制度和文化方面融合的长效机制，系统梳理国内外经典的职业教育产教融合模式，总结共性规律，将其创新理念、机制和举措应用于创新技能型人才培养体系的构建。

本书力求将产教融合理念与创新创业导向紧密融合，充分汲取产教融合与创新创业的理论研究、政策机制、实践探索的相关成果，系统探讨创新技能型人才发展的特点、成长机制和影响因素，从人才培养目标、内容、原则和途径等方面构建创新技能型人才培养模式，并较为系统地构建了职业院校创新技能型人才培养体系，为职业院校创新技能型人才的培养、教育教学管理和课程教学等方面的改革创新提供一定的实践基础。本书还探讨在产教融合背景下职业院校人才培养模式的转型发展。通过探索以产业行业企业为依托，充分发挥企业的优势，吸引并激励其参与职业院校办学，将前沿技术要点、最新市场信息融入职业院校人才培养过程，按照产业行业企业的先进标准，实现教学与生产融合，注重学生专业技术技能与创新能力的培养，以培养出更多能适应产业发展需要的创新技能型人才。

我在读研究生期间开始涉足创造性人才培养与创新教育的研究。2001 年 7 月，我的第一篇习作《创造教育的基本定位与模式建构》就发表于《江西教育科研》（现《教育学术月刊》）。2003 年硕士毕业后我就职于江苏技术师范学院（2012 年更名为江苏理工学院)。学校有着非常浓厚的职业教育研究的底色和特色,我受崔景贵教授及教育学学科团队的影响,开始关注并参与职业教育研究。先后主持完成了江苏省社会科学基金项目《培养创造性人才与职业院校教育改革研究》(2007年)、江苏省社会科学基金项目《产教融合背景下江苏职业教育创新技能型人才培养模式研究》(2016年)和多个市厅级项目的研究。十多年来围绕这些课题研究所撰写的论文和研究报告,发表于《职业技术教育》《职教论坛》《当代教育科学》《中国教育报》等期刊、报纸及全国性学术会议。其中多篇被"人大复印资料"《职业技术教育》《教育文摘周报》和《创造教育资料汇编(1999-2005)》(上海科学普及出版社,2006年版)等全文转载和收录。在对这些成果进行补充完善和系统化的基础上,最终完成本书。

特别感谢江苏理工学院校长崔景贵教授,英国考文垂大学健康与生命科学学院的 Gail Steptoe-Warren 教授,澳大利亚昆士兰大学人文社会科学学院 Robyn Gillies 教授,南京师范大学教科院博士生导师谭顶良教授对我的引导与指导!

感谢江苏省教育科学研究院职业教育与终身教育研究所副所长陈向阳研究员,苏州大学教育学院万东升教授,江苏第二师范学院教科院张岩教授,江苏理工学院纪委副书记汤涛研究员,社科处副处长季庆庆副研究员、许悦副研究员,管理学院党委书记贾仕林研究员,教育学院方翰青教授、胡维芳教授、张长英副教授、赵伟副教授,南京晓庄学院万增奎教授,南京旅游职业学院刘爱春副教授,常州刘国钧高等职业技术学校马学果副教授,无锡职业技术学院林佳燕,常州工业职业技术学院丁洁,浙江衢州职业技术学院王艳净,山东德州职业技术学院谷红敏等专家、同仁和朋友的关心、指导和帮助!感谢我的研究生潘梓年、孙桂敏、隆瑞、李媛媛、孙萍、杨薇薇等对书稿的校对!

江苏理工学院党办、院办副主任段向帅参与了本书第二章，江苏城乡建设职业学院学工处吴静、新疆生产建设兵团第二师华山职业技术学校孙娟参与了本书第六章部分内容的撰写，在此一并感谢！

感谢北京文智多图书有限公司甄利英女士、中华工商联合出版社责任编辑为本书的编辑出版付出的辛勤努力！

本书撰写过程中，参考了大量国内外的研究成果，由于篇幅有限，书后仅列出了直接引用的参考文献，间接引用的参考文献未能一一标出，谨对相关文献作者表示诚挚的歉意与谢意！由于本人学识水平有限，本书肯定还存在一些疏漏之处，敬请广大专家、同行和读者提出宝贵意见！

蒋 波

2022 年 5 月

目　录
CONTENTS

第一章
职业教育创新技能型人才培养概述

职业教育是我国国民教育体系和人力资源开发的重要组成部分，是广大青年打开通往成人成才成功大门的重要途径，肩负着培养多样化技术技能型人才、传承技术技能、促进就业创业的重要职责。随着 2021 年全国职业教育大会的召开，作为国民教育体系重要组成部分的职业教育摆在了更加突出的战略发展地位，迎来了更为重要的战略发展机遇期。针对这次全国职业教育大会，习近平总书记对职业教育工作作出重要指示，强调"在全面建设社会主义现代化国家新征程中，职业教育前途广阔、大有可为。要坚持党的领导，坚持正确办学方向，坚持立德树人，优化职业教育类型定位，深化产教融合、校企合作，深入推进育人方式、办学模式、管理体制、保障机制改革。"

当前，我国职业教育规模在整个教育的比重已经达到甚至超过 50%。《2021 年全国教育事业统计主要结果》显示：2021 年，全国共有本科层次职业学校 32 所、高职（专科）学校 1486 所、中等职业学校 7294 所。职业本科、高职（专科）、中等职业学校分别招收了 4.14 万人、552.58 万人、488.99 万人。职业本科在校生 12.93 万人，高职（专科）在校生 1590.10 万人，中等职业学校在校生 1311.81 万人。总体而言，本专科层次的职业院校为 1518 所，超过普通本科院校的 1238 所；本专科层次的职业院校招生 556.72 万人，超过普通本科招生的 444.6 万人。由此，可以说职业教育本专科层次的高校数量、人才培养规模已占据高等教育的半壁江山。近年来，我国职业教育获得快速发展，职业教育培养培训了大批中高级技术技能型人才，为提高劳动者素质、推动经济社会发展做出了重要贡献。

党的十九大报告强调"创新是引领发展的第一动力，是建设现代化经济体系的战略支撑""完善职业教育和培训体系，深化产教融合、校企合作""人才是实现民族振兴、赢得国际竞争主动的战略资源。努力形成人人渴望成才、人人努力成才、人人皆可成才、人人尽展其才的良好局面，让各类人才的创造活力竞相迸发、聪明才智充分涌流"。党的十九届五中全会继续强调创新在我国现代化建设中的核心地位，提出了在深入实施科教兴国战略、人才强国战略的基础上，要"完善国家创新体系"，还要"提升企业技术创新能力，激发人才创新活力"。创新驱动实质上是人才驱动。人才是国家和社会创新发展的根基，因此要把人才作为支撑发展的第一资源。教育成功不再是对内容知识的复制，而是将我们的所学外化和应用到新的情境中。① 知识的学习不只是学习的主要目的，更应该是学习的重要手段。学习的目的不应该是对知识的简单复制，在掌握基本知识的基础上，还要学会应用知识、拓展知识和创生知识。

《国家中长期教育改革和发展规划纲要（2010—2020 年）》指出，经济发展方式加快转变，都凸显了提高国民素质、培养创新人才的重要性和紧迫性……努力培养造就数以亿计的高素质劳动者、数以千万计的专门人才和一大批拔尖创新人才。国家高度重视创新人才的培养，从普通劳动者，到技术技能型人才，再到拔尖创新人才，分别提出了不同的要求。《中共中央国务院关于进一步加强人才工作的决定》也指出，要建设规模宏大、结构合理、素质较高的人才队伍，开创人才辈出、人尽其才的新局面，把我国由人口大国转化为人才资源强国。在这种背景下，职业教育的吸引力、被接受度不断得到增强，职业教育得到更多学生、家长的重视，其社会地位也逐步得到快速、持续的提升。

创新技能的开发和培养是现代职业教育的根本任务之一，不仅是职业院校学生素质发展的重要方向，也是职业教育发展的必然选择，同时还是经济社会和时代发展的迫切需要。新修订的《职业教育法》规定：国家建立健全适应经济社会发展需要，产教深度融合，职业学校教育和职业培训并重，职业教育与普通教育相互融通，不同层次职业教育有效贯通，服务全民终身学习的现代职业教育体系。职业院校学生创新能力的培养，核心任务是激发其创新意识，在知识学习与技能训练的过程中充分培养其创新思维、创新技能，发展其创新个性，换句话说，要让学生"愿"创新、"会"创新、"能"创新、"常"创新。

---

① [美] 菲德尔，比亚利克，特里林 . 四个维度的教育：学习者迈向成功的必备素养 [M]. 罗德红译 . 上海：华东师范大学出版社，2016.1-2.

第一节　创新技能型人才的概念界定与基本特征

为了建成教育强国、人力资源强国和技能型社会，推进社会主义现代化建设，职业教育需要在高质量发展理念的指引下，不断提高人才素质和技术技能水平。创新技能型人才是一个国家核心竞争力的重要体现之一。随着学科发展、技术创新和产业升级，经济社会对职业院校创新技能型人才的需求量也将越来越大。近年来，创新创业研究得到各国教育界、企业界和社会大众的越来越多的关注，研究文献也越来越多，研究成果层出不穷。创新技能型人才培养早已列入部分西方发达国家的教育议程。

一、创新技能型人才的概念界定

（一）创新性人才

创造与创新是两个完全不同的概念，创造是从无到有的过程，是作出第一、率先的或旷世绝伦的成果，是最高级的思维能力；而创新是从旧到新的过程，实际上是改良、刷新、改革、翻新等。① 由此可知，创新指的是在一定目标指引下，个体采取一定的措施，借助一定的工具，对原有的"旧"的常规的事物、元素、形式、方法、路径等做出"新"的变化和改进，进而"制造"出某种独特的、新颖的、有社会价值或个人价值的产品。这种产品可能是物质的，也可能是观念的；可能具有绝对的新异性，对于全人类是第一次的，也可能具有相对的新异性，对于个体是第一次的。创新性人才通常具有较强的创新意识、广泛的创新兴趣，良好的创新能力和坚韧的创新个性。

21世纪是各国社会创新发展的新时代，高度发展的创新能力是21世纪人才的核心素质之一。培养创新性人才，首先要从激发学生的创新意识，培养创新精神着手，以提高创新能力为核心，引导学生不断丰富和完善自己的创新技能，进而促进其整体素质的协同发展。因此，我们可以将人的创新能力分为以下三个层次：

第一层次为初级创新能力，指对个体而言是前所未有的第一次，一般只具有个人价值。通常来说，绝大多数人都具备这种初级创新能力。

第二层次为中级创新能力，指经过复制、模仿、拓展、变革或发明，在

---

① 刘道玉．教育问题探津［M］．北京：北京出版社，2019.34—35.

原有知识经验基础上进行变化，运用新的方式方法和工艺来重新组合材料，从而产生具有一定社会价值的产品的能力。在人类生活生产中的多数发明、创造都是借助这一层次的创新能力来实现的。

第三层次是高级创新能力，指经过个体通过长期不懈的努力，克服艰难困苦而产生的人类历史上的划时代的突破。具有高级创新能力的人少之又少，基本属于诺贝尔奖获奖者级别的。

根据人的创新能力的不同层次，创新性人才通常也分为三类（见表1-1）。初级创新能力对个人来说是前所未有的，在心理学中通常用"类创造"来指代。中级、高级创新能力可以用"真创造"来指代。

表1-1　创造性人才的基本分类

	创新性人才分类	具备此类创新性的人群
1	初级	较多
2	中级	较少
3	高级	极少

职业院校创新教育应重点关注中级创新性人才的培养。中级创新性人才通常以同行为参照，在个人原有知识经验的基础上，重新组合并加工创造出既有创意又有一定社会价值的新产品。总的来看，中级创新性人才具有以下基本特征：专业知识的储备博专结合，既有宽广的知识面，还有理解和思维的深度；以创新能力为特征的较高智商和娴熟的专业技能；具有强烈的创新意识和兴趣，在生产实践中时时刻刻表现出强烈的创新欲望；具有自由发展、勇于克服困难的创新个性，以及强健的体魄。

我们对江苏南京、无锡、常州、山东德州、福建福清、河南郑州、新疆石河子等省区16所中、高职院校的83位教师进行了调查，要求每位教师列出创新型学生的6种基本特征。归纳整理后的结果见表1-2，这与美国心理学家、"创造力之父"保罗·托伦斯的研究结果基本一致。

表1-2　职业院校创性型学生的基本特征

	职业院校创新型学生的基本特征	提及人数	百分比
1	想象力丰富，想法、办法多	75	90.36
2	兴趣广泛、好奇心强、求知欲旺盛	67	80.72
3	有高度的自觉性和独立性，不易受暗示	63	75.90
4	标新立异、思维的独创性强	60	72.29

	职业院校创新型学生的基本特征	提及人数	百分比
5	注重实践，善于摸索、探究	57	68.67
6	自信心强	52	62.65
7	顽强坚韧，遇到困难能够坚持，有毅力	46	55.42
8	与别人合作良好	42	50.60

（二）创新技能型人才

随着地方经济社会的快速发展和产业结构的调整、转型和升级，行业、企业需要的不只是普通的技术技能型人才，更需要大批能够适应未来产业链、创新链发展的创新技能型人才。创新技能型人才主要针对职业院校培养的人才而言的，并非指普通的技能型人才和创新型人才的叠加。培养创新技能型人才绝不意味着对传统技能型人才的全面否定，而是在原先培养模式的基础上，实行"规范"与"创新"并举，加强创新技能型人才的创新素质培育。在确保技能型人才的"规范性"特征的基础上，加入"创新性"特质，实现从培养技能型人才向培养创新技能型人才的转变。对职业教育而言，如果说在工业经济时代培养的是以"机械化""自动化"为标识的技术工人，那么在以创新为核心的数字经济时代，所培养的应该是以"创新"为灵魂的创新技能型人才。

综上，创新技能型人才是指职业教育培养面向企业一线，熟练掌握专门知识和技术，具有精湛的职业技能、良好的创新能力、优秀的创新个性和卓越的工匠精神，在工作实践中能够创新性解决关键技术难题的人才。

二、创新技能型人才的基本特征

（一）精湛的职业技能

创新技能型人才首先要有精湛的职业技能，这是他们的立身之本，能够展现个人和企业的风采。创新技能型人才的职业技能高度自动化、精细化，能够保证他们工作的高效率、产品的高质量。他们可以在高度开放性、动态性的环境下快速、优质地完成复杂的操作任务。他们的学习能力更强，在坚实的操作技能的基础上，他们能够快速适应新设备、新工艺、新方法，并能迅速转化为生产力。

（二）良好的创新能力

创新思维是创新能力的核心。创新技能型人才具有较强的发散思维，具体体现在三个方面：一是思维的流畅性，针对需要创新解决的问题，他们在短时间内能够迅速产生海量的对策；二是思维的灵活性，他们不局囿于常规思维，能够快速变换视角，采取对比、类比等多种思维方法去寻求答案；三是思维的独特性，他们发现问题的角度、分析问题的成因、问题解决的思路和对策可能都与众不同，给人耳目一新的感觉。

学习者不是单纯的学习"参与者"，而是他所学的东西的"创造者"。① 创新技能型人才在面对企业生产线上的关键技术难题，对企业产品开发、技术研发都能够开创性地完成。在工作过程中，他们对生产设备、生产工艺、产品质量保障等方面经常会进行创新性思考，经常会有创造性成果的产生。不少人通过深入系统地钻研，不断获得发明专利、实用新型专利。此外，良好的创新能力还包括信息获取能力、信息整合能力、想象能力和实践能力等。

（三）优秀的创新个性

创新个性主要由人的创新意识与创新品质两部分共同构成。其中，创新意识包括个体的创新需要、创新动机、创新兴趣和创新情感体验等内容。一般来说，职业院校创新技能型人才具有极强的好奇心和求知欲，有着强烈的创新欲望、广泛的创新兴趣，参与创新活动的心理体验也更加深刻。创新技能型人才的创新品质主要由独立性、自主性、坚持性、挑战性、进取性、竞争性和合作性等特征组成。个性的多样性，自主性和首创精神，甚至是爱好挑战，这一切都是进行创新活动的保证。② 个性因素是影响人才创新能力生成和发展的重要内因，决定着个体参加创新活动的动力过程和意志过程，同样对创新活动的认知过程也起到一定的激励和保证作用。罗晓路和林崇德（2006）的研究也发现，大学生的创新能力明显受到其创新个性和心理健康的积极影响。③

---

① ［法］焦尔当. 学习的本质［M］. 杭零译. 上海：华东师范大学出版社，2015.8.
② 国际21世纪教育委员会报告. 教育：财富蕴藏其中［Z］. 联合国教科文组织总部中文科译. 北京：教育科学出版社，1996.86.
③ 罗晓路，林崇德. 大学生心理健康、创造性人格与创造力关系的模型建构［J］. 心理科学，2006，29（5）：1031-1034.

（四）卓越的工匠精神

工匠精神首先是一种职业精神，它是创新技能型人才的职业道德、职业能力和职业品质的集中体现。新时代工匠精神的表征凸显勇于创新的精神和执着创业的信念，创新与创造是工匠精神的精髓。① 卓越的工匠精神主要包括敬业精神、精益求精、专注坚守、创新突破等精神。职业院校通过培育工匠精神赋予学生技能积累以核心价值，建立制度对工匠精神加以提倡和推崇，并对良匠良工进行保护与奖励，让职业教育在其中发挥核心和关键作用，切实让中国技能积累蕴含着强大和深沉的工匠精神，让中国制造真正成为中国良造、世界优造。② 创新技能型人才通常展现出爱岗敬业，尽职尽责、兢兢业业，忠于职守；在对产品质量的追求上做到"吹毛求疵"、追求极致、精品意识极强；在工作坚守上能够做到执着、坚守、坚韧、扎根；在创新突破上，热衷发明、力求突破、勇于革新。

第二节 创新技能型人才的素质结构与主要层次

教育必须充分发挥人力资源开发的长效作用，不断增进我国经济发展动能由要素驱动、投资驱动向创新驱动转换。当今世界，人才资源作为经济社会发展第一资源的特征和作用更加明显，人才越来越成为推动经济社会发展的战略性资源。③ 创新技能型人才在专业操作技能、创新能力、创新个性和工匠精神等方面都有着突出的表现。为了进一步识别并有效培养创新技能型人才，职业院校教师有必要了解他们的基本素质结构，在此基础上，进行针对性的培养和培训。

一、创新技能型人才的素质结构

创新技能型人才的素质结构涉及专业发展与创新发展两个方面，是一个以知识素质、能力素质和个性素质为核心的、多层次、多维度的结构系统（见图1-1）。

---

① 陈建录，袁会晴. 高校创新创业教育中的工匠精神培育 [J]. 教育研究，2018，(5)：70..

② 米靖，赵伟. 职业教育如何开启提质培优高质量发展新征程 [N]. 光明日报，2021-4-27 (13).

③ 编写组. 习近平总书记教育重要论述讲义 [M]. 北京：高等教育出版社，2020.75.

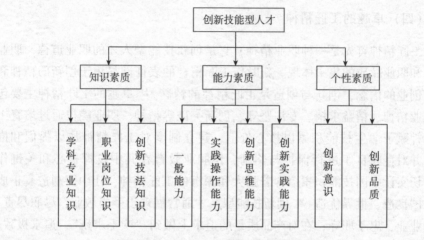

图1-1 创新技能型人才基本结构图

（一）知识素质

在这个系统中，知识素质是创新技能型人才的基础，包括学科专业知识、职业岗位知识和创新技法知识。学科专业知识主要指他们所从事的专业基础理论知识，学科大类知识。这一类知识更为宽泛，是职业岗位知识和创新技法知识的基础。职业岗位知识与学科专业知识有着密切的联系，主要是指他们在企业工作岗位上习得的涉及生产、经营、管理、科技研发等方面的知识。创新技法知识主要包括创新理论的一般知识、创新技术和方法知识等。在掌握这些知识的同时，能力素质和个性素质也得到相应的发展，反过来，能力和个性也会促进知识的学习。

（二）能力素质

能力素质则是创新技能型人才的核心，通常包括一般能力、实践操作能力、创新思维能力和创新实践能力。具体来看，一般能力主要指智力，主要包括注意力、感知力、记忆力、想象力和思维力，其中，思维力是核心。良好的智力是创新技能型人才实践操作能力和创新能力发挥的基础。就注意力而言，创新技能型人才需要有较大的注意广度、长时间的注意稳定性、较强的注意分配能力、快速的注意转移能力，要能将较为简单的工作任务的有意注意转化为有意后注意。就记忆力而言，创新技能型人才要充分利用意义识记的方法，采取多种信息编码技术、记忆术和提取方法，力求记得快、记得多、记得牢、提取快、回忆准。实践操作能力主要是创新技能型人才的岗位工作能力，这也是他们的看家本领。他们要能非常灵活、熟练地操作生产设备，即使在复杂情况下也能够达到高度自动化、精细化。

（三）个性素质

个性素质包括创新意识和创新品质，为创新技能型人才丰富知识基础、发展能力提供有力的支持和保障。创新意识是指个体表现出来的推崇创新、愿意创新、乐于创新和主动创新的意识。创新意识是创新技能型人才实施创新的基础。个体具有良好的创新意识，才能激发他们主动参与创新的积极性。学生在强烈的创新意识的驱使下，才会激发其产生强劲的创新动机，进而吸引或推动他们参与创新实践活动。职业院校培养学生创新意识的重点是要培养他们形成追求创新、标新立异的精神。

二、创新技能型人才培养的基本层次

创新教育是新时代职业教育的重要诉求之一，它期望职业院校能够有效培养学生形成对科学世界探索的好奇心、旺盛的求知欲，培养学生具有开拓进取、积极求变求异的精神和创造力。职业院校创新技能型人才培养的基本目标是引导学生"学会创新"，创新教育应该着眼于未来社会发展的需要，提升学生的知识、能力和个性等基本素质，以培养大批既能全面发展又有个性特长的创新技能型人才。他们要能广泛学习多方面知识、专业技能，学会学习并学习如何创新知识；要有追求科学的态度，还要有一定的创新精神和怀疑精神；要有好奇心、进取心、事业心，具有一定的科学的竞争意识，还要有协作精神。

从近年来西方发达国家实施创新教育的情况来看，职业院校创新技能型人才培养主要是以"学会创新"作为教育目标的。学会创新，即要求职业院校学生能够积极主动地面对结构不良领域问题，不断创造条件，利用已经掌握的方法、技术来创新性地解决问题，这样能充分发挥学生创新潜能，使环境、社会与人处于一种良性互动的适应状态。

创新教育是在继承传统职业教育合理成分的基础上发展起来的。"没有继承的路，就像无根的浮萍随波漂荡，迷失方向；没有创新的路，就会墨守成规陷入僵化，前途暗淡。"① 创新教育的过程就是对传统职业教育的批判、革新和扬弃的过程，具有明显的改革特征。同时，创新教育又是素质教育的灵魂，它建立在学生的知识素质、专业素质和心理素质基础上的一种高层次、高水准的素质教育。

职业院校创新技能型人才的培养，要从培养学生创新知识为基础，从激发学生的创新意识着手，以提高学生的创新实践能力为核心，促进学生整体素质的协调发展。因此，我们可以把职业院校创新技能型人才分为三个层次：一是初级层次，以丰富学生的专业基础知识、创新知识为基础，立足于培养学生在问题解决过程的创新技能和创新思维，进而提升学生的创新综合实践能力。二是核心层次，这个层次以拓展创新思维的方法，培养学生的创新思维为核心，立足于提升学生的创新素质。三是主导层次，以发展和提升职业院校学生的创新个性，培养其具有一定的创新精神为主导，包括采取一定措施激发学生的创新的意识，培养学生参与创新实践活动的兴趣，进而不断培养其坚持创新的积极信念，形成不畏艰难困苦的坚强的意志力。

第三节　创新技能型人才的迫切需求与研究现状

随着社会经济的快速发展，产业结构和经济结构也在不断转型升级，传统职业教育培养出的部分技能型人才难以适应新型的流水线和生产设备，需要经常性接受培训，在面对生产过程中出现各种复杂问题时往往束手无策。在这种状况下，创新技能型人才能够快速适岗，并能有可持续发展的素质，为企业稳定生产提供了充足的人力资源保障。因此，从当前的产业、行业和企业来说，需要职业院校快速培养大批创新技能型人才。

一、创新技能型人才的社会需求

产教融合人才培养模式以"认知能力—实验能力—设计能力—实施能力"为培养主线，将素质教育、职业教育、创业创新教育进行有效融合，突出技术应用，对人才进行专业能力与综合素质协同培养。② 加强职业教育创新技能型人才的培养，是时代经济社会发展的迫切需求，也是满足企业当前

① 中共中央宣传部理论局. 新中国发展面对面：理论热点面对面 [M]. 北京：学习出版社，人民出版社，2019. 157.
② 黄倩. "产教融合"人才培养模式探析 [J]. 中国高校科技，2017，(9)：66-68.

生产发展实际的重要举措。加强职业院校创新技能型人才的培养，必须深化职业教育改革，切实采取产教融合、工学结合的模式，强化教学改革实验，以新的理念、新的机制、新的资源、新的方法，创新职业教育的教学模式。作为一线技术工人摇篮的各级各类职业院校必须推进招生就业、培养目标、课程教学、实践训练和教学评价等方面的改革，将产教融合人才培养模式和先进经验应用于教育实践，从而提升培养学生的创新素质。

（一）经济社会的快速发展需要职业院校培养大批创新技能型人才

当前，我国已经成为世界上最大的制造业基地。长江三角洲地区、珠江三角洲地区、雄安新区、环渤海经济带、"一带一路"等均构成了我国经济最具活力、创新最多、发展最快、影响最大的都市圈，有着传统的产业链、便捷的交通网、密集的城市群，还有雄厚的经济基础、丰富的人力资源、独特的地理位置等优势，面临着发展现代制造业、智能产业的极好机遇。提高制造业的创新能力，迫切要求大力培养具有较强创新思维和创新能力的领军人才和技术技能型人才。近年来，国内经济发展不仅需要大量的技术技能型人才，同时更需要一大批面向生产、建设、经营和服务一线的创新技能型人才。

中国教育科学研究院课题组于 2020 年 8 月发布《全国中等职业教育满意度测评报告》显示：现代中职育人体系尚未形成，中职教育质量、有效供给能力还不能较好适应经济社会高质量发展的客观要求和产业转型升级对技术技能人才的迫切需求。① 一项针对全世界 60 多个国家、30 多个行业的 1500 余名首席执行官（CEO）的调查发现，创新能力是这个时代的人才最为重要的能力。② 职业院校在快速推进产教融合工作的同时，要充分引进企业的人、财、物等各类资源，要适应企业和社会发展需求，加强教育教学改革和创新，加快构筑创新人才集聚的高地，努力为社会培养更多的创新技能型人才。

（二）职业教育发展对创新技能型人才培养提出新的要求

当前，职业教育要贯彻"以人为本"理念，要让每个学生都有出彩的机会，而不是"出局"。21 世纪的职业教育是以人为本的职业素质教育，是以人的现代化推进创新社会现代化的职业教育。随着物联网时代、智能化时代

---

① 靳晓燕，严圣禾. 就读职业学校，是将就还是成就［N］. 光明日报，2021-3-23（13）.
② 陈赛. 怎么教儿童创造力［J］. 三联生活周刊，2011，（33）：141.

的到来，企业面临产业转型升级，因而对人才的需求也会渐次发生很大改变，职业教育的教学改革早已摆上议事日程。当前，我国职业院校数量和在校生人数的规模不小，但是发展水平差异较大，很多院校的办学同质化现象严重，未能彰显行业特色、区域特色和人才培养特色。

目前的人才培养可分为四种类型，一是"一"字型人才，其主要特点是知识面宽广，但是缺乏深度，是典型的博大于专；二是"1"字型人才，其主要特点是知识有深度，但是缺乏广度，是典型的专强于博；三是"T"字型人才，这是大家熟悉的一专多能型人才，其知识面既有宽度，也有一定的深度；四是"十"字型人才，这种类型的人才具备了前三种人才的所有特点，不仅基础知识宽广，专业知识扎实，具有交叉学科的知识，而且敢于出头，即富有创新精神。21世纪教育竞争的焦点是人才，培养出大量创新技能型人才是职业院校核心竞争力的主要标志之一。

《国家中长期教育改革和发展规划纲要（2010—2020年）》明确指出，"学生适应社会和就业创业能力不强"，在此基础上，还鲜明地提出"创新型、实用型、复合型人才"非常紧缺。当前，尽管各级各类职业院校培养的人才数量众多，但在当前及未来社会，更为迫切需要的就是那些"十"字型人才，他们基础知识宽广，专业知识扎实，不仅具有交叉学科的知识，而且具有良好的创新素质。如果说过去职业院校培养的主要是"一""1""T"字型人才的话，那么当前的职业院校的人才培养要瞄准企业和时代需要，重点培养最后一类的"十"字型的创新技能型人才。职业院校应积极发展学生的创新个性，夯实学生的知识基础，激发学生的创新意识，引导学生形成创新的积极信念和坚强的意志。

（三）职业院校学生的素质提升迫切要求发展创新能力

在美国《新闻周刊》特别版中，Bronson 和 Ashley Merryman（2010）指出：尽管在过去的三十年中，孩子们的整体智力分数提升了，但是创造力水平却在降低。[①] 教育进展国际评估组织曾对世界上21个国家的基础教育情况进行调查，结果发现：中国学生的计算能力在21个国家中排名第一，但创造力却在所有国家中排名倒数第五。[②] 当前社会发展要求职业院校学生不止关

---

① 转引自：[美]哈迪曼. 脑科学与课堂：以脑为导向的教学模式 [M]. 杨志等译. 上海：华东师范大学出版社，2017.16.

② 上官子木. 创造力危机：中国教育现状反思 [M]. 上海：华东师范大学出版社，2004.47—48.

注专业基础理论学习，还要关注行业、企业的发展，不断吸取新的专业知识、岗位知识。学生良好的创新素质有利于他们在创新实践活动中积极应用所学的专业知识和实践技能。此外，良好的创新素质还能给学生增加学习的信心和兴趣。

事实上，当前部分职业院校的目光仍旧比较狭隘，缺乏发展的眼光，更为重视对学生"就业能力"，即职业技能的培养，这是学生未来就业的"看家本领"，而相对忽视学生创新能力的培养。胡适说过，"教育是给人戴一副有光的眼镜，能明白观察；不是给人穿一件锦绣的衣服，在人前夸耀。未受教育的人，是近视眼，没有明白的认识，远大的视力；受了教育，就是近视眼戴了一副近视镜，眼光变了，可以看明清楚远大。"① 职业院校很多教师对学生创新意识激发的重视不够、办法不多。尽管一部分学生具有一定的创新意识，但因为专业基础薄弱，仍将过多的时间投入专业课程的学习和专业技能的训练，还比较缺乏创新的自觉性、自信心与勇气。尽管学生的抽象逻辑思维能力有了长足的发展，但是仍然需要学习一定的创新思维方法，不断通过各种练习活动或竞赛活动来提升创新技能。相对而言，由于课时紧张、场地受限，一部分教师对学生创新技能的重视不足，训练指导不够，导致很多学生缺乏娴熟的操作能力和较强的创新能力。

二、创新技能型人才的研究现状

国内外有关创新型人才培养的研究成果众多，与"创造"和"创新"等相关的文献可谓海量。我们选取有一定代表性的数十篇文献进行综述，以进一步了解国内外创新教育和创新型人才培养的研究现状。

（一）创造创新研究的阶段

第一阶段（约 1869-1907 年）。1869 年，英国心理学家高尔顿（Galton F）出版了《遗传与天才》一书，公布了他所研究的 977 名天才人物的思维特征，是国际上研究创造性的首部文献。在这一阶段，出版或发表的文献，大都是从理论上进行探讨，并对"创造性"的"先天"与"后天"关系问题展开了辩论，但这一阶段没有进行实验研究。

第二阶段（约 1908-1930 年）。心理学家把创造性心理学划入"人格心

---

① 胡适. 读书与做人［M］. 北京：北京理工大学出版社，2016. 217.

理学"中，对创造性进行个性心理的分析。这个阶段的主要特点是，采用传记、哲学思辨的方法研究文艺创作中的创造性，并将这种创造性作为人格或个性的表现。

第三阶段（约 1931-1970 年）。哲学家和心理学家们开始研究创造性的认识结构和思维方法。1950 年，在美国心理学会年会上，著名心理学家吉尔福特（Guilford J P）发表了题为《创造性》的里程碑式的演讲。他指出了以前对创造力研究太少，号召必须加强创造力的研究，并且第一次郑重提出开发受教育者创造力的重要意义，在美国教育界和心理学界引起了强烈的反响。1957 年随着苏联人造卫星的上天，成为刺激美国加强创造性研究的一个重要动力。

第四阶段（约 1970-2000 年）。创造性的研究越来越受到各国心理学界和教育界的重视，研究方法也越来越多，创造性人才的培养也提到一些发达国家的教育议程上来。德·波诺的"侧向思维"理论引发了人们对创造性思维和批判性思维基本策略的一系列探索。美国以科学教育为根本途径，强调教育的首要目标是释放学生的创造力，力求培养世界一流的创新人才。德国完成了一系列创造性量表的编制，且深入研究创造性人才的性别差异。日本提出教育要能够发挥每个人的创造力。

第五阶段（约 2001-）。以美国为代表的西方国家十分重视用脑科学和认知科学理论来指导创造性研究，如脑功能模块学说，加德纳的多元智能理论，提出了关于创造性思维本质与结构学说，倡导并建立了"未来问题解决计划""头脑奥林匹克大赛""美国创造发明计划"等创造力开发计划。为了加大创业力度，推动创新人才的培养，英国的 STEM 教育正加快转向 STEAM 教育，拓展学生的思维能力，激活学生的创新意识和想象力，以培养更多的未来创新型人才。2017 年日本文部科学省在人才培养连贯性理念指导下实施了一系列的一体化改革，根本目的是建构贯通式创新人才培养路径，培养与新时代相匹配的高质量人才。日本在创新性人才培养体制上的主要特点可以概括为增设创新性教育科目，使其与专业科目相融，形成一个完整的体系化的课程结构，同时重视情绪、意志的培养，是以知、情、意三者和谐发展为根本的创新性教育。

（二）创造创新研究的范型模式

国外早期关于创造创新研究的范型主要包括：神秘主义范型、实用主义范型、心理动力范型、心理测量范型、认知学派范型和社会人格范型。当代心理学对创造创新的研究是建立在前期六大范型的基础上，采取融合的观点和方法研究创造性，主要包括创造性内隐理论、创造性外显理论和创造性投资理论（Sternberg，1996）。

当今国际上比较有影响的创新教学模式主要有：（1）威廉姆斯（Williams F E）的创新性与情意的教学模式。他在对中小学语文、数学、自然科学、社会科学、艺术、音乐等六科进行创新性教学实验的基础上，归纳出一种三维空间结构的教学模式。（2）吉尔福特（Gulford J P）的创新性教学模式。他根据内容、操作和结果的三维智力结构理论，创造性地提出了一种以问题解决为主要目标的创新性教学模式。（3）帕尼斯（Parnes S J）的创新性教学模式。帕尼斯将扩散性与集中性有机结合起来，创新出一种以培养创新性解决问题的能力为目标的教学模式。（4）泰勒（Taylon C W）的创新性教学模式。泰勒创立的模式以发展学生的多种才能为目标，其基本的理论依据是：几乎所有的学生都具有某种才能，这些才能都可以通过创新性教学获得很好的发挥与发展。

（三）创新型人才基本特征

北京师范大学林崇德教授认为"创造性人才＝创造性思维＋创造性人格"（2000，2010），他还认为，"创造性人才＝创造性智力因素＋非智力因素"（2002）。教育部前部长陈至立（1999）将创新型人才的特点归结为求知欲与宽广的知识面、发现问题的能力、创新意识与欲望、创新思维能力、勇于攀登的精神和严谨学风等五个方面。郑金洲（2000）则归结为问题敏感性、观念流畅性、思维灵活性、认识新颖性、中等以上智商、人格特征显明和态度豁达等七方面。胡继渊和沈正元（2000）提出创新性人才应具有创新意识、创新思维和创新技能等综合素质。汪姁（2008）认为，创新性人才具有高度的责任感、求新与创研能力、创研型思维方式、人格健全等特征。

（四）创新性人才培养的条件

1. 教育理念与教育观念转变

蔡克勇（1999）和王永强等（2000）指出，需要转变教育质量观、教育主体观、过程教学观和教育目的观。吕新强、边仕英（2005）指出，培养创新性人才应具有独立性教育、通才教育、个性化教育、改进教育方法等四种教育理念。

2. 教育制度改革

李海燕（2000）指出，需要改革教育行政体制、教育投资体制、办学体制、考试制度、教育内部管理体制等。黄兆龙（2000）指出，现代学校管理创新主要包括管理思想、目标、组织、风格、模式、技术、制度、环境等八个方面的创新。此外，需要建立多元化的高考制度、建立弹性教育制度、不拘一格的人才标准、建立以人为本的教育管理目标（袁振国，2001）。

3. 课程改革

课程设置必须体现"创新性"，适应"综合化"，加大美育比重（王真东，1999）；必须改革传统的知识本位课程，确立创新教育的课程目标，建立完整的课程体系，优化课程结构。完整的课程体系主要包括知识课程、情意课程、活动课程和自我发展课程（冯建军，2000）；需要加强课程理论研究与课程专业队伍建设，将创新原则贯穿于课程编制与实施环节，教师全程参与，创建宽松适宜的课程创新环境（和学新，2000）；课程需要对目标观、内容观、结构观、资源观和评价观等方面进行创新（潘涌，2003）。

4. 教学方式方法改革

"创新教育的研究与实践"课题组（2001）提出了创新性培养的系列策略，如创设问题情境、展示思考过程、激起思维高峰、激发创新兴趣、营造民主氛围及形成认知结构等。郭偌伶（2005）指出，案例教学法有利于创新性人才的培养，可以从培训思维方法入手，多注重发散性思维能力的培养，案例要贴近现实，案例选取和分析过程中要注重多学科知识的综合。创新性人才培养要从完善学生的思维结构和优化学生的知识结构入手，改变传统的教学方式。"文理渗透、实践过硬"应该是当前创新性人才培养的基本原则（李瑛，2008）。

5. 教育评价改革

申继亮（2005）指出，要正确评价创新性人才，必须要有多元的评价体系。不仅是评价指标多元化，评价主体、评价方式都应实现多元化。李锋盈（2003）指出，动态开放的多元评价应包括过程评价、目标自由评价、自我评价和情境性评价。要改革现行的评学和评教体系，基本前提是更新观念，在对教师的评价上，要建立新的教学质量评估体系，要特别看教师能否注重培养学生的创新性思维能力（张东初，裴旭明，2003）。潘涌（2003）主张评价主体的多元化，即教师评价、学生自评和互评相结合。"考教分离"的考试模式对教师改变教学模式有反向作用，对创新性人才的培养具有一定的制约性（卢晓东，刘雨，2008）。

6. 创新性教师

全球化时代的教育要求教师更具启发性、创新性和生产性。教师不仅要把知识传递给学生，还要帮助他们建构知识，理解学生的思维，引导他们成为能够在宏观社会中参与竞争的优秀种子（Nengah，2019）。有研究表明，有较高创新性的教师能在更大程度上激发和培养学生的创新性（董奇，1993）。创新性教师有创新性的教育观念、多元化的知识结构、科研型的教学能力及创新性的人格特征（王真东，1999）。

（五）创新性人才培养的实证研究

1. 创新性的要素和现状研究

申继亮、王鑫和师保国（2005）的研究发现，青少年创新性倾向由自信心、探索性、挑战性、好奇心和意志力五方面组成。青少年创新性倾向的发展趋势总体上呈现倒"U"型，初一是创造性倾向发展的关键期。周治金、杨文娇和赵晓川（2006）的问卷调查结果表明：大学生创造力特征主要包括寻根究底、特立独行、独具匠心、安于现状、笃学不倦、孜孜以求，以及思维的敏锐性、思维的灵活性和直觉思维等9个因素。不同学科的大学生在一些创新能力因素上存在显著差异，文科和工科大学生得分较高，医科和理科大学生的得分较低。不同性别的大学生在特立独行和安于现状因素上存在非常明显的差异。

2. 创新性的相关因素研究

（1）认知方式与创新性。武欣和张厚粲（1997）的研究发现，场独立性强是创新性人才的个性之一。李寿欣和李涛（2000）对大学生的认知方式与创新能力的关系进行了定量研究，指出场独立型的大学生的创新能力水平以及在流畅性、独创性、精细性和变通性四个特征上均明显高于场依存型大学生。唐殿强和吴燚（2002）研究发现，场独立组和场依存组的高中生在创新能力三个特性、创新能力总分上存在显著差异，且每组学生均在创新能力三个特性、创新能力总分上存在明显的性别差异。

（2）情绪与创新性。卢家楣、刘伟和贺雯等（2002）的研究发现，学生在愉快情绪状态下的创新性总体发挥水平显著高于难过情绪状态，且主要体现在流畅性和变通性两个方面。还有研究发现，特质焦虑对学生的创新性没有显著性影响，状态焦虑对学生的创新性有显著影响（卢家楣，贺雯，刘伟等，2005）。

（3）个性、心理健康与创新性。聂衍刚和郑雪（2005）的研究发现，儿童青少年创新个性的发展呈现出阶段性特征；单、双亲家庭的学生在创新个性水平上没有差异；女生在创新个性总水平以及冒险性、想象力维度的得分明显高于男生；不同类型学校学生的创新个性水平在各个学段都存在差异，并存在不同的发展趋势，其中重点学校学生创新性个性的变化方向是向下的，其显著的下降发生在初中和高中之间。宋志一、朱海燕和张锋（2005）的研究发现，高创新性倾向大学生具有首创精神和上进心，敏感，自我确认和自我评价较高，社会适应良好，但自我控制力较低，自我中心倾向明显，高怀疑，倔强固执；高创新性倾向大学生的个性类型多为 Alpha 型和 Gamma 型。罗晓路和林崇德（2006）的研究发现，大学生的创新力受其创新个性和心理健康的积极影响。

3. 创新性的中外比较研究

胡卫平、林崇德和申继亮等（2003）的研究发现，英国青少年科学创新力及其各成分的发展存在着显著的年龄差异和性别差异。随着年龄的增大，科学创新力及其各成分呈持续发展趋势，但在 14 岁时有所下降。女生显著优于男生。胡卫平和 Adey（2003）对中英青少年科学创新力的发展进行的比较研究发现：英国青少年的科学创新力明显比中国青少年的科学创新性强。

胡卫平等（2004）研究发现，青少年的科学创新力存在显著的年龄差异。青少年的科学创新力随着年龄增大而呈持续上升趋势，在 14 岁时有所下降；11 到 13 岁和 14 到 16 岁是青少年的科学创新力迅速发展的两个关键时期。英国女生明显强于男生，中国男生略强于女生。中英青少年之间存在显著差异，中国青少年在创新性的问题解决能力方面明显高于英国青少年，但是其他方面及总成绩明显较低。中国重点中学学生的科学创新力显著高于普通中学学生。

综上所述，国内外当前以"创造教育""创新教育"和"创新人才培养"等为主题的研究比较多。这些研究主要关注：（1）创新型人才的基本素质、主要特征、知识结构及行为表现等；（2）学生创新人格、创新思维能力和创新实践能力等的综合培养；（3）创新教育的特征、内容、目标和模式等基础理论研究；（4）创新型人才培养所需要的学校教学管理制度、校园环境、教学方法等基本保障条件；（5）创新学习与学科创新教学；（6）当前创新教育的误区与对策；（7）创新型教师的基本特征、素质要求和培养方式；（8）国外创新教育的概况、理念和经验等。

已有研究为学校实施创新教育，培养创新型人才奠定了一定的研究基础。相比之下，国内研究存在以下不足：（1）研究对象主要集中于普通高校和中小学校学生，特别关注中小学创新教育的体系建构和具体实施，很少涉及职业院校学生创新能力的培养；（2）研究基础多建立在教育学和社会学等学科之上，缺乏管理学、心理学理论研究的支撑；（3）研究内容多关注创新知识和创新技法的传授，忽视学生创新个性的培养，忽视学校教育管理制度、课程教学的改革，以及创新型校园文化氛围的建设。

综上，很有必要关注职业院校创新技能型人才的培养，有效地促进职业院校教育、教学和管理改革，为社会培养更多更优秀的创新技能人才。

第四节 创新技能型人才的培养现状与前景：以江苏职业教育为例

加强创新技能型人才的培养，是经济社会发展的迫切需要，也是职业院校人才培养的基本要求，更是学生素质发展的内心呼唤。江苏作为教育大省和教育强省，尽管职业院校培养了大批应用技能型人才，但高端技能型和创新技能型的领军人才还不够多。职业院校培养的人才不能仅仅定位为一般意义上的蓝领工人，应该加强复合型、创新技能型人才的培养。

为了使所有职业学校学生都能成人、成才、成功，为了培养更多的"创新、创业、创优"的创造性人才，为了实现江苏职业教育做优、做强、做特的目标，江苏职业院校要在强调技能型人才培养的基础上，不断培养具有良好创新意识、创新意识和创新能力的大批创新技能型人才，以更好地满足当前社会又好又快、更好更快地发展的需要。

一、江苏职业教育创新技能型人才培养的问题

（一）职业院校人才培养重技能轻创新

江苏省职业院校培养了大批技术技能性人才，但在创新技能型人才培养的重视程度和改革力度不够。江苏省职业教育虽然规模不小，但是水平不一，特色不够明显。当前绝大多数职业院校的培养目标都突出技能性、应用性和实践性，倡导以就业为导向、以能力为本位，主要立足于培养面向一线企业的蓝领工人。

1. 人才培养目标缺失创新性

就培养目标而言，职业院校以就业为导向、以技能为本位，突出技能性和实践性，立足于培养面向一线企业的蓝领工人。通过对全省 13 个地市的 19 所职业院校多个专业的人才培养方案的分析发现（见表 1-3），各所院校均将人才培养目标定位为技能型、应用型人才，均未提及创新性人才。就课

程体系而言，少数专业含有嵌入式课程，其余专业课程模块多遵循学科结构，关注企业需求不够。

表 1–3　江苏省 19 所职业院校人才培养类型一览表

	学　校	专　业	人才培养类型
1	**经贸职业技术学院	物业管理	高技能专门人才
2	**海事职业技术学院	海事管理	高级技能型人才
3	**交通职业技术学院	会计	高技能应用型人才
4	**职业技术学院	数控技术	高素质技能型专门人才
5	**建筑职业技术学院	建筑工程技术	技术应用与管理人才
6	**信息职业技术学院	多媒体设计与制作	高级应用人才
7	**工程职业技术学院	焊接技术及自动化	高等技术应用性人才
8	**机电职业技术学院	数控设备应用与维护	技术与管理专门人才
9	**纺织服装职业技术学院	服装设计	高级复合型人才
10	**高等职业技术学校	电子商务	高素质技能型专门人才
11	**工艺美术职业技术学院	展示设计	高级专业人才
12	**农业职业技术学院	生物技术及应用	高级技能型应用人才
13	**工贸高等职业技术学校	机电一体化	高技能人才
14	**食品职业技术学院	食品加工技术	高等技术应用性人才
15	**卫生职业技术学院	护理	高等技术应用型专门人才
16	**环境资源职业技术学院	环境监测与治理技术	高素质技能型专门人才
17	**职业教育技术中心校	现代农艺	综合职业能力人才
18	**职业技术学院	高级护理	高等技术应用性专门人才
19	**中等专业学校	电子电器应用与维修	中初级专门人才

2. 学校管理制度缺乏创新空间

尽管很多职业院校实施了校企融合项目，但仍旧存在"两张皮"现象。校企融合"冷热不均""貌合神离"，具体表现为：一是人才培养与产业需求脱节，缺乏前瞻性，表现为校企双方不对接、不会接，企业不愿接、不敢接。二是校企双方职责不清，缺乏主体性。三是产教融合广度深度不足，缺乏持续性。有研究显示，江苏省职业教育产教融合程度较为成熟，虽然还未达到完全融合状态，但已经接近理想标准；产教融合程度及成效达成度最好的是应用型本科院校,其次是高职院校,最后是中职院校。① 四是地方政府宏观调控与校企微观运行接洽不够,缺乏制约性。

职业院校在教育理念、教育管理机制、课程设置、课程资源拓展、教学方法、教育评价、学校文化氛围等方面未能体现对创新技能型人才培养的重视。学生动手操作能力较强,但创新拓展能力非常薄弱。知识创新需要职业院校营造有利于学生开展创新学习,参加创新活动的氛围,使师生在不受传统"戒条"限制的氛围中发展创新性,为自己创造新的生存环境,展示人的实践活动的本质力量。很多学校仍然不够重视内涵建设,教育经费投入不足,诸如图书资料缺乏、教学实训设备陈旧的情况并不罕见。

不少职业院校对教师考核评价的重点为完成教学工作量、技能竞赛获奖、科研项目成果和参加社会服务等方面,对教师指导学生科技创新、创业能力的激励不够。教师疲于应付繁重的教学任务和行政事务,鲜有意识与精力进行创新。这样,扭曲的评价机制造成的"急功近利""表面文章",势必造成教师对教学科研和人才培养的浮躁心态,这非常不利于创新型教师与学生的培养。

多数职业院校没有实施或未能完全实施学分制,导致所有学生都要在规定时间内完成相同的学习任务,这不利于优秀的学生脱颖而出;文、理、工等各学科相互渗透不够,学生不能跨学科、系科甚至跨校际学习;考核制度弊端较多,课程多实行单科独立考核,学科之间缺乏联系;考核形式多为闭卷考试,缺少口试、动手操作考核;考题多为知识性考题或简单的应用操作题,少见综合性、设计性、创新性的考题。

3. 教师创新能力有待提高

创新型教师会更认同并鼓励学生的创新学习,而这种认同又能进一步增强学生的自信,激发其创新意识和创新能力。"一个创新型的教师应能帮助学生在自学的道路上迅速前进,教会学生怎样对付大量的信息,他更多的是一名向导和顾问,而不是机械传递知识的简单工具。"② 教师如果期望培养出有创新精神的学生,自己就必须先有创新性。尽管当前职业院校越来越重视"双师型"教师的培养,很多职业院校"双师型"教师比例很高,其中也不乏教学水平高、有创见的教师,但从整体上看,很多教师不但科技创新能力、

---

① 孙科,宋凯,于秋菊. 高职院校产教融合现状调查及分析 [J]. 工业技术与职业教育,2022,20 (2):103-106.

② [伊朗] 拉塞克,[罗马尼亚] 维迪努. 从现在到 2000 年教育内容发展的全球展望 [Z]. 马胜利译. 北京:教育科学出版社,1996:106.

产品与技术研发能力薄弱，而且教学观念落后、知识信息陈旧、教学方法机械、教学形式单一，重教轻学、重理论轻实践，过于注重专业知识的传授和学生简单操作技能的培养，对教师指导学生开展创新性学习活动的激励不够。这非常不利于学生创新能力的培养。多数教师通常疲于应付繁重的教学任务，他们鲜有精力更新知识、创新教学模式方法，没有时间从事教学研究，更没有精力训练自己的创新思维。为了激发、培养学生的创新意识和能力，职业院校教师需要不断更新教育观念，增强创新意识，提高创新素养，逐步形成创新教育模式所需要的素质结构，努力培养学生的学习兴趣，激发和维持学习动机，创设适宜情境以帮助学生建构当前知识的意义。

（二）职业院校学生发展重知识技能轻创新

知识经济时代要求职业院校学生不断吸取新的知识，形成专业实践技能，逐步学会创新学习并不断提高创新能力。21 世纪教育竞争的焦点是人才，培养出大量创新技能型人才是职业院校核心竞争力的重要标志。尽管各级各类职业院校培养的人才众多，但是，在当前及未来社会，更为迫切地需要通识知识宽广、专业知识扎实，具有交叉学科知识和良好创新技能的人才。

但是不容乐观的是，从家庭、学校到学生都更为重视应用性知识的掌握和实践操作能力的培养，相对忽视创新能力的培养，主要体现在以下方面：

1. 学生缺乏创新意识和信心

学生创新能力的发展是建立在较强的创新意识基础上的。"当我们在建造知识的大楼时，如果已经有牢固的地基，我们会付出最大的努力。但如果没有任何基础可以依赖，那我们就不太愿意开始建造大楼。"① 长期以来，职业院校学生创新能力的培养并未得到学校、家庭和社会应有的重视，也使得学生缺乏创新意识和创新技法。这些学生习惯于接受学习、顺其自然，在思考或探索新问题时，容易出现胆怯或自卑现象。尽管部分学生具有一定的创新意识，但由于缺乏学科专业知识基础，也比较缺乏创新的自觉性、信心、习惯与勇气。

2. 学生缺乏创新思维和技法

总体来看，当前的教育系统并未有效地鼓励或选择创新性思维模式，所

---

① ［新西兰］哈蒂，［澳］耶茨. 可见的学习与学习科学［M］. 彭正梅等译. 北京：教育科学出版社，2018. 16.

以学生也没有形成这种思维模式。① 随着知识和经验的积累，学生的思维能力，尤其是抽象逻辑思维能力有了很大程度的发展，但其思考问题缺乏灵活性、变通性、独特性和全面性。因此，需要通过创新理论知识的学习来掌握发散思维、逆向思维、直觉思维等创新思维方式，也需要通过创新理论的学习来了解类比、对比、归纳、分析等更多的创新技法。

3. 学生缺乏创新活动机会

部分职业院校教师由于受到课时和教学场所的束缚，他们缺乏引导学生进行创新学习的时间和空间，仍较重视专业知识的传授，忽视学生创新能力和动手能力的培养，缺乏对学生基本技能的培养和动手操作能力以及生产生活实践活动的能力训练。

4. 学生缺乏坚持性的创新毅力

部分学生虽然有一定的创新兴趣、创新热情，但却缺乏创新毅力。在需要创新性地解决问题时，通常因为缺乏一定的专业知识或创新知识，缺少创新思维或创新技法的训练，往往不敢、不愿付出努力，或难以长期坚持。

二、江苏职业教育创新技能型人才培养的前景

（一）江苏经济社会的发展需要职业教育培养大批创新技能型人才

伴随着社会经济的急速发展，我国已成为世界的制造业中心。江苏乃至长三角地区具有发展现代制造业的良好条件，特别是长三角地区构成了中国经济最具活力、发展最快的都市板块，有着颇具实力的工业基础和得天独厚的区域优势，面临发展现代制造业的新机遇。21 世纪以来，长三角地区不仅需要大量的应用型专门人才，同时更需要培养一大批面向生产、经营、建设、服务、培训和管理第一线的具备高等专业文化水平的创新技能型人才，目前这方面人才需求仍非常旺盛。

加强职业院校的教育教学改革，努力为社会培养更多的创新技能型人才，正是抓住机遇，适应需要，加快构筑人才集聚的高地，为江苏的现代制造业基地建设和地区经济社会的发展提供强有力人才支撑的必然要求。如何培养大批创新技能型人才，以适应当前及未来社会的需要，是教育自身能否得以生存和发展的关键，必将成为我国职业教育改革最为重要的内容之一。

---

① ［美］斯腾伯格，史渥林．思维教学：培养聪明的学习者［M］．赵海燕译．北京：中国轻工业出版社，2001：16.

（二）江苏职业教育发展必将对创新技能型人才培养提出新的要求

《江苏省中长期人才发展规划纲要（2010—2020 年）》明确指出江苏人才发展的战略目标（见表 1-4）。到 2020 年，全省高技能人才总量将达到 255 万人，占技能人才总数的 32%，其中技师、高级技师达到 53 万人。江苏专业技术人才培养、集聚成效显著。

表 1-4　江苏人才发展总体目标

指标	单位	江苏			国家		
		2008 年	2015 年	2020 年	2008 年	2015 年	2020 年
人才资源总量	万人	723	1100	1300	11385	15625	18025
每万劳动力中 R&D 人员	人年/万人	44	50	55	24.8	33	43
高技能人才占技能劳动者比例	%	24.78	30	32	24.4	27	28
主要劳动年龄人口受过高等教育的比例	%	9.47	17	22	9.2	15	20
人力资本投资占GDP 比例	%	12.1	15	17	10.75	13	15
人才贡献率	%	25.41	43	48	18.9	32	35

注：本表采自《江苏省中长期人才发展规划纲要（2010—2020 年）》。

2019 年 4 月，江苏省人社系统人才工作电视电话会议发布，全省专业技术人才总量和高技能人才总量分别达到 825 万人和 414.8 万人，均位居全国第一。高技能人才总量的人才发展战略目标已经提前一年且超额完成。2021 年 9 月发布的《江苏省"十四五"专业技术人才发展规划》显示，截至 2020 年底，全省专业技术人才总量达 884.2 万人，仍居全国首位。

加强职业院校创新技能型人才的培养，是适应当前经济社会发展要求、切合当前实际的重要举措。为了培养更多的"创新、创业、创优"的创新技能型人才，作为一线技术工人摇篮的各级各类职业院校，要努力建设一支门类齐全、数量充足、梯队层次合理、技艺精湛的高技能人才队伍，必须进行管理、教学、课程、评价等方面的改革，以提升学生职业综合素质和专业实践技能为核心，以培养技师和高级技师为重点，以创新技能大赛为抓手，不断完善以行业企业为主体、职业院校为基础，学校与企业共建的高技能人才培养体系。

三、江苏职业院校创新技能型人才培养策略

职业教育要遵循产业转型升级规律，尊重技能型人才成长规律，在产教深度融合的基础上，吸引并整合企业资源开展协同育人，加大创新技能型人才培养力度，以满足江苏经济社会高质量发展的需要。

（一）做好顶层设计和专项规划

习近平总书记在中国科学院第十九次院士大会、中国工程院第十四次院士大会上讲话强调，"要优化和强化技术创新体系顶层设计，明确企业、高校、科研院所创新主体在创新链不同环节的功能定位，激发各类主体创新激情和活力。要加快转变政府科技管理职能，发挥好组织优势。"① 因此，必须将产教融合及创新技能型人才培养纳入人才强省目标与教育发展、区域发展、产业发展和城乡建设等专项规划。结合全面实施创新驱动发展、长三角一体化发展、中国制造 2025 江苏行动纲要等战略部署，突出江苏制造业传统和创新优势，统筹优化产业结构和教育结构，将产教融合列为地方政府高质量发展考核的重要指标，同步推进产教融合政策制定、要素支持和重大项目建设。

长三角地区是我国教育资源最集中、创新能力最强、发展水平最高的区域之一，因此，长三角职业教育的一体化研究和推进有一定基础。早在 2009 年，三省一市就建立了长三角教育协作机制。2018 年 9 月，上海与三省一市共同签署了《长三角地区教育更高质量一体化发展战略协作框架协议》和《长三角地区教育一体化发展三年行动计划》。在 2019 年 12 月发布的《长江三角洲区域一体化发展规划纲要》的基础上，出台《长江三角洲区域教育一体化发展规划纲要》。联合上海市、浙江省和安徽省在长三角区域打造若干个由国家示范性职业院校、科研院所、行业龙头企业组成的"产学研合作共同体"，深度融合区域、校企、校地的各类资源，积极推进创新技能型人才培养。

《关于深化产教融合的若干意见》的出台，意味着产教融合发展进入新的历史阶段，这也标志着产教融合 2.0 时代的到来。职业院校深化产教融合，紧密对接产业、行业和企业的需求，优化人才培养方案、构建创新教育

---

① 习近平.习近平谈治国理政（第三卷）［M］.北京：外文出版社，2020.250-251.

体系，立足于培养大批能创新性解决关键技术难题的面向未来的创新技能型人才以实现江苏职业教育做优、做强、做特的目标。推行职业教育改革需要试点，可以国家高等职业教育改革发展综合实验区——"常州科教城高等职业教育实验区"为创新技能型人才培养的实验基地，坚持"以社会需求为导向、以创新实践为核心、以机制创新为保障"的建设思路，先行试点、以点带面、逐步推进，进而全面推广创新技能型人才培养的经验做法。

（二）建立"UGE"三位一体协同育人机制

按照"资源共建、信息共通、人才共育、成果共享"的原则，加强职业教育与产业需求的深度融合，建立校企之间利益、人员、资源、技术、制度和文化全面对接的共享模式。完善"U-G-E"（职业院校、政府与企业）协同育人体制机制，把创新创业课程纳入人才培养体系，突出对学生创新创业能力和实践能力的培养。从学校"主阵地"到校企"双课堂"，从关注学生就业到促进学生多元发展，着重在现代学徒制、创新创业教育、职业技能与职业素养的并重培养等方面，探索校企协同育人和分层分类培养上的新途径，建立健全企业多元参与、学生个性发展的培养机制。① 逐步健全和完善以企业为主体，职业院校为母体，学校教育和企业培养紧密联系，政府推动和社会支持相互结合的创新技能型人才培养机制。

政府进行宏观调控，采取各种激励措施，为职业院校与企业搭建平台，联合学校和企业建设创业孵化基地，提供优惠条件，支持配套经费，鼓励企业关心和支持职业院校发展。政府要整合地区教育资源，适时、适度打破校际、校地壁垒，遵循"错位建设、资源共享"的原则，提高师资、场地和设备的利用率。

企业和其他社会组织支持职业教育，共建产学研中心，将最新技术和设备用于校企共建的创新实践、实习实训平台，推进实习实训规范化。企业积极参与合作学校专业规划、课程设置、教学改革、教材开发和实习实训等工作，将企业需求融入人才培养环节。

（三）形成创新技能型人才培养的"苏派职教"品牌

《中华人民共和国国民经济和社会发展第十四个五年规划和 2035 年远景目标纲要》指出，围绕集成电路、人工智能、工业互联网、储能等重点领

---

① 王振洪. 优质高职建设的四个切入点［N］. 光明日报，2017-7-29（7）.

域，布局建设一批国家产教融合创新平台和研究生联合培养基地。建设 100 个高水平、专业化、开放型产教融合实训基地。在国家战略规划的引领下，政府部门应及早布局并抓紧落实，并以这些重点领域的产教融合创新平台、实训基地为示范，积极向其他领域和行业辐射。

继续推行"江苏省产教融合型试点企业"，优先支持其技术改造、产品研发，财政、税务部门按规给予一定的优惠政策。在每个设区市建立 1 个示范性"行业+产教联盟"、3-5 个示范性"职业教育集团"，由设区市政府牵头，省教育厅及相关省直部门指导，职业院校、高校、科研院所、及地方企业、行业协会或其他社会组织等共同参与。在"十四五"期间，要努力形成若干优势产业群、产教联盟和示范性职教集团。依托"联盟制"，校企共同实施创新平台搭建、项目资源开发、创新实践指导、技术服务开展、产品技术研发等活动，校企共同培养创新型人才。①

（四）进一步推进创新、创业、创造教育

大力弘扬"创业创新创优"的新江苏精神，构建特色鲜明的职业院校创业教育体系，积极推进职业院校创新创业实践，帮助学生搭建创新创业实践平台，建成功能齐全的创业孵化中心，扶持一批学生在校创办自己的企业，营造"勇于创新，鼓励创业，宽容失败，追求成功"的创业环境。金华职业技术学院打造创业学院，坚持创新创业教育要"融入专业教育、行业企业和区域经济"的"三融入"理念，推进"创业+专业+企业"的创新创业"三师"团队建设，努力为学生搭建创新创业教育的"课程、实践、竞赛、评价"的"四平台"。江苏高职院校可加以借鉴，积极建立学生创业基地、设置创业基金和创业项目，为学生在校内外聘请创业指导专家或创业导师，开展创业技能竞赛，组织和选拔部分创新热情高、创新能力强的学生积极参加学校，乃至省市职业教育创新创业大赛、全国大学生"挑战杯"创业计划大赛等比赛，"以赛代练"，不断提升其创新技能。

（五）加强教师创新能力的培养

职业院校要努力建设一支门类齐全、数量充足、层次合理、技艺精湛、创业创新的师资队伍。从世界技能大赛来看，中国职业教育要有两个大变化：

---

① 武春岭，李腾，何欢，童世华. 重庆电子工程职业学校：基于"产教融合"的创新型人才培养探索［N］. 中国教育报，2018-4-26（7）.

第一个变化是培养出一大批专业的职业教师，第二个变化就是职业院校能够和用人企业展开校企合作，共同培养产业所需人才。① 因此，职业院校可以从企事业单位直接引进或聘请具有一定创新能力的高管和技师作为专职或兼职教师。为此，政府要建立健全企业和社会创新技能型人才到职业院校从教制度。其次，可以通过选派教师到企业兼职、挂职，参加项目合作，或选派教师到高校和科研院所进行研修访学、合作研究来提升教师的创新技能。

（六）积极实施教育教学改革

学校与企业共同制定专业标准和人才培养方案、开发新专业、构建新课程体系和教学内容，推行面向企业真实生产环境的任务式培养模式，突出创新技能型人才的培养。职业院校采取引企驻校、建校入企、校企一体等方式，把企业文化引到课堂中来，实现校园文化与企业文化的有机融合，促进专业与产业对接、课程内容与职业标准对接、教学过程与生产过程对接、学历证书与职业资格证书对接。

职业院校可增加教学制度的弹性，积极实施创新学分与拓展学分制、跳级制、校际协作制、校企合作制、国际交流制等；设置丰富多彩、应用性强、弹性化的选修课程、实践课程和活动课程；广泛开设操作型、实践型和研究型等课型；采取启发式、案例式、研究式等教学方法，引导学生学会发散思维法、对立思考法、类比思考法、转换思考法等创新技法。学生学习评价要体现以创新实践技能为中心，考核层次要在认知能力、实践操作能力考核基础上增加对创新能力的考核。将教师科研引入教学过程，对学生进行科研训练，吸收学生参加教师科研，引导学生进行生产技术上的小发明、小革新、小改造，锻炼学生的实践能力和创新能力。

---

① 张小鹏. 从世界技能大赛看中外职业教育 [N]. 光明日报，2017-6-22（14）.

第二章
职业教育产教融合人才培养概述

　　随着我国经济社会的快速发展，对技术技能型人才的需求持续提升，因此，大力发展职业教育已经成为我国教育发展和改革的重要使命之一。近些年来，行业企业的发展面临"技工荒"，企业迫切需求的大量的技术技能型人才无处寻觅，与此形成鲜明对照的是，职业院校培养的人才受制于"就业难"的尴尬境地，很多职业院校的毕业生难以找到工作。很多学生即使找到工作也还需要进行较长时间的岗前培训后才能上岗，这难以满足广大企业生产的迫切需求。产生这一矛盾的原因是多方面的，但却直接反映了职业院校人才培养模式与社会发展需求不相适应，培养的人才未能做到学以致用，表现为专业培养目标与行业企业需求相脱节、理论与实践相剥离、教与学相分离。"公办的高等教育如果还是关起门自说自话，而不是由行业协会、产业界参与制定培养目标、教育内容等，是不可能培养出符合社会需要的人才的。"① 职业院校如果还是想当然地闭门造车，那么其人才培养的目标定位、教育理念、课程教材、实践教学等均严重地滞后于社会发展的需要，培养出的人才将严重脱离行业企业的需求。

　　从社会发展需求来看，职业院校培养的人才必须"接地气"，符合产业链、区块链的基本需求，贴近地方经济社会发展的实际需要，才能够有更大的发展空间。要想有效化解"技工荒"和"就业难"这一对矛盾，最根本的方法就是要革新职业院校人才培养模式，充分利用学校和企业各自在人才培养方面的优势，实现学校与企业、教师与师傅、课堂与车间、作业与产品等方面的融合，不断加强课堂文化与企业文化的对接。"校企合作""产教融合"深刻反映了职业教育与经济发展之间的内在联系。对于职业院校而言，需要加强供给侧改革，专业办学要符合地方经济社会发展的需求，这样，才能受到企业、行业、产业的欢迎和重视。另一方面，对于企业来

---

① 杨东平. 教育的智慧［M］. 上海：上海科学技术文献出版社，2014.79.

说，只有主动加强与职业院校的对接，将企业对人才的要求、标准先期融入专业培养目标与过程中去，并不断加强过程性管理，才会得到能够快速适应自身需要的高水平人才。

当前，校企合作、产教融合并不缺少资金和合作对象，所欠缺的是长效机制、治理体系和治理能力。如何才能够从根本上解决好这个问题，长期以来一直困扰着职业教育的研究者和实践者。产教融合要求职业院校和企业共同创建协同育人机制，创新人才培养模式，构建课程体系，明确教学标准，健全教学质量管理和保障体系，以增强学生创新、创业能力为核心，全面提高人才培养的质量和效果。

第一节　职业教育产教融合的概念与特征

新时代职业教育发展要着力破解的一个重大问题是，消解国家需求与企业需求、个体需求之间严重错位所带来的发展困境，即国家极为重视职业教育，然而，作为产业主体的企业并不愿意参与职业教育，作为学习者的个体也不愿意接受职业教育。这是长期困扰我国职业教育发展且没有得到有效解决的关键问题。[①] 加强校企合作，走产教融合之路，是职业院校提高人才培养质量，企业获得优质员工的必要路径和重要举措，也必将成为我国职业教育发展的重要战略选择。

一、职业院校产教融合的概念界定

通过校企合作形式进行人才培养，在西方发达国家已有近百年的历史。美国芝加哥大学教授福斯特（1965）较早对产教融合进行了研究。在我国，党和国家推进校企合作、产教融合的政策也经历了一个不断发展的过程。2005年，全国职业教育工作会议上提出了校企合作、工学结合，明确了职业教育办学方向要面向市场、灵活开放。从2013年开始，党的十八届三中全会、党的十八届五中全会、党的十九大报告，均提出了要深化产教融合、校企合作。2019年，党的十九届四中全会强调，"建立以企业为主体、市场为导向、产学研深度融合的技术创新体系。"

---

① 徐国庆. 我国二元经济政策与职业教育发展的二元困境：经济社会学的视角 [J]. 教育研究，2019，（1）：102.

我国《高等教育法》规定，国家鼓励高校与科研机构及企业之间开展协作，力求优势互补，提高资源的使用效益。2017年12月底，国务院办公厅印发了《关于深化产教融合的若干意见》，明确了发挥政府统筹规划、企业重要主体、人才培养改革主线、社会组织等供需对接作用"四位一体"制度架构，推动产教融合从发展理念向制度供给落地。2019年10月，《国家产教融合建设试点实施方案》也指出，深化产教融合，促进教育链、人才链与产业链、创新链的有机衔接，是推动教育优先发展、人才引领发展、产业创新发展、经济高质量发展相互贯通、相互协同、相互促进的战略性举措。《中华人民共和国国民经济和社会发展第十四个五年规划和2035年远景目标纲要》指出，"创新办学模式，深化产教融合、校企合作，鼓励企业举办高质量职业技术教育，探索中国特色学徒制"，同时还要"加强创新型、应用型、技能型人才培养，实施知识更新工程、技能提升行动，壮大高水平工程师和高技能人才队伍。"

产教融合通常是指教育界（主要包括高等院校和职业院校）与产业界的合作。产教融合有广义和狭义之分。狭义的"产教融合"指校企之间的一般合作，具体指高等院校、职业院校或科研机构与企业双方在互利互惠、优势互补、协同创新、共同发展的原则基础上所进行的合作与交流。广义的"产教融合"则是我国教育方针的具体实施，是指教育与生产劳动的有机结合以及科学研究在人才培养、科技研发和生产生活中的有机结合。产教融合的人才培养模式是将产业与教育的政策、制度、信息、文化、人力、资金、设备等资源要素，在特定的时空范围内按照约定的规则进行解构、重组、交融、复合的过程。产教融合对于职业院校和企业来说，都应该保持各自的相对独立性，还要能充分发挥双方合作资源的互补性。其中，最为关键的问题是要能准确找到双方利益的契合点，换句话说，这其实也是产教融合的出发点。

产教融合不同于校企合作，二者之间既有区别也有联系。从语义上看，"校企合作"更为关注的是职业院校与行业企业之间的单体互动，"产教融合"则是产业与教育行业之间的结合。"合作"展现的是在共同的目标框架下，校企双方共同完成约定的内容与任务；而"融合"展现的不只是简单的合作，而是"你中有我，我中有你"的在更大范围和更深程度上的紧密合作。二者相互交融、融通，关系紧密甚至可以合而为一。

校企合作指的是学校为了实现人才培养目标，能够满足企业需求而寻求与企业合作办学的教育机制。职业院校在起始阶段，为了提升专业建设水平，为了学生能够积极就业而主动接触相关行业企业，聘请行业人员作为兼职教师、实践技能训练导师或咨询顾问，在企业拓展并建立专业实习实训基地，开展学生的专业技能训练、实习和就业，或者为企业职工进行有关教育培训等。早期的校企合作通常都是自发的，校企合作关系的建立和维系通常主要靠彼此之间"私下"的"关系"或"感情"，缺少自觉的、"公共"的"制度"或"机制"，主要是学校向企业提出单方的诉求，具有单向性、暂时性和易变性等特征。

二、职业教育产教融合的基本特征

产教融合是职业教育改革与发展的关键和基石，它涉及指导思想、政策制度、资源保障、专业建设、师资队伍等多个方面，需要建立一整套规范的体系来保障和推进其稳步发展。结合产教融合的基本概念，可以发现它具有以下特征。

（一）多主体性

企业是创新的主体，是推动创新创造的主力军和生力军。正如恩格斯所说："社会一旦有技术上的需要，这种需要就会比十所大学更能把科学推向前进。"[1] 产教融合不只是职业院校和行业企业两个主体，还需要地方政府和教育行政部门的协同。否则，只能是简单的校企合作，效果难以保障，合作也难以持久。产教融合是职业院校、企业和政府之间的相互作用和联系。

就主体参与程度而言，产教融合主要体现的是职业院校和企业在人才培养、科技研发和社会服务等方面的互动。在这个过程中，职业院校经常因为自身发展需要而成为合作的主动发起方，企业则通常是被职业院校追求的合作方。在产教融合的办学模式中，办学主体不只是职业院校，企业是另一个办学主体，因为职业院校人才培养是为企业服务的。因此，企业应该主动作为，从招生开始，到全过程培养都应该积极参与职业院校的人才培养工作。职业院校要积极融入产业背景，结合行业需求，联系相关合作企业，充分发挥主体性、积极性。地方政府和教育行政部门应该结合地方经济社会发展预期做好产教融合的长远规划，主动为职业院校和行业企业牵线搭桥，落实产教融合的社会协调机制，在政策制度、条件保障、监管考核等方面担负起主

---

① 中共中央马克思恩格斯列宁斯大林著作编译局. 马克思恩格斯选集（第4卷）：北京：人民出版社，2012.648.

体责任。

（二）互利互惠性

通过产教融合来培养人才，职业院校和企业能够实现多方面的资源共享，同时实现各自利益的最大化，这也是二者之间长期、稳定合作的根本目标和基础动力。产教融合，对于政府而言，是寻找经济新的增长点；对于职业院校而言，是培养受到企业欢迎的技术技能型人才的有效路径；对于企业来说，是快速、稳定地获得能够快速上岗的，能够"得心应手"的、"驾轻就熟"的应用型、技术技能型、复合型人才的捷径。

"产教融合"是校企合作的深度交融，能够将产业的理念、技术、工艺、方法、资源整合到职业院校的人才培养体系、课程教学、教材、实训环节以及师资队伍建设之中，同时还能够将培养的高质量人才、科技研发成果和"双创"成果带给产业，通过共建共享和优化产学的各类资源配置，助力产业建设和院校专业建设，培养高素质的创新技能型人才。产教双方都是合作的主导者、践行者，通过产教融合而形成发展的共同体。

（三）动态发展性

经济结构主要指经济系统中各个因素之间的基本关系，通常包括产业结构、企业结构、技术结构、区域结构等。产业结构的整体更新、升级和优化是经济结构战略性调整的关键所在。教育结构是由专业结构、层次结构和类别结构组成的。职业院校教育结构的调整非常敏感地受制于经济结构的影响，另一方面，良好的教育结构又可以不断完善和健全经济结构。当前，教育结构问题已成为困扰我国职业教育发展亟待解决的深层问题。在"十四五"期间，以协调发展优化职业教育结构，解决职业教育发展的不充分不平衡问题，是直面职业教育热点、难点、痛点问题的务实之举。

受经济发展的影响，产业结构的调整变化直接影响就业结构，而就业结构的变化必然又会引起职业教育的专业结构变化。教育结构内部体系也在不断调整、完善和优化，因此，教育结构的社会适应性是动态发展和变化的。职业教育结构与产业结构之间的不适应、不匹配也是常态，两者之间一直处于"不适应——适应——新的不适应"的变化之中，这也体现了马克思主义哲学的否定之否定规律的特点。这就使得职业教育产教融合具有动态性。

每一次科技革命都会带来产业结构、教育结构的重大变化。随着第四次新技术革命的到来，"互联网+"、大数据、物联网、3D打印、人工智能、虚拟现实等技术与职业院校的众多专业都密切相关。由此，职业院校的相关专业必须要关注新技术的发展，及时更新教学资源、优化教学方法，以加强与这些新技术的融合。

（四）跨界性

在产教融合人才培养模式中，"工学结合"和"校企合作"均强调了教育界和产业界之间的紧密合作，具有明显的"跨界性"特点。产教融合是产业界的生产要素和教育界的教育要素之间的有机融合。职业院校不能"闭门造车"，导致培养出的人才"出门不合辙"，而要主动跨界，加强对产业界的调查研究，结合社会发展需求和自身实际做好预判和规划。随着产业升级和技术更迭的进程越来越快，企业如果不主动作为，不主动对接职业院校，还是坐等政策上门，可能会"坐以待毙"。随着产教融合人才培养模式的深入推进，职业院校要在"跨界"理论的指导下，紧密围绕地方产业需求而设立专业和专业群，以更好地保证专业群的多方面资源的集聚优势。

职业院校和企业都需要将各自的一部分资源拿出来进行共享，以达到资源互补、合作共赢、共同发展的基本目的。一般来看，职业院校主要想借助企业的师资、设备、生产标准等资源，使得人才培养（面向学生）、科学研究（面向教师）和服务社会（面向学校）等方面能够得到快速发展，从而不断提高人才培养的质量，进而实现高质量就业，提升教师队伍的教学科研能力，提高学校服务地方经济社会发展的能力，进而提升学校的知名度和美誉度。

（五）层次性

通常，产教融合可以分为三个层次。首先，从宏观层次上看，这主要关注国家和地区层面，具体指国家和地区国民经济及社会发展战略规划中有关产业和教育融合的顶层的战略性、全局性设计。其次，从中观层次上看，指的是学校及教育行政部门与产业部门之间的根据需求导向的相互适应、融通、协作。最后，从微观层次上看，主要是指校企合作，即学校教育教学过程与企业生产过程的相互契合和有机统一。从教学过程看，校企合作背景下的职业院校，通过"订单式培养""嵌入式培养""校企合作办班""定向式培训""企业冠名班"等形式来对接企业，其教学标准和要求也多受制于合作企业的具体要求。

第二节　职业教育产教融合的重要作用

产教融合培养人才现已成为当前职业教育发展的必由之路。职业院校培养目标就在于通过与企业的紧密合作，充分利用企业的资源，发挥教育合力，从而培养能够服务于企业的各类高技能人才。通过产教融合，可以实现职业院校、企业和政府三方的多赢局面，有利于帮助职业院校从企业借智、借力，还能帮助职业院校从政府和教育行政部门借机、借势；有利于帮助企业从职业院校源源不断地获取高质量的技能型人才，进而帮助企业快速发展并获得更多价值回报，与此同时，还能帮助政府部门解决劳动力就业问题，帮助企业获得良性发展，进而繁荣地方经济。

一、产教融合促进职业教育的健康发展

（一）产教融合有利于提升学生的专业技能

企业生产的产品是直接面对市场和顾客的，因此企业产品要更有竞争力，必须更具新颖性，其生产设备应该加快升级换代，时刻保持前沿性；另一方面，更加为了降低生产成本，其生产线必须做到更加智能化。此外，企业的管理也会紧跟时代社会发展的要求，不断加强科学化、精细化和高效化。与企业先进的生产设备和流水线、先进的企业管理制度和文化相比，学校的实验实训室及教学实验设备相对滞后，课程体系、目标、内容、考核方式等也相对滞后。这些因素可能会制约学生专业知识的拓展、专业技能的训练，使得学生难以接触到最先进的理念、方法、设备、文化等。

2013年9月，牛津大学的卡尔·弗瑞及迈克尔·奥斯本发表了《就业的未来》（The Future of Employment）研究报告，调查各项工作在未来20年被计算机取代的可能性。根据他们所开发的算法估计，美国有大约47%的工作有很高的风险被计算机取代。[①] 他们量化了技术创新对失业的潜在影响，并根据自动化发生的概率，对702个职业进行排名，涵盖了自动化风险最低（0分）和最高（1分）的职业（见表2-1）。[②] 尽管随着跨代传递显性知识的教学工作将被人工智能所取代，教师的知识性的教学任务成就感会逐步降

---

① ［以］赫拉利. 未来简史：从智人到神人［M］. 林俊宏译. 北京：中信出版社，2017. 295.
② ［德］施瓦布. 第四次工业革命［M］. 李菁译. 北京：中信出版社，2016. 40-41.

低，但技术本身不具备人类教师所特有的能动性和创新能力。[①]

表 2-1　自动化风险最高与最低的职业

自动化风险最高的职业		自动化风险最低的职业	
职业	概率	职业	概率
电话销售员	0.99	与精神健康和药物滥用相关的社会工作者	0.003
报税代理人	0.99	编舞人员	0.004
保险鉴定、车辆定损人员	0.98	内外科医生	0.004
裁判和其他赛事官员	0.98	心理学家	0.004
法律秘书	0.98	人力资源管理者	0.005
餐馆、休息室和咖啡店工作人员	0.97	计算机系统分析师	0.006
房产经纪人	0.97	人类学家和考古学家	0.007
农场劳务承包商	0.97	海洋工程师和造船工程师	0.010
秘书和行政助手（法、医和高管助手除外）	0.96	销售管理者	0.013
快递员、邮递员	0.94	首席执行官	0.015

当前，我国技术技能人才培养供给侧与产业需求侧的不匹配现象依旧突出，结构性失业问题成为制约经济社会可持续发展的隐患。究其原因，教育链、人才链与产业链、创新链的脱节是导致我国人力资源供给水平不高的重要因素。[②] 如果仅仅让学生立足于学校中、课堂上，甚至还用昨天的理念、方法、技术、设备来培养今天的学生，并力图让他们适应明天的社会发展需要，这无异于痴人说梦。职业院校培养的学生应该具有娴熟的设备操作水平和良好的专业技术。通过产教融合，职业院校可以充分利用一线企业中先进的设备、师资、技术，学生能够走进企业、走入车间，在真实的流水线上获得实战的机会，练就过硬的专业本领，有利于他们专业技能的快速提升。这有利于解决职业院校传统专业的人才供给过剩与新兴产业所需人才供给不足的矛盾，避免学生因为产业升级而造成的结构性失业，也可以避免企业人才需求与职业院校人才培养脱节的问题。

---

① 杨韵莹，罗泽兰，董艳. 未来教师的工作创新、跨界与重塑 [J]. 开放教育研究，2022，28（1）：47.

② 郝天聪，石伟平. 从松散联结到实体嵌入：职业教育产教融合的困境及其突破 [J]. 教育研究，2019，（7）：102.

（二）产教融合有利于培养学生的创新能力

职业院校通过与企业合作办学，共同举办专业，充分利用企业师资、设备、技术、文化等资源，为学生提供了充分的实训实习平台和宝贵的实训机会。职业教育的一个最基本前提是，学生应该在学校中实践所学职业技能，获得亲身体验，从而完成其职业培训。就许多种类的职业而言，学生的训练就应该借助见习、实习和实际工作场所的经历来进行，这些方式不仅仅只是职业培训的一个部分。① 学校的老师与企业的工程师、技师会从不同的视角引导学生加强专业理论知识与专业技术技能的密切结合。在校企两方老师的指导下，学生把学到的专业理论知识积极应用到实践之中，不仅加深了对书本知识的理解，还提高了知识应用和问题解决的能力。

对于职业院校而言，培养的人才不应该只定位为一般的操作型的产业工人。随着生产设备的高度集成化、自动化、智能化，传统意义上的产业工人将难以适应新的发展，必须具有较强的创新意识和一定的创新能力，由技能型人才成长为具有一定创新能力的创新技能型人才。

学校和企业的老师有着不同的学科专业背景、教学方式方法。不同的教学场景和管理文化，都有利于激发学生创新学习的意愿和热情。很多学生在专业实践过程中不断进行探索、思考和创新，在完成个人"类创造"的基础上，甚至少部分学生还能有原创性的发明，实现"真创造"。其中，有的学生通过不断摸索和探究，通过改良生产设备、改进工艺、改变方法，获得外观设计专利、实用新型专业，甚至是发明专利。

（三）产教融合有利于提高教师的业务能力

当前，职业院校教师大多数是从高校直接参加工作的具有硕士学位甚至博士学位的人才。他们的专业水平高、研究能力强、理论知识丰富，但面向生产一线的问题解决能力不强，动手操作水平不高，这都将极大地影响教学质量和人才培养质量的提高。通过产教融合，职业院校创设实训实习基地，引进企业资源，为广大教师特别是专业教师参加生产实践、提高实践操作能力、面向一线生产问题的问题解决能力和研究能力提供了充分的条件。这都有利于教师专业化的成长，有利于其把专业理论知识与生产实际相结

---

① ［美］吴尔夫，奥斯丁．教授是怎样炼成的：未来大学教师培养的改进策略［M］．赵文译．北京：北京大学出版社，2015. 167-168.

合，把教学、科研与社会服务相结合。通过个人直接接触生产一线，带领和指导学生参加实习实训，使得教师不仅进得了课堂，站稳讲台，还能进得去车间，站稳机床和流水线。这有利于广大职业院校教师快速提升自身业务素质，逐步成长为具有扎实理论知识和丰富实践经验的"双师型"教师。

（四）产教融合有利于职业院校的高质量发展

职业教育办学方向与人才培养目标均以就业为导向。职业院校培养的是面向生产、建设、经营、管理和服务一线基础的高技能人才。这类人才具有鲜明的职业性、技能性、应用性等岗位特征。简而言之，就是工作在生产一线的懂技术、能操作、会管理的人才。为了使企业需求与职业院校的教学做到无缝对接，与技术发展合拍，因而很有必要吸收企业的技术与管理骨干、领导与行业专家参与专业培养目标的研讨、课程体系的设置、教学计划的制定、课程内容的拓展与开发等。产教融合、校企一体化发展的办学思路能够满足学校发展的这种需求。此外，职业院校还应该充分利用地方政府和教育行政部门的政策制度、教学科研服务平台。如浙江东方职业技术学院与浙南产业集聚区签署战略合作协议，共同搭建产教协同发展创新中心服务平台——浙南产教协同发展创新中心。

职业院校在外延发展的同时更应该注重内涵与特色的发展，这其中，通常会遇到发展资金限制的问题。职业院校可以充分借助产教融合的契机，充分引进企业的师资、资金、设备，将省下来的有限资金投入到专业与课程开发、教学方法改革、产品与技术研发、社会服务等方面，为学校高质量发展奠定坚实的基础。

职业院校的高质量发展离不开丰富的教育资源。然而，因为受制于职业院校办学经费和办学条件，部分院校难以及时更新相关的教学设施，尤其是一些专业实训实验设备。职业院校如果仅靠现有的落后于生产一线的机器设备，那么将很难培养出能够符合企业需求的应用型人才。

二、产教融合促进行业企业的快速发展

（一）产教融合有利于企业获得对口的高质量人才

企业之间的竞争，不只是产品的竞争，更是人才的竞争。企业如果不主动介入职业院校，不关注人才培养的目标和要求、起点和过程，那么在面对难以操作最新生产设备、难以满足最新生产要求和标准的员工时，只能自主

对员工进行岗前培训，甚或送回职业院校进行"回炉"再造，这样势必浪费大量的人力、物力和财力。因此，产教融合有助于企业从人才培养方案制定开始，在师资队伍建设、课程建设、教材建设、实训平台建设等方面全面介入，对培养目标、毕业要求、课程体系、课程标准、考核要求等提出明确的要求，从招生到理论教学、实践教学、考工考级等各个环节都全程关注。

产教融合要取得显著成效关键在于让企业真正成为人才培养的重要主体。① 产教融合能为企业提供大量的高技能人才，能有效改善企业的人力资源结构。职业院校是应用型、技能型人才的主要输出方。产教融合使得学校和企业成为人才培养的"双主体"，企业会把学生当成自家的"准员工"。企业对员工的招聘、培训和考核前置到职业院校中，在很大程度上节省了企业对员工培养的时间成本和经济成本，进而实现校企双方合作共赢的共同目标。通过产教融合，职业院校能按照新兴企业的人才要求开展相应的教育教学工作，这样使得学校培养出的人才与企业需求之间做到无缝对接。根据企业的需求，职业院校不仅可以为企业"量身定制"一大批急需的应用技术人才，还可以为企业员工进行职后的专业化培训。

（二）产教融合有利于企业实现产品转型升级

通过产教融合模式，企业能够依托职业院校高水平的教育资源来助推企业实现产品的转型、升级和换代。高水平的职业院校拥有丰富的优质教育资源、科技研发资源。通过深度的产教融合，可以依托职业院校的学科专业、高水平的教师团队、高科技研发平台等资源，为企业提供精准化的一站式的科研服务。通过产教融合，还能够将职业院校的科研成果转化为企业产品，从而激发和带动企业转型和升级发展。

通过与高水平职业院校的校企合作，可以对企业的生产线进行更新优化和改造升级，如采用智能化的流水线，充分利用新能源技术和新型的绿色环保材料等，帮助企业提升生产效率，提高企业产品在市场上的竞争力，为企业的发展注入强大的发展动力。

（三）产教融合有助于激发企业的创新动力

通过校企合作、产教融合，使职业院校与企业形成资源共享、优势互

---

① 郭建如. 深化产教融合，推动教育与经济社会协调发展 [N]. 光明日报，2017 - 12 - 26 (15).

补，这也是增强企业创新动力的必由之路。企业在职业院校人才培养、科技发展、改革创新、现代学校制度、学校文化建设中具有重要的主体作用，产教融合本身就能够为企业的创新发展注入新的动力。但是当前很多中小企业受制于领导的传统思维、科技研发经费投入不足等因素，造成企业创新的动力不足。

企业作为产教融合中的另一个重要的办学和育人主体，必须做好供给侧改革，根据产业结构的调整变化，地方经济发展的需要，不能急功近利，应该高瞻远瞩，主动求变、求新、求特，重视企业产品、品牌、文化的创新，要能够充分保证并逐步增加研发经费的投入。只有及时跟着时代发展的脉搏，紧紧抓住社会发展的需求，不断地推陈出新，才能持久地立于不败之地。

如上所述，通过产教融合，职业院校和企业双方能够实现互利共赢。除此以外，职业院校是直接服务于当地的经济建设与发展的，它与当地经济建设联系广泛而深入。职业院校的专业设置都紧密依托于地方经济发展与产业结构要求。职业院校通过产教融合，培养了一大批业务熟、懂技术、会管理的高技能人才。他们毕业后走上社会，势必成为相关行业产业的行家里手，这不仅有助于促进当地经济结构的优化和调整，也有助于促进地方经济的繁荣。

通过校企合作、产教融合，不仅可以锻炼老师、培养学生，还能增加与所在城市的紧密互动，也能增加与合作企业的"粘合度"，从而为所在城市的转型发展提供一定的人才与技术支撑。

第三节　职业教育产教融合中的主要问题

尽管产教融合对于职业院校、行业企业和地方政府的发展都有非常重要的作用，但产教融合的现状仍呈现出"理想很丰满，现实很骨感"的冷热不均的现象，具体表现在学校热、企业冷；领导热、师生冷。原因在于：第一，产业与教育存在较大差异，学校与企业是两种目标导向不同的组织，完全意义上的产教融合十分困难。第二，产教融合要想真正落地，必须探索区域、甚至组织层面的产教融合问题，即如何将产教融合理念融入区域企业经营发展与职业院校办学实践之中。第三，产教融合涉及诸多利益相关者，必须协调好政府、企业、学校、行业之间的复杂关系。①

由此可知，产教融合是一个系统工程，需要各方积极参与、主动作为，要明确政府、学校和企业各自的主体地位及职能任务。只有三方共同推进，才能真正拓展产教融合的广度，加强产教融合的深度，延长产教融合的热度。否则，如果还是职业院校"剃头挑子一头热"，甚至是学校的"热脸"贴上企业的"冷屁股"，那么产教融合只能是作为一种"时髦的口号"，如果不能落地，还是蜻蜓点水、浮光掠影，最终只能成为"食之无味、弃之可惜"的鸡肋。

一、职业教育产教融合中的主要问题

在职业教育产教融合过程中，由于涉及政府、学校和企业三个主体，还受到人员、资金、设备、制度、机制、效益等多方面因素的影响，在实际运行过程中会产生各种各样的问题。原先校企结合、工学结合的人才培养模式中存在的很多问题，在产教融合人才培养模式中依然存在。这应该得到高度重视。

（一）专业人才培养与产业实际需求脱节，缺乏前瞻性

当前国内职业教育产教融合发展还存在很多不足，职业院校与行业企业之间缺乏前瞻性，缺少对未来发展局势的准确预测，导致二者之间还存在很多方面不能准确对接。

一是双方"不对接"。职业院校人才培养的层次、专业与经济产业结构、社会发展的需求之间存在"两张皮"的脱节现象。从宏观上看，职业教育和产业统筹发展、融合互动的基本格局尚未完全确立。从中观上看，职业教育的规划布局、资源分配、人才培养的层次类型与产业结构和发展现实不相契合，导致人才供需产生了结构性的矛盾。从微观上看，职业院校的课程体系、课程标准及内容、教学方式与方法等通常滞后于企业的实际需求。

二是双方"不会接"。产教融合涉及职业院校和企业双方在师资队伍、资金、场地、设备等资源方面的投入和重组，需要制定大量相关的文件、规章、制度和标准，同时，还需要与政府相关部门进行请示沟通，明确双方在

① 郝天聪，石伟平．从松散联结到实体嵌入：职业教育产教融合的困境及其突破 [J]．教育研究，2019，（7）：103．

办学过程中的责、权、利。这些大量的事务性工作都需要职业院校和企业之间进行长时间的反复磋商。对于一些缺乏经验的职业院校和企业而言，通常表现为不会接，不知道该找谁解决，也不知道该从何处着手。

三是企业"不愿接"。产教融合呈现出"学校热、企业冷"的现象。职业院校的科技研发项目难以满足企业技术开发的重点需求。学校和企业"大道朝天，各走一边"，二者的供求关系完全不在一个频道上。我国机械行业13个子行业的280家样本企业的实证结果显示，从整体看，当前我国企业参与职业教育不仅显示出明显的成本偏好，同时具有明显的技术技能偏好。[①] 很多高水平的职业院校拥有很多科研成果，却很难进行有效转化，更谈不上大范围地推广和应用了。由于缺少对项目成果的精准对接，校企协同进行人才培养的局面也同样成了"两张皮"。

四是企业"不敢接"。因为职业教育的办学需要很大成本，特别是新的实训平台和生产设备的上马更需要大笔的资金，且人才培养质量和水平的检验具有滞后性。有的企业不太能看清产业的未来发展前景，对办学投入产出比也不能确定，他们更为担心职业院校培养出的人才未必能直接满足其发展的需求，这就导致很多企业参与职业院校办学的动力不足。

（二）学校与企业在办学过程中的职责不明，缺乏主体性

当前，很多职业院校产教融合人才培养模式还处于持续探索之中，系统高效的校企双主体协同的人才培养模式尚未完全形成，校企合作冷热不均表现为学校热衷而企业参与办学的积极性不高。学校与企业在教学投入、教学计划、教学运行、教学管理、教学评价、实习实训等方面的职责不够明确。多数企业仍表现为失位或缺位，在签署相关合作办学协议之后，通常只会在制订人才培养方案、学生开学典礼、毕业典礼、校外实习实训等重要活动时才会介入。实际上，产教融合对企业在职业院校人才培养过程中赋予了更加重要的地位和使命。企业不能缺失主体地位，需要全方位、全过程参与职业教育人才培养，需要与企业进一步明确各自的责、权、利。在人才培养的目标定位、教学计划制定、课程体系编排、课程与教材开发、课堂教学改革、实习实训指导、技能等级考核、教学质量评价、教学设备投入、教师队伍选派等重要方面，双方均需要做好无缝对接，避免课程内容与职业标准、课堂学习与车间实训、教学过程与生产过程的脱节。

---

① 潘海生，林宇. 参与职教，企业缘何犹犹豫豫 [N]. 光明日报，2017-7-27 (14).

（三）学校与企业产教融合广度和深度不足，缺乏持续性

产教融合不只是签署一份协议，也不只是调整几门理论或实训课程、增加几台新型设备、把学生带到工厂流水线实践操作。要想将产教融合落地落实，这涉及产业与教育、企业与学校、职业标准与课程标准、岗位设置与专业设置、职业资格证书与学历证书、生产项目与教学内容、企业工程师（技师）与职业院校教师、工厂与教室、生产流水线与实验台、企业文化与校园文化等多方面要素的对接。除了传统的共建师资队伍、共建课程教材、共享实训平台设备之外，高质量的职业教育产教融合还需要在其他方面进一步拓展。职业教育产教融合模式的实施是一个长期的、系统的工程，需要校企双方通盘合作、长期共建，不能浅尝辄止。

从某种程度上说，产教深度融合是职业教育发展的一个重要方向。一所职业院校产教融合的深度、强度如何，将直接决定其生存和发展的空间和高度。因此，产教融合、校企合作首先要提高双方思想认识的深度，这样，才能进一步提升合作办学的积极主动性。其次，职业院校与企业之间的合作要进一步深化。职业院校要根据自身的优势和特色，找准打通企业与学校壁垒的关节点，寻求双方利益最大化的共同点，找到双方合作的重要突破点，以点连线、连线成面，从帮助学生进行实践技能指导到订单式培养、定向培养、嵌入式培养，再到全面的战略合作；从简单的技术转让到委托开发、合作研发，从校中厂到厂中校，再到组成职教集团、职教联盟和股份制企业，进而不断加强合作的深度。再次，逐步建立产教深度融合的长效机制，这才是校企合作的根本保证。

（四）政府宏观调控与校企微观运行接洽不够，缺乏制约性

《关于深化产教融合的若干意见》提出了很多激励和支持企业参与职业院校办学的政策制度，尽管如此，这些政策制度的真正落地都需要多个部门的协调和配合，并非哪一个部门就能独立完成。作为国家层面政策制度制定主体的发展规划、财政税收、干部人事等部门都应该通力配合、主动作为，而不是单靠教育部门孤军奋战。个别部门在对职业教育的管理过程中，对产教融合、校企合作的资源整合力度不够、办法不多，经费保障机制、监督评价机制和激励机制等缺乏针对性，这也必然导致国家出台的相关政策往往难以落到实处。

二、职业教育产教融合不力的原因分析

（一）缺乏有效调控

首先，从历史上看，二十世纪九十年代中期之前，职业院校基本能够根据企业需求培养学生，学生毕业后会被分配到相关企业工作，路径还比较顺畅。当时校企互动良好的原因在于，行政部门不仅管理职业院校，还管理相关行业企业。随着市场经济改革的推进，这一格局逐步被打破。职业院校被划归教育行政部门或地方管理，劳动力市场的管理由人力资源与社会保障部门负责，这就造成职业院校的管理与职业教育政策的制定由教育行政部门负责，而技能人才的供需信息分布在不同行政部门。

其次，从政策层面来看，当前还缺乏促进产教融合的整体性、系统性、长效性的政策制度，缺乏一定的激励机制和保障体系，尚未形成健全的政府、行业、企业、学校和社会各负其责、协作共进的发展格局。

最后，产教分离的体制性问题有待进一步解决。当前，除了极少数的职业院校由人力资源和社会保障等部门或行业管理之外，绝大多数职业院校均由教育部门统管。由于缺乏能够有效促进产教融合的政策制度和保障机制，职业院校和企业之间在干部、人事、财政、资产等方面的管理体制的隔离，直接切断了职业学校与企业之间的联系。在产教融合、校企合作的具体操作过程中，对于职业院校和企业在人、财、物等资源性条件的投入、归属、收益方面还须打破壁垒，并进一步加以明确。

（二）部分行业企业缺乏内驱力

职业教育产教融合的广度、深度和强度不足，可能源于当前大多数企业的消极被动状态。很多企业缺乏远景预期，它们不太愿意积极主动去承担职业教育的社会责任。校企合作基本上靠双方领导个人感情的维系，一旦领导调离岗位，合作可能就难以延续。还有一些企业的功利色彩太重，在合作过程中不愿意多投入，而期望能从学校更多获益。现阶段，各地尽管有各种行业协会，但各自为政，缺乏跨地区的整合。不少行业协会不具备制定行业标准、组织考试的能力，没有颁发职业资格证书的权力。它们自身水平有限，通常只是表现为行业的联谊会，缺乏指导职业教育发展的能力。

（三）职业院校对接企业需求能力不足

部分职业院校办学定位偏低，缺乏资源整合的能力，专业设置未能紧扣行业发展要求。加上学校缺乏科学研究的深度和学术文化的底蕴，专业建设水平和技术研发积累不足，技术服务能力薄弱，很难给合作企业提供高水平的专业服务。正如湖南省教育厅原副厅长应若平所言，目前职业教育的产教融合还不够充分，校企合作人仍处于劳务订单式培养的初级阶段，校企之间深度融合亟待加强。此外，职业院校的技术创新能力不足，也很难支撑产业的转型升级。① 而且，职业院校与企业开展的校企合作多停留在中低层次，且多以项目化形式存在。② 经济社会的发展需要职业教育培养大批具有一定创新性的人才，职业教育发展也必将对创新性人才培养提出新的要求。

职业院校需要进一步提升自己的办学实力、科技研发能力和服务能力，不断凝练办学的特色，提升专业建设内涵和人才培养的质量，进而提升学校的知名度和声誉度。在自身实力强劲的基础上，才能够引起更多行业企业的重视。职业院校要主动适应区域产业结构调整转型升级对技术技能人才的需求，实施"专业群对接产业群，专业链服务产业链"策略，建立专业动态调整机制，不断优化专业结构，提高人才培养与产业发展的匹配度。③ 职业院校的专业群要紧密对接区域经济的产业链，及时调整专业方向，不断优化人才培养方案，完善课程体系和实践教学体系，根据产业调整和行业需求及时更新课程教学内容和相关教材。

（四）政府、产业与学校未形成教育合力

对于职业教育产教融合人才培养模式的推进，政府相关部门、产业与职业院校之间仍未能明确并充分履行各自的职责、任务，仍是各行其是，未能将各自的功能充分地发挥，也未能充分发挥两两之间、三者之间的教育合力。政府部门应该根据地方经济产业结构的发展，从宏观层次上对政策制度、激励机制、评价机制进行引领，及时牵头引导产业与职业院校之间进行充分对接，以产教融合、校企结合的模式对职业院校人才培养的全过程进行全方位的对接，充分发挥职业院校和企业在办学中的主体地位和积极性。

---

① 应若平. 如何认识和破解新时代职业教育的主要矛盾 [N]. 光明日报, 2018-5-10 (14).
② 庄西真. 以工匠精神引领高技能人才培养 [N]. 中国教育报, 2017-08-31 (3).
③ 王松柏. 黎明职业大学深化产教融合培养区域急需人才 [N]. 中国教育报, 2017-8-28 (3).

三、职业教育产教融合的基本要素

（一）外部影响要素

1. 政府支持

政府部门是产教融合、产学合作、校企合作大环境创设的主体，为产教融合提供政策、制度与法律保障，以进一步规范校企合作行为，保障校企合作的质量。就信息渠道而言，只有政府才有资源和能力获得区域内和全国范围内的技能人才供需信息，单个学校或者企业，尤其是规模较小的职业院校或者中小企业，无法完成这一工作。① 当前的职业院校由于缺乏一定的办学自主权，院校之间专业设置高度相似、课程体系与教材内容趋同、人才培养模式趋于一致，这就使得培养出的人才缺乏区分度。为了彰显"错位发展""特色发展"的教育发展理念，在实施职业教育产教融合模式的过程中，发展规划、教育、财政等政府部门需引导职业院校进行差别化发展。

对产教融合过程中职业院校和企业之间的职责、权力和利益等，对师资队伍、办学经费、平台设备等资源投入需要出台相关细则，确保党和国家关于产教融合相关要求落到实处。为此，政府部门应该优化职业院校办学的外部环境并出台相关政策法规，促进产教融合制度化。在此基础上，政府还应该强化宏观调控的职能，充分统筹并做好资源整合，打破行政部门和产业、学校之间的壁垒，在地方产业结构发展的基础上，特别做好校企结合、产教融合工作。政府还应该加强行业对企业、职业院校的指导作用，进一步明确行业的职能，赋予行业一定的职权，委托行业协会与相关部门制定行业标准。最后，政府要进一步完善产教融合的体制和机制，加强产教融合的绩效评估，完善并加强职业院校和企业合作办学的保障、服务、激励和评价机制，以进一步推进产教融合的广度、深度和力度。

2. 企业助推

行业企业是产教融合的重要推力，也是产教融合的实施主体。企业积极性低、参与不够是职业院校难以有效推进产教融合的重要原因之一。部分企业未能认识到产教融合对于企业的重要性，通常把参与职业院校在校学生的培养看作是额外负担，担心投资职业教育难以得到合理的盈利，也有企业担

---

① 叶阳永. 产教融合亟待政府弥合信息鸿沟 [N]. 光明日报，2022-3-22 (15).

心他们参与培养的人才流失到其他企业。因此，部分企业通常认为产教融合的代价不小而获益不大，而且在一定程度上还存在不确定性。这些因素都可能影响企业参与产教融合的积极性和主动性。

作为政府部门，要积极引导企业参与职业教育；作为职业院校，要不断提升自身办学实力，吸引职业院校参与人才培养。在产教融合过程中，企业应该清醒地认识到自身的职责所在和担当使命。产教融合不仅有利于帮助职业院校培养出下得去、上手快、干得好的高技能人才，企业也可以要求职业院校量身定制相关专业人才，进而满足企业的生产需求。此外，企业通过参加产教融合的具体实施过程，还可以充分利用政府的激励政策和职业院校的科技研发优势，不断提升企业自身的技术价值、经济效益和社会美誉度。

3. 社会期盼

近几年，随着产业经济的发展，产业结构也在不断转型升级，很多地方持续出现"用工荒""招工难"的现象，企业急需大批能够服务于生产一线的技能型、应用型人才，这和部分职业院校毕业生面临的"就业难"形成了鲜明的对比。究其原因，主要是学校专业结构与产业结构、培养目标与企业需求的不一致。要想解决这一矛盾，就需要职业院校坚定地走产教融合之路。职业院校培养人才能够实现顺利就业，不仅解决了企业的用工需求，也解决了千千万万个家庭的子女就业问题，从一定程度上还有助于地方社会的安定团结。

（二）内部影响要素

政府、企业和社会等学校外部的要素对产教融合的发展起着促进或延缓的作用，相比之下，教育理念、师资队伍、课程体系、实训平台、校园文化等学校内部要素对产教融合的实施起到了实质性作用。

1. 更新学校办学理念

办学理念直接制约着职业院校专业布局、人才培养的目标定位等多方面，也直接影响未来人才培养的质量和水平。职业院校不能关起门来办学，一定要秉持合作、开放、共享的发展理念，充分利用行业企业的师资、设备、技术、制度、文化等资源，按照工学结合、校企合作、产教融合的技能型、应用型人才的培养目标，主动寻求政府部门的帮助，专业布局对接地方产业链，主动加强与企业的接触与沟通，在借用企业资源加强职业教育内涵建设的同时，为相关企业解决人才储备、技术研发、员工培训等现实问题。

职业院校要依据学校人才培养的总目标、区域经济社会的发展需求、学生的发展需求以及专业特点等确定专业培养目标，坚持以行业产业结构定学校专业布局，以经济社会发展需求定人才培养基本规格，以科技进步和产业升级定课程与教学内容。"有为，才能有位。"职业院校要不断加强学校内涵发展和特色发展，不断提升教学科研水平和社会服务水平，进而提升人才培养水平。

职业院校要基于产教融合、协同育人的理念，要求各专业成立由校企双方构成的专业建设指导委员会，参照相关产业行业的岗位技术人才需求标准来优化专业人才培养方案；积极推进校企合作，培养知识、能力、素质等协调发展，能适应经济社会发展需要的高素质的应用型专门人才。

职业院校人才培养目标要遵循学生成长成才的基本规律和应用型人才的培养理念，强调培养学生的创新精神和实践能力；要立足地方，优化专业结构，提高应用型人才培养对区域经济发展的贡献度；要践行"以生为本"的育人理念，把促进学生全面发展作为人才培养的重要目标，引导学生实现知识积淀、技能形成、素质提高、价值塑造等方面的协调发展；同时，还要把促进学生个性发展和全面发展有机统一起来，充分考虑学生的个性特征、专业发展、自主选择等因素，通过"分型培养"，为其成长为不同行业和岗位的"行家里手"奠定坚实的基础。

2. 加强师资队伍建设

在校企融合过程中，师资队伍是教学质量得到根本保障的前提因素。职业教育与普通教育最大的区别就在于其实践性和岗位能力，因此，教师既应具备相关专业的理论教学水平，又要具备相关行业、工种和岗位的实践教学指导能力。理想的"双师型"教师通常有"双证书"或"双职称"的支撑，以凸显所具有的专业知识和技术技能。职业院校培养的人才要紧密贴合地方产业发展，能快速上手并发挥作用，因此，职业院校教师要努力成为"双师型"教师，不仅要加强教学基本功，还得研究专业前沿知识技术，了解行业企业发展需求，也要具有行业实践能力，还要具有一定的科技研发能力。

总体而言，职业院校教师专业化发展要努力做到"三性"统一。"三性"即师范性、技术性和学术性。一是师范性，这主要指教师的教育教学能力方面。职业院校教师不仅要有扎实的教学基本功，还要有较强的教学设计、课堂教学与管理、课程开发、教学研究与改革、实践指导的能力。二是技术性，这主要指教师的实践教学能力方面。职业院校教师不仅能进得了教室和实验室，会教专业理论课程；还能进得了工厂和车间，手把手指导学生的专业技能训练。三是学术性，这主要指教师的科学研究和技术开发能力方面。职业院校教师不仅具有较强的教育教学能力和实践指导能力，还要具有较强的科研能力和产品技术开发能力。

"双师型"教师的培养通常包括两种做法，一是有条件的职业院校，可以成立职业教育培训中心，不断培训教师的职业技能。二是通过"产教融合、校企合作"，把学校专职教师送到企业"跟岗访学""顶岗实践"，获得技术技能；让企业兼职教师参与学校的教学和管理等，提高彼此的教育教学能力、专业实践能力和相关素养。①

3. 完善专业课程体系

科学、系统的专业课程体系是人才培养的立足点，能够保证职业院校人才培养的质量。对于职业院校学生而言，课程模块的设置、课程群与核心课程的选择、课程次序的安排、课程标准的确定等，都应该以未来工作的岗位群为基础，再对岗位群所需要的核心能力进行适当分解并具体落实到各门课程中去。课程模块要做到理论与实践结合、必修与选修结合、校内与校外有机结合。课程标准要充分考虑行业企业的要求，在部分实操性课程中要有机嵌入考工、考级的知识点和技能点，及时把企业的生产经营任务转化为学校的教学项目。在此基础上，引导学生更多地参与生产实践，重视专业课程与企业实践的有机整合。

4. 优化实训平台建设

在产教融合人才培养模式背景下，职业院校实训平台除了校内实训平台，还有企业援建的校外实训平台。学生专业技能的提升需要采取"教-学-做"一体化的教学方式。教与学的环节主要在校内实训平台完成，学与做的环节主要依托校外实训平台。学校面向传统产业的实训平台要保质保量地维护和运行，以保证日常的教学，面向新产业、新科技、新材料、新工艺等方面的实训平台，如果需要投入更多经费，职业院校可以通过产教融合模式，采取校企共建、引进企业资金的方式，实训平台可以建在校内，也可以建在企业内部，待学生实习实训时直接去企业。如山东日照职业技术学院与山东五征集团、山东网商集团、豪迈集团等企业，校企共建了十多个专业；探索"导师·项目实做"，利用政府资金，按照"企业化管理、公司化经营、工作室育人"的标准建设专业工作室。

---

① 杨秀英，杨静，谢林．职教本科发展的关键在于"双师型"教师［N］．光明日报，2021-10-5（6）．

5. 加强校园文化建设

校园文化是学校历史的积淀，校园文化是职业院校的灵魂，是办学理念、办学精神、办学传承的集中体现。校园文化通常包含四个层面文化。首先是物质文化，主要指职业院校的校园环境建设，如校区规划、环境设计、教学设施等方面，这是校园文化建设的物质基础。其次是精神文化，这主要指学校师生形成的办学观念和精神，总体而言就是一个学校的校风，具体而言，主要包括价值观念、态度准则、道德评价标准等，这是校园文化的核心要素。第三是制度文化，主要包括学校的各种教学管理规章制度，这是学校精神文化的具体化。第四是方式文化，是指校园中传播特定精神文化的物质载体，如校史馆或校史陈列室、名人雕塑等，这也是职业院校校园文化的主要体现。

第四节　职业教育产教融合的人才培养机制

产教融合不能只做表面文章，其要义在于"真融""真合"，核心在于供需双方的无缝对接，要能做到资源有效转化、双方平等交换、协同共进、责权共担、荣辱与共，其关键在于资源、平台、政策、体制和机制等要素的整体性设计、系统化推进。职业院校和企业都要牢牢把握服务发展、促进就业的办学导向，深化校企合作办学体制机制的改革，不断优化职业教育结构与布局，坚持产教融合，校企合作，坚持工学结合、知行合一。职业院校要做好与企业的深度融合，坚持从企业生产一线中积极寻找项目和资源，再让精心培育出的成果和人才能够及时回到生产一线中去，逐步形成以产促教、以教兴产、产教融合、合作共赢的良性互动的长效机制。

一、职业教育产教融合人才培养的内外机制

当前职业院校与企业在产教融合合作培养人才方面做了很多尝试与探索，如订单式培养、企业定制班、卓越工程师/技师培养计划、校企协同创新计划、产业/行业学院等，确实取得了可喜的成绩，也积累了丰富的办学经验。尽管如此，也应该看到，人才培养机制的创新程度、力度都还不够深入，这仍然制约着产教融合的有力推行。由此，职业院校在推行产教融合人才培养的过程中，应该关注内外机制，充分借助企业、政府和社会的力量，同时努力完善学校内部的相关机制。

（一）职业教育产教融合人才培养的外部机制

职业教育产教融合人才培养模式的具体实施是一项复杂的系统工程，需要政府、学校和企业三方的共同努力。

1. 政府层面，要为校企深度融合创造良好的外部环境

首先，政府要为双方牵线搭桥。当前产教融合人才培养是职业教育改革的必由之路。职业院校和企业作为相互独立的组织，二者在目标定位、体制机制、社会功能等方面都存在着较大的区别，难以通过"自由恋爱"的方式实现深度融合，政府则可以发挥"红娘"的作用，为参与产教融合的职业院校和企业牵线搭桥，做好跨界服务工作。

其次，政府要帮助校企双方解决共性问题。政府的管理和服务职能不只是针对个别院校或企业，而是面对地方的教育界和产业界，因而需要面向更多群体。众多合作主体面临产教融合的问题多是共性问题，需要政府部门及时解决。政府可以充分发挥引导和管理的职能，召集涉及产教融合职能的发改、教育、科技、财政、人社、税务、商务等相关部门，通过现场办公会、定期部门联席会、现场会等形式，及时解决产教融合中的共性问题。对于企业研发经费而言，可以通过税收优惠的办法，将研发经费抵扣企业税费，从而公平普惠地撬动企业和全社会不断增加研发经费投入，促进企业创新。

第三，政府要通过出台相关政策法规，从操作层面上要明确校企合作过程中多方主体的责权利，要切实保护好各方利益。新修订的《职业教育法》规定，对深度参与产教融合、校企合作，在提升技术技能人才培养质量、促进就业中发挥重要主体作用的企业，按照规定给予奖励；对符合条件认定为产教融合型企业的，按照规定给予金融、财政、土地等支持，落实教育费附加、地方教育附加减免及其他税费优惠。政府有关部门要切实执行《职业教育法》的相关规定，出台促进产教融合、校企合作的相关工作细则。

2. 学校层面，要苦练内功不断提升职业教育的吸引力

首先，职业院校要及时转变观念，明确"以优质服务求得各方支持"的思路，增强为政府部门和企业做好服务的意识。要及时了解政府相关部门，特别是企业的发展需求，深入研究企业在生产经营过程中的问题及企业在校企融合过程中遭遇的新问题，进而寻求有效策略帮助企业解决问题。

其次，职业院校还要努力提升"内功"，增强职业教育对行业企业的吸引力。只有学校"有为"了，才能在与政府部门和企业合作中"有位"，有更大的发言权和吸引力。为此，职业院校要通过各种举措，明确"以贡献增

实力求发展"的思路，加强师资队伍建设，提升内涵、打造特色，不断提升人才培养质量，提升科技创新能力和社会服务能力。

3. 企业层面，要从发展的视角协同企业做好人才培养

首先，企业要有长远眼光，在人才培养方面必须做得"大气"一些，不能仍采取固守的心态等待人才自己找上门来。要想企业在产业结构转型升级之时立于不败之地，在生产线更新换代之时正常生产，必须要有提前量，及早对接相关职业院校，对企业所需人才培养早介入、早上手，最终才能早得益、得大益、常得益。当然，伴随着企业升级发展，也需要及早培训自己的老员工，而非简单的裁员与再招聘。

其次，开展校企合作中企业一方的经营管理人员、专业技术人员、高技能人才，具备职业学校相应岗位任职条件，经过职业学校认定和聘任，可担任专兼职教师，并享受相关待遇。上述企业人员在校企合作中取得的教育教学成果，可视同相应的技术或科研成果，按规定予以奖励。① 企业要勇于、乐于选派能工巧匠和高端管理人才走进职业院校课堂一线，将他们掌握的高端的技术工艺、优秀的企业文化、先进的服务理念、丰富的生产和管理经验传授给学生。企业大师和高管介入职业教育，能够有效提升学生对企业的了解和认同，增强对职业、企业和行业的认同度和归属感。

4. 共同层面，要构建切实可行的三方运行的长效机制

产教融合的两大主体——职业院校和企业要在政府部门的帮助和指导下，逐步建立和完善长效运行机制。职业院校可以成立专业建设指导委员会，吸引企业大师、高管、学校的名师，及教育部门的领导专家参加专业建设的指导，在人才培养方案制定、核心课程质量标准等方面进行精准指导。学校和企业通过共同参加专业建设，制定人才培养方案，完善课程标准、教学大纲、实践教学和考核评价。

校企产教融合可以实施"双导师、双基地、双素养、双证书"的"四双"卓越技师培养模式的实践探索。"双导师"是指由来自企业一线的大师、高管与学校优秀教师组成导师团队，对学生进行个别化的指导；"双基地"是指校内实训基地和校外实践教学基地共同协作，发挥其在实践能力培养中的作用；"双素养"是指理论素养和实践素养齐头并进；"双证书"是指毕业证书、职业资格证书。

<hr>

① 晋浩天.《职业学校校企合作促进办法》有何新看点［N］. 光明日报，2018-2-23（8）.

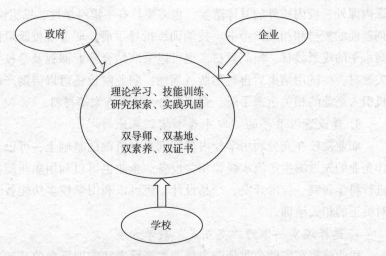

图 2-1 三方协同产教融合人才培养模式

(二) 职业教育产教融合人才培养的内部机制

内部机制是提高职业院校人才培养质量的根本，因此，必须逐步探索并形成各种有效机制，来保障教师队伍、课程教材、实训基地、教学方法、评价制度和质量保证体系，进而保证产教融合各项工作的具体落实。

1. 组建专兼结合的"双师型"教师队伍

职业院校自身要努力培养一支高水平的"双师型"教师队伍，要能让更多教师走进车间、走进工厂，了解企业生产一些的基本概况，进一步增加对产业职业的直观印象。与此同时，通过校企合作平台，还要积极引进企业的大师、高工和高管作为师资补充，或者作为产业教授、兼职教师。《中华人民共和国国民经济和社会发展第十四个五年规划和2035年远景目标纲要》指出，建立高等学校、职业学校与行业企业联合培养"双师型"教师机制。新修订的《职业教育法》也规定，国家鼓励职业学校聘请技能大师、劳动模范、能工巧匠、非物质文化遗产代表性传承人等高技能人才，通过担任专职或者兼职专业课教师、设立工作室等方式，参与人才培养、技术开发、技能传承等工作。

2. 拓展新颖务实的"多元化"课程教材

职业院校要坚持学生中心，育人为本，能力为先，根据企业对人才的需求来设置专业课程，及时引进企业的生产标准，根据科技进步和产业升级要求来拓展课程内容、优化教学内容。完善的专业课程体系需要通过线上线下、课内课外、校内校外的具体落实，也需要具有一定科学性、思想性、知识性、创新性的教材和相关参考书、技能训练指导手册。职业院校既可以用已有的高水平的规划教材、精品教材，也可以采取结合专业课程及学校实际自编相关教材，待试用结束后再行出版，当然，职业院校还可以借助产教融合的契机引入企业的相关生产手册、管理手册、培训方案等材料。

3. 建设资源共享的"双平台"实训基地

职业院校在充分利用学校内部实训平台资源的基础上，可以充分利用合作企业的先进的生产流水线和相关设备。企业也可以利用职业院校的实验室进行科学研究、技术开发、产品设计，还可以利用学校多功能教学设备完成对员工的相关培训。

4. 选择理实一体的"交互式"教学方法

职业院校在借助企业师资力量、生产标准和实训平台的基础上，可以采取理实一体化、工学结合、项目教学、案例教学、合作学习、研究性学习等多元方法，通过师师、师生、生生等的多元互动形式引导学生"学中做"和"做中学"。职业院校加强课堂教学改革，可以采取线上线下的混合教学模式，引进企业专家以真实的工作任务和典型案例作为教学任务，让学生体验真实的生产情境，并激发专业学习的兴趣和动机。

职业院校创新技能型人才培养需要打造积极课堂。积极课堂特征主要体现在以下方面：一是教学主体的生本性，二是教学效果的有效性，三是教学目标的发展性，四是教学氛围的积极性，五是教学方法的灵活性，六是教学形式的科学性。职业院校可以在课堂教学、学生技能大赛与班级管理方面充分采取合作学习的教学与管理形式，不断有效提高合作学习的课堂教学质量，多层次地建构学生的知识，发展社会性与个性，促进学生素质发展的全面性，增强学生社会角色意识，提高学业成绩和社会性水平。

5. 构建多方参与的"立体化"考评制度

职业院校的人才培养不同于普通高中与普通高校，因此其评价不能过于强调专业基础理论知识，而更应该关注学生专业技能、岗位能力和综合素质。对于专业技能、岗位能力的考核不仅要吸收企业的岗位能力和生产标准等要求，还要吸收企业专家加入考核队伍，形成校企专家共同考核的良好局面。对学生的考核也不能只算课程结束后的一次终结性考核成绩，还应该关注对学生的过程性考核，以发展性的眼光来看待学生的发展和进步。对核心科目及实践科目的考核评价时要逐步形成学生评价、教师评价和企业专家共同参与的机制。

二、职业教育产教融合人才培养的多维对接

在产教融合背景下，学校和企业双方要做到六个融合，实现互助共进。一是校企双方利益融合，在学校和企业之间建立利益融合的长效机制。二是校企双方人员融合，学校与企业在管理层面、师资层面可以交叉兼职和任职。三是校企双方资源融合，共建、共管、共享生产与教学设施、实习实训基地、培训平台与技能鉴定等资源。四是校企双方技术融合，学校理念层面与企业产品层面要实现两方技术的融合。五是校企双方制度融合，学校主动引入现代企业管理制度，将其融入学校教育教学管理中。六是校企双方文化融合，形成产教融合的集体合作文化。

（一）推进校企双方的利益融合，建立长效机制

深化产教融合通过校企双方的利益共同体的建立，通过共享产学资源并做好资源的优化配置，培养高素质的创新技能型人才，从而助力产业建设。产教融合是以满足职业院校和行业企业两个主体的利益诉求为根本宗旨的，因此互利互惠、共享共赢是二者的共同诉求。互利互惠使校企两个主体得到大量实实在在的"好处"，这就推进校企合作必然将从"情感机制"迈向"利益机制"，能有效确保二者之间长期稳定的合作，也能深化产教融合的深度、广度。

在校企合作过程中，职业院校的目标在于借助企业资源高质量地培养能够满足企业需要的人才，学校各个专业与产业、行业和企业建立了直接的经常性的联系，能够及时了解和掌握产业、行业发展的趋势和企业发展的需求，进而促进专业建设，进行教学研究与改革，为企业培养更多高质量的人才。与此同时，职业院校还可以利用企业的师资和设备资源，进行"双师型"教师的培养，不断提升专业建设的内涵和学校的办学水平，不断提升学校的知名度和美誉度。

企业是以经济利益的最大化作为其价值追求的，在校企合作过程中，企业通过前期的有效介入，最终能够便捷、高效地选择职业院校培养的人才加入企业。这些人才因为前期在企业的生产线上进行过实习，因此能够快速适应企业的生产环境并有快速、优质的产出。企业通过对老职工进行继续教育与培训，通过引导员工可持续发展，通过系统性的教育培训，也起到了一定的宣传效应，树立并推广了企业的形象。与此同时，企业通过借助学校资源

和政府政策，也能降低生产经营成本，进行新产品的研发、新技术的引进，或对生产设备进行技术改造，进而增加整体效益。

（二）促进校企双方的人员融合，形成教育合力

企业师资的最大优势就是实践能力强。企业师资作用的发挥通常会受到以下一些限制，一是教学投入的精力受限，无法兼顾校企两头的工作；二是教学能力受限，受制于教学经验缺乏或理论基础较薄弱；三是教学优势受限，灵活的教学时间地点容易导致与其他课程安排的冲突。[①] 职业院校与行业企业在管理层面上组成职业教育管理的共同体，可以采取双方人员的交叉任职来加强人员融合。职业院校可以聘请企业高管担任学校相关领导，可以聘请企业大师、高管、高工等作为兼职教师或学生技能指导教师。企业也可以聘请职业院校领导参与企业管理，也可以聘请学校的教授博士担任企业的业务领导与技术指导，参与企业的技术研发、生产经营的管理和员工的教育培训。校企双方可以合作制定专业人才培养方案或职工培训方案，共同为学生实习实训、教师实践提升、学生创新创业、员工专业培训提供优质服务。校企双方还可以组织相关技能竞赛，或者根据企业的岗位需求开展导师制、学徒制合作，也可以合作招收学员，按照工学结合、顶岗实习等模式，实行校企双主体育人。这样，学生在企业可以充分利用企业指导的实战平台，学校通过安排学生在企业实习实训，同时对企业管理和文化进行深入考察，双方共同推动对学生教育的深度融合。

（三）增进校企双方的资源融合，力求开源节流

产教融合离不开一定的物质条件，资源融合是校企双方利益共同体存在的基础条件。对于校企双方而言，物质基础主要包括资金、场地、设备、材料、课程、技术等资源。职业院校和企业之间要做好各类资源的整合与融合，共建、共管、共用人力资源、教学生产资源、实训平台资源等。校企双方在人才引进、资金预算、设备购置、技术研发等方面要充分考虑对方的实际需求，避免不能共用共享，更要避免重复建设。扬州工业职业技术学院以"共建、共管、共享、共发展"的理念引领产教融合发展，分别与华为和腾讯共建华为ICT（信息通信技术）学院、扬工腾实学院。针对专业紧密对接合作企业及所在行业的产业链，采取合作企业参与产业学院的全过程办学

---

① 王进安. 高校引入业界师资的"三限"与"三关"[N]. 光明日报，2017-7-1（10）.

模式。

校企双方要在政府的宏观指导和协调下，建立明确的双方资源的投入、管理、使用、收益分配等机制。物质条件是学校办学的基础和办学综合实力体现的重要标志。学校资源建设要准确对接企业发展方向，建立的实训平台和相关设备等要与企业的发展需求基本保持一致。企业可以借助雄厚的资金实力，充分投入到职业院校的科研平台、实训平台建设和技术研发方面，不断提高职业院校的教育服务水平、科技研发水平，合作共建、共享教学科研平台、实习实训基地、技术研发中心。除了这些硬件的经费投入之外，还要加大对教学过程的"软件"的经费投入，如对课程开发、学生创新创业、员工专业培训、技能鉴定、产品技术研发等的投入。

（四）加强校企双方的技术融合，倍增多方价值

产教融合还要做好校企双方的技术融合，实现更高的教育价值、经济价值和社会价值。职业院校研发的技术成果可以加强和企业技术的充分结合。职业院校的技术产出主要是教育科研的成果，如论文、著作、决策咨询报告、专利、成果奖等。相比之下，企业主要通过技术研发获得对产品、材料、生产线等的改良或升级换代，以获得真正的经济价值，从而提高利润。

通过产教融合，职业院校关注行业的发展动向，企业的发展需求，以及技术发展趋势。教师可以通过科学研究为企业的技术升级、产品研发、成果转化等提供基础支持。校企双方可以根据市场的需求，共同设置专业（方向）、合作研发专业标准，开发新的课程、教材及教学辅助产品，合作研发岗位规范、质量标准、评估标准等，积极打造能对接地方产业链，能适应区域经济发展需要的特色专业或专业群。

（五）加快校企双方的制度融合，明确管理规范

产教融合还要有效推动职业院校和企业的制度融合，特别是要能将现代企业管理制度融入学校的教育教学管理中去，进而为学生职业发展奠定坚实的基础。管理制度涉及人、财、物、事等各方面，总体上可以分为规章和责任。规章主要侧重于工作内容、工作范围、工作程序；责任则侧重于规定不同主体的职权和利益的界限及其关系。

一整套科学、系统的企业管理制度能够保障企业生产经营的正常运行，又能成为维护企业员工共同利益的强制手段。学校管理制度与企业管理制度有着较大的差异，校企双方可以相互借鉴。产教融合就是要将现代企业

制度中的基本要求充分融入学校教育的方方面面。在职业院校教育过程中，除了保证在课堂教学的有效时间内向学生传授知识、发展技能外，还应在课程教学内容中有效渗透现代企业制度，要把规则意识内化到学生心中，把未来职业和岗位的基本要求以多种形式呈现给学生，为学生的职业适应和职业发展做好相应准备。就职业院校而言，学校管理制度主要围绕人才培养，包括教师发展、教育教学、科学研究、学生管理、社会服务等方面。就企业而言，现代企业管理制度是主要围绕产品生产，这是实现企业发展目标的有效措施。

（六）加速校企双方的文化融合，形成集体文化

最后，校企融合还应该在更高层面上做好文化融合，努力在校企利益共同体的基础上形成集体文化。校园文化是职业院校在长期办学过程中形成的学校传统、精神追求、价值观念和生活观念的总和。校园文化的内核是学校师生共同的价值观念和精神追求。校园文化是在不断变化发展的过程中，经过反复归纳、凝练和升华而形成的校园精神。企业文化是指企业生产经营中长期形成的一种精神成果和文化观念，包括企业精神、职业道德、企业价值观念等，是企业意识形态的总和。

产教融合要将职业院校和企业这两种文化进行深度融合以形成集体文化。加强职业院校产教融合文化，需要在物质文化、精神文化、制度文化等方面做好精心设计和统筹规划。在校园文化中要凸显产业、行业、企业的文化，全方位加强产教结合、校企合作模式对学生职业意识、职业能力、职业精神、职业道德的影响。学生在理论学习和实践技能训练的同时，要充分受到企业文化的熏染，培养学生具有较强的企业精神、职业道德、企业价值观念，能够更快地熟悉未来职场的真实情境，为未来高质量的就业做准备。与此同时，企业也要充分吸取合作学校的办学传统、精神追求、价值观念和相关科研成果，不断更新员工的知识体系，创新员工的思维方式。

第三章
国内外职业教育产教融合人才培养主要模式

　　职业教育有着悠久的历史，起源于传统学徒制。随着社会的发展，传统的师徒口耳相传、手把手教授的传统生产学习方式已经无法满足社会发展的需求。尤其是在工业革命之后，伴随着机械能、电能的大力推广和使用，工厂取代了家庭作坊，传统的学徒制逐步走向没落，专业的职业教育培训机构如雨后春笋般迅速发展壮大。

　　职业教育的办学目的在于以学习者为中心，根据社会或个人需求传授专业技能，从而有效帮助学习者完成从学生到行业企业员工的身份转换。职业教育的人才培养是直接为产业、行业和企业服务的，因此，工学一体、校企合作、产教融合是办好职业教育的必由之路。

　　深化校企产教融合，促进产业链、教育链、专业群和课程群的有机衔接，是世界各国经济社会高质量发展进程中对人力资源供给侧结构性改革的必然要求，也是职业教育内涵发展、特色发展的关键。企业处于技术创新的前沿阵地，可以迅速地将创新需求和成果传递到职业院校教育教学和科技研发活动之中。大中型企业通常拥有高水平的产业化研发和先进的生产服务设施，能够为职业院校人才培养提供优质的真实的场景。其实，这也是职业院校科技成果转化的"最后一公里"。企业拥有众多经验丰富的高水平管理和技术专家，是职业院校人才培养模式创新、推进现代学徒制不可或缺的人才库。企业与上下游产业都有着十分密切的联系，具备推动众多学校和企业相互合作的天然优势。

第一节　国外职业教育产教融合人才培养主要模式

　　随着西方工业革命的完成和现代职业教育的兴起，西方发达国家经过了长期探索，成功构建了工学结合、校企合作、产教融合的校企一体化办学模式。德国、美国、英国、澳大利亚、新加坡等国家结合各自国情，创设了多种多样的职业教育产教融合的人才培养模式，积累了丰富的实践办学经验，也为我国职业教育教学的改革发展提供很多借鉴。

一、德国"双元制"模式

德国的"双元制"职业教育体系成为"二战"后德国经济复苏和腾飞的因素之一，也帮助德国快速走出了 2008 年经济危机。德国经济的稳定发展在于有一个卓越的职业教育体系。德国在《联邦职业教育法》《职业教育条例》等法律法规的指引下，逐步明确了"双元制"人才培养的目标、要求、质量和考核标准，确保了从业者具有高水平的职业资格。正是由于大批高水平的从业者严格执行质量标准，才能保证德国企业在激烈的国际竞争中立于不败之地，这也有力地保证了德国经济的稳定发展。

(一) 德国"双元制"模式的基本概况

1948 年，德国教育委员会在《对历史和现今的职业培训和职业学校教育的鉴定》中首次提出了"双元制"。"双元制"模式是指学生整个教育培训过程是在企业和职业院校进行，学生在企业接受实践技能培训与在学校接受理论知识教学相结合的教育模式。这种模式以企业培训为主，学校理论教学为基础。德国"双元制"职业教育的成功离不开各方利益相关者的密切合作（见图 3-1）。[①] 政府给行业协会授权相关任务，给职业院校提供经费支持。行业协会承担了政府委托的任务，如认定企业和师傅的培训资格，提供咨询，实施结业考试以及发放职业资格证书等。

在"双元制"培养模式下，无论是培训主体、师生角色，还是课程内容、教材、考核方式，都体现了双主体的特征。企业和职业院校都是学生教育培训的主体，相应地，企业的实训教师和学校的理论教师各自充当学生不同课程的老师。学生在这种教育模式下具有学生和学徒的双重身份，企业和学校都成为他们学习培训的地点。职业院校的课程内容主要侧重于专业理论知识和普通文化课程知识，而企业课程主要在于教授职业技能以及与之关联的专业知识，相应地，企业和学校分别采用实训教材和理论教材。考试也包括资格考试和技能考试两种形式。资格考核主要针对专业理论课程知识，由学校组织对学生进行笔试或口试；技能考核主要针对企业培训内容，通常由

---

① 陈钰 . 德国"双元制"职业教育成功的关键因素分析 [J]. 成人教育，2019，(10)：79.

行业协会组织实施。通过考核后，学生还可以分别获得两类证书。

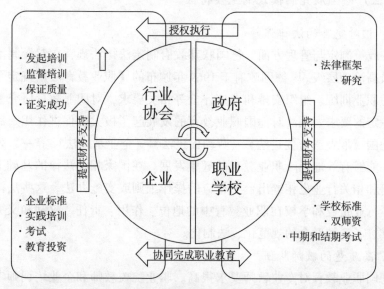

图 3-1 德国"双元制"职业教育体系中各参与方合作关系

德国"双元制"培养模式的基本学制为 2-3.5 年。在整个学习期间，学生分别在企业和职业学校里接受教育培训。企业与学校双方共同完成对学生的培训工作。一般而言，学生在掌握专业基础理论后再到相关企业进行职业技能的培训。"双元制"课程基于企业的培训计划，以市场需求为导向，并附带一个基于学校的组成部分（每周 1-2 天），侧重培养实践应用型人才（每周 3-4 天）。[①] 简单来说，就是每周有 1-2 天在学校进行系统的文化知识学习和专业基础理论学习，3-4 天在企业进行专业技能的训练。在培训方式上，由企业技师按照联邦政府教育部门和相关部门共同颁布的培训条例对学生培训。培训条例包括相关的培训目标、培训内容、培训要求、培训时间安排和考核办法。职业院校学生培训必须具有职业"关键能力"，主要包括：技能理解和掌握能力、决策能力、独立的问题解决能力、合作能力、质量意识、环保意识和社会责任感等七个方面。"双元制"模式的理论课程设计以学生职业活动为中心，理论课程全面覆盖专业所需的基本理论，难度适中，综合性较强，有利于培养学生的问题解决能力。

---

① 崔驰，陈新忠. 德国"双元制"职业教育产教融合的特点及启示 [J]. 继续教育研究，2021，(8)：80.

（二）德国双元制模式的主要特征

1. 相对完善的法律保障

在政策制定与管理方面，德国联邦政府制定法律法规，在双元制治理中处于最高治理层级。① 德国政府于 1969 年颁布的《职业教育法》规定了各级各类的职业训练、组织安排和考核评价等相关要求，对职业教育研究工作也作了一定的要求。该法对德国职业教育的发展起了极大的促进作用。后续颁发的德国《职业教育促进法》《劳动促进法》《企业基本法》等一系列法律法规，能够有效地保障职业教育的健康发展。在国家相关法律的基础上，地方政府和相关行业也相继出台了相应的操作细则或实施办法。这些法律法规明确了行业企业和学校在职业教育中的地位、作用、责任、权利和义务，有效地推进了产教融合的规范化、法制化。

2. 高质量的教师队伍

德国职业教育对专业教师要求很高。职业院校教师和企业培训师考核都有严格的资格准入制度。要想获得德国高等职业技术学院的教师资格，必须要有博士学位并取得教授资格，还得有三到五年的工作经历（其中校外企业工作经历不少于三年）。在严把入职关的基础上，各个学校还建立了教师职后进修制度，规定专业教师要经常到企业和相关科研院所进修。这些规定确保了德国职业院校教师队伍的"双师型"。

3. 企业广泛参与学生培训

企业的积极参与有助于"双元制"培养模式的顺利实施。德国作为制造业大国和经济强国，汽车、电器、通讯、材料等产业都非常发达，需要大量熟练的高技能人才，与此形成鲜明对照的是，德国人口较少，就业环境相对宽裕，企业招工缺口较大。如果企业不提前介入职业教育，就难以获得大批量的优质员工，企业发展就会受到严重制约。为此，德国企业更愿意承担职业教育培训的任务，参与产教融合的热情高涨，因为投资职业教育就是投资人力资源，投资企业的未来发展。绝大多数大企业都拥有自己的培训基地和培训专家。职业院校学生到企业进行集中培训，对于企业而言可以降低劳动力成本，学生在企业培训期间，企业只需支付较低额度的培训津贴。通过系统培训的学生毕业后到企业就职能够轻车熟路、驾轻就熟。

---

① 王华云. 德国双元制对我国职业教育发展的启示 [N]. 中国社会科学报，2022-4-22 (4).

4. 培训内容紧密联系生产实际

德国企业参与的职业培训紧密联系一线生产实际。企业真实的生产流水线和先进的设备，使得学生能较早地接近新设备、新材料、新技术、新工艺、新方法，能早日适应未来工作岗位的需要。"双元制"人才培养模式背景下的学生，能有更多时间在企业进行专业操作技能的培训学习，而且接受培训时采用的是企业当前正在使用的最新的设备和技术。学生的技能培训以生产劳动的方式进行，不仅提高了训练的效果，还能以"工人"的角色生产出产品，进而减少了企业人力资源的费用支出。此外，学生专业培训的目标指向"为未来工作而学习"，从而大大激发了学生的学习兴趣和学习动机。

5. 科学有效的教学方法

企业和职业院校的课程既有理论的，也有实践的。企业课堂不仅训练技能，也学习相关理论。学校课堂不仅学习基础理论和专业理论，也有实训课程。德国职业院校采取多种多样的教学方法，如讲座、研讨课、实践课等。理论课和实践课都会采取分组合作学习、项目化学习、研究性学习等形式。相对而言，企业的课堂更为轻松、生动、直观，也更能吸引学生。学校教师和企业教师也会经常参与到学生的学习过程中来，随时对学生的学习情况进行指导和点评，这能有效地调动学生学习的积极性和效果。

6. 完善的教考分离制度

在德国，学习培训是职业院校和企业的事情，考试是行业协会的事情。德国的职业资格认证体系包括三个层次：一是有一个完备的法律制度体系。通过法律制度来规范职业资格认证的总体要求、认证考核内容及考核方式。二是有一个职业资格认证的严密的组织实施体系。通常有一个以行业协会为主、多个利益相关方人员组成命题与考核专家组。三是有一个完善的质量保障体系。考核采取统一标准、统一命题、统一考核、统一阅卷、统一发证，能够做到考核的规范化和标准化，有利于保障考核的公平、公正和权威性。也正因为如此，在德国获取的岗位证书能够得到世界上大多数国家的认可。

7. 行业协会的有效管理

德国"双元制"培养模式的实施得到了德国各个行业协会的有效参与和管理。德国行业协会在职业教育发展中起着举足轻重的作用。德国职业教育的管理机构主要包括联邦政府、州/地区、行业协会。德国的行业协会具有发布信息、提供咨询和职业教育三大职能。德国政府授权行业协会对职业教育进行全程指导和监督。行业协会作为企业员工职业技术培训的主管部门，也是企业培训的领导者、策划者和参与者。

8. 严格的质量考评体系

德国职业教育质量的考核评价不仅有学校师生参加，还广泛吸收社会力量参加。学校的教学质量考评委员会通常由企业协会（商会）、教授和学生三方组成，每年学校进行一次自评，每五年接受一次由学校所在州组织的教育质量考评委员会的评估。

二、澳大利亚"TAFE"模式

澳大利亚职业技术教育（Technical And Further Education，简称 TAFE），主要由 TAFE 学院（相当于我国的职业学校、中专、技工学校、高等专科学院、职业技术学院的综合体）负责具体实施。

（一）澳大利亚 TAFE 模式的基本概况

TAFE 由澳大利亚联邦政府直接经营与管理，以职业能力提升为本位，以澳大利亚社会经济发展需求为出发点，以培养具有高度专业知识和技术的人才为根本。TAFE 涵盖职业教育和培训，与基础教育和高等教育相衔接，其专业和课程设置是以行业制定的职业能力标准与政府统一的证书制度为基本依据，具体内容、要求和安排由企业、学院和教育部门等联合制定，并根据经济社会发展情况不断修订完善。TAFE 模式的课程设置是专业性和实用性并重，学生 80% 的时间是在工作场所进行专业技能训练，其余 20% 的时间则是在 TAFE 学院学习。

（二）澳大利亚 TAFE 模式的主要特征

1. 政府积极参与

澳大利亚政府把职业教育看作具有高附加值的公共投资项目，将职业教育作为产业品牌来经营推广。① 政府每年都以商业化形式向学院"购买"其"特殊商品"——教育和培训。如果学院教育水平和培训质量高，能积极适应社会需要，经费成本低，政府就会向该学院拨款，"购买"学院的教育和培训。TAFE 不仅由澳大利亚教育部门负责管理和监督，其他相关部门也会参与 TAFE 学院的教育决策。因此，TAFE 学院在政策、法律、经费、资源等

---

① 宋保兰. 澳大利亚 TAFE 职业教育对我国的启示 [J]. 教育与职业，2018，(12)：111.

方面都能获得很大限度的保障。政府给学院提供充足的办学经费。在政府下拨的办学经费中，联邦政府和州政府的比例基本为1：2。此外，政府还积极参与 TAFE 学院的发展规划、办学方向调整、专业课程设置、教师资格审定等众多重要工作。

2. 培养目标能力本位

TAFE 模式的核心是以学生职业能力为本位，人才培养定位于为企业提供培养高水平的实用型人才，以最大限度地为社会经济发展服务，这也是其办学宗旨。TAFE 面向企业生产基层一线，培养具有高水平技能的应用型人才、管理型人才和技能型人才。TAFE 提供灵活的多级从业资格证书，从低到高一般分为六级。不同的等级是通过学分制积累而逐步完成的。TAFE 的多级证书有助于学生根据个人发展需求选择适合自己的层级，也有助于学生按部就班、循序渐进，更为在职员工提高岗位技能和业务水平创造了条件。TAFE 模式中最有特色的就是建立了培训包，在培训包中规定了职业资格证书的专业方向、等级形式及能力单元。证书分为6个等级，每个等级有不同的证书数目和对应的岗位，不同的等级设有不同的培养目标。[①]

3. 课程与教学灵活多样

首先，是学制和学习对象灵活，学习时间从三个月到两年不等，以修满学分且通过相应的职业技能考核为准。学习对象不受年龄和学历基础等因素的限制。TAFE 的课程可以面向不同年龄、不同行业对象，可以提供社会经济发展所需的各种专业知识和技能。其次，是课程设置和教学方式方法多样化。学院可以根据学生需求，提供连续性的或阶段性的课程，方便学员在不同时期、针对不同的个体需求来决定所修课程。授课班级规模通常为20人左右，便于采取多样化的教学形式和教学方法。最后，考核方式灵活多样，既注重结果考核，也关注过程考核，尤以实践考核为主。

4. 行业企业积极参与

行业企业充分发挥主导作用，积极参与职业教育的方方面面，通常根据行业需要制定行业职业能力标准，提出培训需求，开发培训课程体系。由多方专家组成的课程开发委员会能够保障所开发出的课程不仅符合教育教学的规律，也能满足行业的发展需求。行业组织机构对专业设置、培养目标、课程体系、选取教材、教学模式、考核评价等先行确认，随后再由 TAFE 学院具体实施。此外，行业还积极参与 TAFE 学院的日常行政管理和教学质量评

---

① 李国和，闫辉. 澳大利亚 TAFE 模式研究 [J]. 中国职业技术教育，2017，(9)：79.

估。行业还及时更新实习基地的各种平台、设备，以满足学生的实习需求，同时，行业还积极选派业内专家参与到 TAFE 学院的日常教学。

5. 高水平的师资队伍建设

担任 TAFE 学院的教师一般要具有本科以上学历，且受过教育专业和相关专业的系统培训，还得有四级技能等级证书和五年左右的专业实践经验。专职教师在受聘之后还要加入相关的专业协会，从而保证其能及时了解和更新专业前沿知识和技能。TAFE 学院的教师中还有相当一部分的兼职教师，他们是一支重要的外援。他们更多来自生产一线，掌握了最新的技能，能将最新的信息传递给学生，不断拓展学生的专业视野。

三、美国"合作教育"模式

产学研合作教育（Cooperative Education），又称为"校企合作教育"，简称"合作教育"，是一种独特的教育模式，采取"工学结合"的方式。"合作教育"模式是美国校企合作影响最大的教育模式之一。美国合作教育政策变迁可分三个阶段：（1）政策发端阶段。从 1906 年合作教育在辛辛那提大学诞生到 1962 年国家合作教育委员会（National Commission For cooperative Education，简称 NCCE）成立。（2）快速发展阶段。从 NCCE 成立一直到 1997年。该阶段联邦政府陆续出台了一系列支持合作教育发展的政策法规，亦称"联邦主导阶段"。（3）趋于稳定阶段。从《高等教育法》（1998 年修订案）取消对合作教育的资助一直到现在。①

（一）美国"合作教育"模式的基本概况

"合作教育"模式将课堂教学与生产性的工作经验学习紧密结合。企业采取工学交替的形式，为学生安排一部分时间进行实习，让学生作为企业雇员进行生产，以补充学生在校的学习。"合作教育"模式分为两种：一种是交替式，相当于我国的顶岗实习。开始实施时，学校是把参加该研究计划的学生分成两组，一组在学校进行理论学习，同时另一组在当地工厂参加工作（实习）；两组定期互换位置。这样，"工学结合""学工交替"得以不断循环。另一种是并行式，学生每周除了正常的全日制学习以外，还要额外到企

---

① 彭林, Jesiek B. 历史制度主义视角下美国产学研合作教育政策变迁研究 [J]. 清华大学教育研究, 2021, 42 (6): 54.

业工作一定的时间。

学校根据自身的专业情况，与相关企业签订相关的合作协议，建立校企合作制度，明确彼此权利和义务。学校配备专业的教师到企业管理、指导和监督学生的实习。企业为学生提供实习岗位，安排专业的企业专家帮助学生适应岗位并做好技术指导，并从旁协助学校指导教师。学生实习期间可以获取一定的劳动报酬。实习综合评价由校企双方共同完成。

（二）美国"合作教育"模式的主要特征

1. 服务地方发展

"合作教育"模式以服务地方经济发展为根本。职业院校与地方企业进行合作教育人才培养，围绕当地企业的发展需求不断进行专业、人才培养目标、课程等多方面的调整。学校招生也主要以当地学生为主，既能帮助其实现技能提升并最终能够顺利求职，还能够满足地方企业对人才的需求，进而促进地方经济的发展。学校同时还能为企业的产品开发提供技术和方法支持，为企业创新发展奠定基础。合作教育的半工半读、工读轮换也切合当地学生的发展需要，适用性更强。

2. 设置专门机构

美国设置了专门性的全国机构来加强对合作教育的管理和协调，这也体现了政府对职业教育的高度重视和殷切期待。各个学校和企业也都设有相应的专门机构，并配备专职人员来具体负责合作教育。以美国合作教育与实习认证委员会（ACCI）为代表的专业协会通过合作教育项目认证，促进高校规范开展合作教育。美国合作教育与实习认证委员会成立于1998年，旨在建立和维持合作教育项目认证程序，审查合作教育项目，提高合作教育标准。① 专门的机构可以保证合作教育模式实施的稳定性和专业性。

3. 多方共同参与

"合作教育"模式的参与者不只是学校、企业和专门的管理机构，还有各级政府部门、银行、学生家长等的参与。为了达到合作教育培养高水平人才的目的，这些主体必须互相配合，校企双方合作培养。各级政府部门和家长提供必要的支持并进行监督，银行可以提供充足的发展资金。

---

① 陈丹. 整体性治理：美国合作教育质量保障的经验与启示 [J]. 中国高教研究, 2020, (9): 86.

四、美国"社区学院"模式

美国社区学院起源于 19 世纪末的初级学院。美国芝加哥大学前校长哈珀于 1892 年将大学四个年级均分为两个部分，一二年级阶段称为基础学院/初级学院，三四年级阶段称为大学学院/高级学院。1963 年美国通过的《职业教育法》规定了社区学院属于高等教育机构，联邦政府要给予社区学院一定的专项发展资金。

（一）美国"社区学院"模式的基本概况

美国社区学院目的在于为高中毕业生提供物美价廉的职业教育，学制通常为 2 年。社区学院除了正常招生办学之外，还能提供短期的项目培训。美国社区学院的职能主要包括职业教育、普通教育、社区教育、转学教育、继续教育等。美国社区学院招生政策开放灵活，不仅招生高中毕业生，也招收退役军人、下岗工人和国际学生。考虑到学生的年龄、学习基础、学习需求的不同，学习要求也不尽相同。人才培养注重职业技术技能的培训，同时，还为学生争取实习机会，提高学生的综合素质。

社区学院的专业设置与课程也非常灵活，不断根据经济发展、市场需求、政府政策进行调整。社区学院还合理规划大一、大二的学位课程，以及职业教育类的非学位课程。社区学院的教师主要由学院的专职教师和庞大的来自行业企业的兼职教师共同组成。社区学院对教师的学历要求相对宽泛，通常要具有硕士研究生学历，但必须要有长期的实践工作经验。

（二）美国"社区学院"模式的主要特征

1. 服务社区

社区学院最显著的特色就是更"接地气"，它们建在社区、面向社区、服务社区。因此可以说社区有什么样的人才需要培训，社区需要什么样的人才，社区居民想学什么专业，那么社区学院就会为社区"量身定制"，开出一些实用性强的课程。社区学院为社区成人提供继续教育和相关服务，为各种年龄段的社区居民提供学习的机会，可以满足居民个性化的学习需要，也帮助失业、面临转岗的人员重新学习一门新技术以便重新就业。

2. 实践取向

美国社区学院协会（American Association of Community Colleges，简称

AACC）于 2015 年发起了一项全国性的项目——指导路径项目（Guided Pathways）。该项目的目的是提升社区学院的综合能力，为所有学生设计和实施结构化的学术与职业路径。① AACC 还提出要为学生就业和升学创造清晰的课程路径，帮助学生选择和进入合适的路径。

社区学院的教学，因为学生需求众多而通常采取小班化教学，每班人数多在十几人。这种情况下，教学组织形式更加丰富，授课时可以密切联系实践，学生动手机会更多。教学方法也更加灵活多样，可以采取小组合作学习、项目研究学习、案例学习等多种方法。教学的平台也更加丰富，可以充分利用社区的各种资源，根据需要建立微型的"校中厂""厂中校"。由于距离近、时间灵活、契合社区发展需求，因此可以大量聘请社区的各类经验丰富的实践导师。

3. 校企合作

美国企业乐于参与产教融合项目，原因在于产教融合能给其带来持续稳定的收益，并且其收益远大于投入。一是能够获得社区学院提供的各类员工培训服务，扩展员工队伍的整体素质和技能水平，降低员工流失率，提升人力资源存量；二是获得社区学院所培养的大量对口的应用技能人才，做大企业人力资源增量；三是通过参与社区学院产教融合项目，能够获得政府的政策性收益，得到政府的财政补贴和政策倾斜。②

4. 普职融通

美国社区学院的功能众多，其中职业教育和普通教育两大功能之间正在逐渐融通，主要表现在四个方面，一是教育对象的融通，社区学院既招收高中毕业生，也招收职业学校毕业生，学生一起学习；二是未来选择的融通，学生可以根据自身需求选择转学进入普通高等院校，也可以选择就业；三是教育机构的融通，社区学院通过与其他院校签订合作协议，进行双方学分互认，共享师资平台等资源；四是课程内容的融通，社区学院开设的课程既有专业基础课，也有普通理论课程，而且要求接受职业教育的学生也要学习一些普通理论课程。

---

① 李政，徐国庆. 指导路径项目：美国社区学院的深度变革之举 [J]. 外国教育研究，2019，46（6）：17.

② 朱小军. 应用型高校产教融合人才培养模式研究：基于美国社区学院办学经验、典型模式的启示 [J]. 职教论坛，2020，36（10）：128.

五、英国"三明治"模式

"三明治"教育模式是英国影响广泛的产教融合模式，是英国高等教育体系中无法替代的重要部分，也成为英国当前产教融合模式的代名词。

（一）英国"三明治"模式的基本概况

20世纪初，随着英国社会对技术工人的需求大幅增加，英国部分城市学院开始尝试三明治教育模式。"三明治"模式是让学生在企业和学校中交叉学习，是对其工读交替、半工半读组合进行的较为生动的比喻。这种课程安排就像在两片面包中夹着一块肉饼的"三明治"一样，所以这种人才培养模式被形象地称为"三明治"教育。"三明治"模式比较形象地将理论学习和实践训练的交替看成是职业教育中的"三明治"。就其简单形式而言，就是人才培养要体现理论与实践的密切结合，要遵循"理论—实践—理论"的培养路径。

这种工读交替的形式逐步演绎成多种类型。不同的分类主要涉及三个方面问题：一是理论与实践谁先谁后的问题，最简单的形式包括两种，即"理论—实践—理论"或"实践—理论—实践"。二是理论与实践学时比例的问题，有的是以学年来划分，也有的是以学期或月来划分。三是理论与实践交替次数的问题，最少的是两次交替。

（二）英国"三明治"模式的主要特征

1. 政府积极推动

在"三明治"模式实施过程中，英国政府发挥了极其重要的作用。英国政府从宏观上积极采取政策导向，积极推动学校与政府、企业的通力合作。英国政府扮演管理者、引导者和监督者的角色，确保财政经费投入能够落到实处，在政策、法律、组织保障和经费支持等方面也做好相关服务工作。在政策方面，英国政府发挥自身优势，充分吸收企业、社会公共机构、民间团体力量参与职业院校管理，提升校企合作质量。英国政府积极引导学习对象参加职业教育，通过政策宣传提升职业教育在社会中的地位。英国政府颁布《产业培训法》《面向21世纪的教育和训练》等法律法规，为"三明治"人才培养模式的推广提供支持。在组织保障方面，英国政府通过设立"三明治教育大学委员会""工业和高等教育委员会"等机构来强化职业教育与企业的合作。

2. 培养模式灵活

根据理论与实践学时的比例、理论与实践学习的交替次数的不同，"三明治"模式有"厚""薄"之分。"厚三明治"模式学制较长，通常为四年的"2+1+1"的模式，即第一、二年在学校学习，第三年在企业工作和实习，第四年再返回学校学习。还有一种模式采取的是"1+2+1"或"1+3+1"的模式，即学生第一年和最后一年均到企业进行一年实习训练，期间在学校接受两年或三年的理论学习。① 相比之下，"薄三明治"将企业工作和实习分解为更多个较短的时段，根据课程具体实施情况进行安排。

3. 重视核心能力

作为从事继续教育咨询、教育信息交流和开发工作的专门机构，英国政府的继续教育处在 1979 年首次提出核心能力，具体包括读写、计算、制图、研究、问题解决、处理事务等能力。进入新世纪，英国教育与就业部和英国工业联盟等将核心能力浓缩，形成国家资历标准框架体系中的六项核心能力，分别是交流沟通能力、数字运用能力、信息技术能力、合作能力、提高自我学习和增进绩效的能力、问题解决能力。前三种能力属于"硬核"能力，通常强制性地分解落实于国家的职业资格证书课程；后三种属于"软核"能力，主要嵌入现代学徒制和国家培训计划之中。

4. 对接国家职业资格标准

质量控制是"三明治"模式中课程体系的核心，需要通过严格的课程考核评估体系。这个考评体系是全过程的，包含企业评估、导师评价和学生自评。英国"三明治"培养模式采用国家职业资格标准，毕业生获得的资格证书纳入国家资历证书的框架体系，接受同等的教学质量监控，因而成为英国国家教育体系的一个重要组成部分。"三明治"培养模式通过完整的人才培养计划、学生学习日志、实践操作评估以及企业高管、指导教师和学生共同参与的现场测评，从而保证教学质量。

5. 获得稳定的经费支持

充足的经费来源是职业教育获得快速而稳定发展的重要前提。在经费支持上，英国政府规定了职业教育的发展经费，并制定了相对灵活的经费政策。英国政府还设立了职业教育基金会，设立专项经费以保证职业院校能有稳定

---

① 陈鹏磊，李郡. 英国职业教育协同育人模式的经验借鉴：基于"三明治"教育模式与现代学徒制模式 [J]. 职业教育研究，2015，(7)：84.

而充足的办学经费。英国政府采取"培训券"的制度，可以为低技能工人和高中毕业生提供免费的教育培训，还可以由学生选择学校和课程。这样，就能把教育经费引入质量高、学生喜欢的学校和课程，因而可以促进职业院校和职业培训机构不断提高教学水平和办学质量。

六、日本"产学合作"模式

"产教合作"作为日本职业教育的主要特色，起源于 20 世纪 50 年代。"产教合作"模式强调教育与产业的密切合作和协同育人，充分利用学校和企业的教育资源和环境，培养服务于企业一线的应用型人才。

（一）日本"产学合作"模式的基本概况

日本政府非常重视职业教育的产学合作，早在 1956 年，日本通产省就提出了《关于产学合作教育制度》的咨询报告。产学合作在职业教育人才培养方面做了巨大贡献，为日本战后经济发展提供了充足的人力资源保障。20 世纪 90 年代，日本经济发展进入低迷时期。为了实现经济复苏，日本建立了以政府法律、法规为基础，以政府为主导，大学、技术研发机构、企业为主体，以灵活有效的多方合作机制作为保障的"产学合作"培养模式。

日本产业界聘请学校专家教授到企业做相关培训，或担任企业技术顾问、企业决策咨询专家，借助学校的人才优势为企业服务。学校从产业界招聘相关人才作为专业教师，也从企业聘请一部分兼职教师协同指导学生技能训练。日本产业界还为学校提供充足的实习基地和实习岗位，鼓励学生到企业实习。

（二）日本"产学合作"模式的主要特征

1. 政府提供有力的政策保障

日本政府在产学合作的组织、协调、监控、管理等方面发挥了十分重要的作用。政府高度重视产学合作，将产教合作的思想纳入国家科技创新的总体战略框架，在法律法规、政策制定、制度改革和人才培养等方面为产学合作提供了有力的保障。日本经济界特别是生产经营机构通常都有自己的教育研究机构，产学合作组织就是其中之一。1955 年，日本产业界与日本政府协同成立了民间性质的"生产性本部"。"本部"经常举办形式多样的产学合作讨论会、恳谈会等，邀请日本政府官员、工商界、教育界、学术界等人员探讨经济发展形势、企业管理、职业培训、技术创新等问题。① 日本颁布了《产业振兴法》等一系列职业教育法律法规,为职业教育的发展提供了有力的法律保障。日本政府还从经费投入、税收政策等方面给予学校和企业大力支持,为产学合作创造良好外部环境。

2. 校企合作深度发展

职业院校与行业企业建立了灵活有效的较为成熟的产学合作的保障机制。日本产业界与教育界、企业与学校,以及教师个人和企业员工之间,通过企业投资或捐赠、合作研究、委托研究、技术转让等多种形式,形成了多层次、系统化的产学合作形式。很多职业院校在积极加强与大企业紧密合作的同时,也积极利用其研究成果创建了一部分风险投资企业,或直接向中小企业转移其技术专利。这些形式立足于校企双赢,能够解决企业的员工引入和后继培训提高的问题,迅速实现教育成果向产业成果的转化,也能够解决学校的实训平台、学生实习指导和教师业务能力提升等问题。

3. 重视基础研究和新技术研发

基础研究薄弱,发展高新技术产业就会缺少有力支撑,就很难在产业结构调整时占据高新技术产业的制高点。近年来,在日本政府的支持下,很多大企业开始吸收职业院校以及其他科研院所和社会机构的科技资源,积极推进产学合作。

七、新加坡"教学工厂"模式

为有效应对工业化、市场化的进程,新加坡教育从中小学到大学阶段都高度重视职业技术教育。新加坡"教学工厂"模式是新加坡借鉴德国"双元制"模式提出的,是一种将企业先进的教学设备和企业环境与学校教学有效融合的综合性人才培养模式。

(一)新加坡"教学工厂"模式的基本概况

"教学工厂"培养模式是要将学校和工厂紧密结合,把学校按照工厂模式办,把工厂按照学校模式运行。该模式打破了校企的组织边界,强化教师队伍建设,将企业生产经营的基本流程引入学校的教学运行流程,将学校的

---

① 王妍妍,王志蔚. 产学合作:日本经济界的自觉推进与启示 [J]. 职业教育研究,2020,(1):92-93.

理论教学、实践教学与企业生产三者进行有机的融合，推动校企双方从初步合作走向深度融合。

在"教学工厂"模式下，课程是以学年而非学期安排的。新生入学后先不分专业，第一学年为基础课程，为的是让学生加强通识课程学习，掌握宽厚的基本理论知识。第二学年学生再根据个人兴趣及成绩选择专业。第三学年分为两段，前半学年学习应用性课程，后半学年进入工业项目组（教学工厂）学习。在三学年的学习期间，实践与理论学习的时间占比约为 7 : 3。一般而言，理工学院的学生每学期会有 8 周时间去教学工厂实习。教学工厂还会指派专人对学生的工业项目设计进行历时半年的跟踪指导。在第三学年的后半学年，学生每周要用 40 个小时做工业项目设计，周六下午再去教学工厂实习。

"教学工厂"，由行业企业和学校合办的生产车间，其目的在于加强学生的专业技能训练。学校通过从工厂承揽工业项目，厂家则提供或以租借的形式在学校装备一个和实际工厂完全相同的生产车间。学生在学校和企业导师的双重指导下进入"教学工厂"实际操作。

（二）新加坡"教学工厂"模式的主要特征

1. 政府高度重视

新加坡政府非常重视职业教育，通过立法来全面推进职业教育。国家有非常严格的考试制度，如果要想获得从业资格，必须通过职业技术考试，且职业技术水平与工资收入紧密挂钩。新加坡将企业员工培训纳入国家教育培训系统，估计员工积极参加职业提升培训。新加坡在办学经费上也给予职业院校极大的支持，每年都会为职业院校专项拨款，用作行政办公经费和职业培训经费。

2. 注重校企深度融合

在"教学工厂"培养模式实施过程中，职业院校紧密融合企业，很多院校会主动邀请企业深度介入学校的专业建设、课程开发、教学改革、产品研发和社会服务工作。很多企业会为学校提供大量的经费和先进的生产设备，或者在学校直接建立实验室、教学工厂，以便学生不出校门就能够走进真实的生产一线。此外，学生也可以直接到企业实习，企业还能给学生一定的实习补贴。

3. 教师素质全面扎实

新加坡职业院校对教师的遴选和培训要求都十分严格，普遍重视"双师型"教师的培养。教师聘用不唯名学历、高学历，必要条件是具有 5 年以上企业工作经验、本科以上学历、专业对口，经面试评估胜任后即可入职。① 因此，绝大部分教师都有丰富的企业工作经验，其中很多人都曾是企业的技术骨干和中高层管理者。此外，职业院校还高度重视教师的职后培训，专业教师连续任教 5 年都要到企业接受 2–3 个月的进修培训。每年约有 20% 的教师到国内外知名高校、企业或研究单位等接受培训，参与科技项目开发，了解企业技术状况和最新技术需求，更新专业知识储备。学校采取措施激励教师不断更新知识，加强与企业的联系互动，从事产品技术的研发。

4. 教学方法灵活多样

"教学工厂"培养模式突出"学生中心"的人才培养理念。教师在教学过程中并不依赖已有的课程和教材，而能及时根据学生的个人特点和学习需求来调整教学计划、拓展教学内容。校内校外双轨制的教学组织形式能充分利用学校和企业的师资、场地和设备。建于学校的教学工厂能够满足学生随时学习的需要。在完成工业项目设计任务的过程中，导师们能够结合实际问题和学生情况选择个性化的教学方法。

第二节 国外职业教育产教融合人才培养模式的启示

产教融合模式作为当前世界各国职业教育的主导模式，为职业院校人才培养质量的提升，为行业企业和社会经济的发展都做出了杰出的贡献。产教融合、校企合作培养高技能型人才是西方发达国家职业教育发展的共性规律。追根溯源，现代职业教育的产教融合人才培养模式主要成形于西方发达国家。西方发达国家的产教融合人才培养模式虽然产生背景和存在条件不同，但也有许多共性成分：各级政府和各行业高度重视，建立健全了从国家到地方的运行机制和系统严谨的管理制度，资源共享、互利互惠，不断推进教育教学改革，以学生就业为导向，重视提高人才培养质量，对各国经济发展起了巨大作用。

对于西方国家成熟的产教融合模式，我们在借鉴时要在科学扬弃的基础上做到有批判地吸收其合理内核，能创新地进行思考，要立足于我国职业教育发展的现状和产业、行业、企业发展的实际。在经济全球化、教育国际化

---

① 张珣，李运顺，李国勇. 新加坡南洋理工学院"教学工厂"产教融合模式的经验及启示 [J]. 职业技术教育，2021，42（11）：78.

的背景下，我国职业教育也进入了繁荣发展时期，职业院校可以充分借鉴西方发达国家职业教育的成熟经验，结合地方产业结构、学校传统、专业特色来探索自己的产教融合之路，不断加强内涵建设与质量提升。

一、政府做好顶层设计，充分发挥调控作用

（一）将产教融合制度纳入地方经济发展的战略规划

从党的十八大以来，关于"产教融合""校企合作"的政策机制日益丰富，已经初步形成了一系列相互配套、多方参与，由多部门联动协同的政策体系。2017 年颁发的《关于深化产教融合的若干意见》，明确指出了要发挥政府统筹规划、企业重要主体、人才培养改革主线、社会组织等供需对接作用"四位一体"的制度架构，进一步推进和完善我国产教融合的国家顶层设计，推动产教融合从发展理念向制度供给落地。2019 年，党的十九届四中全会强调，要建立以企业为主体、市场为导向、产学研深度融合的技术创新体系。《中华人民共和国国民经济和社会发展第十四个五年规划和 2035 年远景目标纲要》指出，完善技术创新市场导向机制，强化企业创新主体地位，促进各类创新要素向企业集聚，形成以企业为主体、市场为导向、产学研用深度融合的技术创新体系。

从社会治理角度来说，产业的发展离不开市场的作用、相关政府职能部门的政策和资金的投入，也离不开职业教育的人才培养。因此，有必要将产教融合制度纳入经济与产业制度，通过公共政策来调控和优化产教关系。

（二）政府通过制定法律法规引导校企进行产教融合

当前，我国已经修订了《职业教育法》等一系列职业教育方面的法律法规。政府通过出台产教融合方面的相关法律法规来明确办学主体的责任。政府要把产教融合人才培养模式作为职业教育的基本要求，进一步明确规定政府部门、行业企业、职业院校协同育人，共同制定相关法律法规、标准规范，共同负责对产教融合具体实施的规划、决策、组织、实施、调控和评估，与此同时，对合作各方的权力、义务都要作具体的规定。政府在适当时候可以出台支持职业教育产教融合的系列法律法规，以推进校企之间的深度融合，避免表面文章和形式主义，逐步形成办好职业教育的合力。

（三）运用经济杠杆调动企业参与产教融合的积极性

为了推进产教融合的步伐，政府除了出台专门的法律法规来推进教育与产业的深度融合，还可以有效运用贷款、税收等经济杠杆来引导行业企业参与产教融合。国内产教融合经常呈现"校热企不热""官热民不热"的现象，不少企业缺少参与职业教育的积极性、主动性，这是我国职业教育长期存在的"难点"和"痛点"，严重制约了职业院校的办学效果。其中主要原因可能是缺乏必要的政策支持和经济调控，缺少一些具体的行动细则，缺少长期稳定的制度，这会导致注重经济效益、规避风险意识较强的企业只能浅尝辄止而不敢深度融入。这其中的一些中小企业的担忧意识更强。各级政府一定要通过政策制度支持、经济杠杆调控，比如制定保障性的实施细则，或者增加贷款额度、延长贷款期限、适当降息，或者减免部分税费，将减免的税费作为校企合作的经费，或者对部分示范性产教融合优质企业适当拨付专项经费或奖励，鼓励企业积极且长期参与职业教育，参与到产教融合的具体项目之中。

（四）加强宣传引导营造全社会参与产教融合的氛围

长期以来，从学生、家长到整个社会似乎都有一种错觉，即职业教育远不如高等教育，职业院校的学生都是因为考不上普通高中，或读不了本科才被迫选择中职院或高职校。很多企业，特别是大中型企业，往往看不上职业院校，觉得它们层次太低，而只愿找重点大学和科研院所进行合作。因此，政府在通过法律法规推进职业教育产教融合的同时，还应该在社会保障方面做出努力，进一步提高产业工人的工资和福利待遇，要给他们提供继续教育和培训的机会，通过各种媒体系统营造全民认同、各方广泛参与职业教育的氛围，弘扬劳动光荣、劳模精神和工匠精神，形成尊重劳动、尊重技能、尊重工匠的良好社会氛围。

二、行业企业主动作为，充分发挥龙头作用

（一）行业组织深度参与职业教育

行业组织是民间的、非营利性的组织。行业组织收集并整理行业整体发展的需求信息，利用自身优势提供行业发展的研究报告、行业发展规划和发展建议。行业组织为政府部门制定产教融合的法律法规、政策文件等提供了

充分的决策依据，避免在政策制定和实施过程中出现失位、错位或矛盾冲突。行业组织作为第三方，不仅要对产业和企业发展负责任，还要为政府发展提供一些合理建议。行业组织可以通过制定行业技能标准，对职业院校人才培养的质量、专业技能的水平进行考核评判。行业组织可以从第三方的角度提供行业标准，进而规范校企行为，确保人才培养的质量。作为本行业的代言人，行业组织在规划、组织、实施、协调等方面具有个体企业不具备的优势条件和号召力、影响力，特别是在组织活动、选聘专家、提供技术支持等方面的优势更为明显。因此，各级行业组织可以通过提供各种具体服务深度参与职业教育产教融合的人才培养工作。

（二）企业贯彻发展性理念助力职业教育

企业要有发展性的理念，并用发展性理念来支持、助力职业教育的发展。正所谓"助人自助"，校企合作、产教融合可以使得校企双方能够合作双赢。企业在帮助职业院校健康、快速和可持续发展的同时，可以借助职业院校的资源满足自身对高质量人才的需求，可以对企业员工进行系统培训，还可以进行产品技术的研发。为此，企业应该积极满足职业院校的师资、经费、场地、设备、信息、文化等方面的需求。就师资队伍而言，教学相长的理念不仅会帮助学校教师进一步理解行业技能，也使得企业导师能够从学校教师那里学到学生指导、项目研究、技术研发等方面的方式方法。就场地和设备而言，学生到企业实习，有利于他们快速熟练使用设备，便于他们快速融入企业生产岗位，毕业后可以直接上岗而不再需要培训，也可以在学生能够正常操作设备时还有所产出，且只需要付出部分补贴，这样也相对降低了生产成本。

三、职业院校提升实力，积极服务地方企业

（一）职业院校提升办学实力，满足地方和企业多种需要

职业院校不仅要积极主动寻求政府和企业的帮助，还得通过加强学校的内涵建设，加强教学研究与改革，加强科技创新与服务能力，不断提升自身"内功"。有了强大的办学实力，学校还得思考如何获得地方政府、行业组织的支持，学校能给地方政府、行业组织提供什么样的帮助。

就地方政府和行业组织而言，职业院校可以为城市新市民、失业人员提供必要的技能培训，以帮助他们获得再就业的机会；也可以帮助行业组织实

施行业员工系统的职后培训。就企业而言，学校要通过实际行动打消企业的一些担忧和顾虑。学校若能从企业投资收益风险的角度换位考虑，在为企业的人才培养、科技研发、员工培训等方面做得更好一些，一定能获得企业的更多支持。

（二）职业院校做好系列探索，优化学校管理方式方法

专业群作为教育链的重要组成部分，要想更好地实现产业与人才的对接，专业群建设必将成为重要抓手。职业院校要全面系统地深入调研地方产业结构发展趋势、经济结构、行业企业需求，以及同类院校人才培养情况，在此基础上得出科学的人才需求数据。这样在进行专业布局和设置时，就更能够从人才培养目标、课程体系、实践教学体系等方面实现与产业、行业和企业的无缝对接和深度合作。在产教融合模式下，课程设置要充分考虑课程模块、课程群与单门课程的关系，要能让每门课程都能高度支撑人才培养的具体目标和毕业要求的达成度。职业院校在为地方和企业提供"订单式"人才培养时，经常能够做到关注地方和企业的需求，以及学生的基本特征，以更加灵活和个性化的课程体系、教学组织形式和教学方法来进行人才培养。此外，职业院校在面向不同专业、班级的学生时，同样需要提供个性化的课程体系，灵活多样的方式方法。

四、校企双方紧密对接，深入推进产教融合

（一）双方主动做好多维联结

校企双方在产教融合过程中，都要发挥主动性。要想实现产教深度融合，校企两个主体都要发挥积极作用，避免"两张皮"现象，要做好专业与产业、课程体系与岗位能力需求、课程标准与职业能力标准、现代教育制度与现代企业制度、学校教师与企业师傅、课堂与车间、校园文化与企业文化等多维度的对接。职业院校要深化产教融合，必须依据地方经济发展、产业布局和支柱产业，紧跟地方产业结构优化升级或转型的趋势，适时优化专业布局，增减专业，形成与区域产业链相匹配的专业群。职业院校的课程体系要与企业的职业岗位能力需求相对接。课程体系要充分考虑企业生产一线的基本需求，关注技术改良、工艺改进和产品研发，这样培养的人才更可能适应地方产业和企业的需求。此外，产教融合使得企业和学校可以互通有无、互惠互利，双方可以通过技术研发和成果转化进一步深化产教融合，增加合

作红利。

（二）合作探索产教融合新模式

合作双方在产权安排中形成的激励是建设合作机制的关键。① 国内职业院校不能简单复制国外的产教融合模式，要考虑地方政府、产业结构、企业及学校的现状，可以在模仿、改造的基础上，结合自身实际情况对产教融合模式进行新的探索。双方可以在"定制班""工学交替""教学工厂""校中厂""厂中校"等经典模式的基础上，探索建立产教融合的职业教育集团（联盟）、行业学院。职业院校必须携手企业、行业、研发、园区、政府等各类主体，整合多方资源，依托校企联盟和产业学院，构建起"职教集团-校企联盟-产业学院"三位一体的产教融合体系，创新"相互需求、产权介入、要素融入、效益分享"的产教融合机制，才能在职业院校跨界治理方面取得积极而有效的探索实绩。②

职业教育集团是政府、职业院校、行业企业等组织为实现资源共享、优势互补、合作发展而组织的"校、政、企"联合办学的教育团体，是近年来我国加快职业教育办学机制改革、资源开放共享的重要办学模式。③ 职业教育集团是职业院校、行业企业等基于资源共享、优势互补、协同发展而组织的教育团体，其主体主要包括政府、行业组织、企事业单位、职业院校、研究机构和社会组织。职业教育集团是近年来我国职业教育改革、促进校企各方优质资源开放共享的办学新模式。职业教育集团各方主体共同参与人才培养、共同承担主体责任，并参与到教育教学的全过程。行业学院是在现有院系基础上，通过增设实体学院或虚设学院的形式，面向行业培养应用型人才的组织。行业学院的运行模式，为职业院校与行业、企业创建了新的平台。以龙头企业为母体，建立产教融合型的企业职业大学则是另一种新的办学模式。河南经贸职业学院以社会需求为基础，以专业教育为核心，以合作育人为途径的理念，提出了校企协同人才培养模式"五合"，合作育人、合建基地、合作服务、合力发展、合创平台。

广东农工商职业技术学院与广东广垦绿色农产品有限公司共同成立产业

---

① 王为民. 合作产权保护与重组：职业教育校企合作机制创新 [J]. 教育研究, 2020, 41 (8)：112.

② 孙卫平, 聂强. 在产教融合中探索跨界治理 [N]. 光明日报, 2020-5-19 (15).

③ 陈春, 康芸英. 职业教育集团建设之政府角色定位研究 [J]. 继续教育研究, 2018, (1)：50-53.

学院——广垦农产品商学院，开展农产品商贸流通、商务管理领域的企业人力资源开发及科研工作，在订单班、学生实习、就业和企业人才招聘方面进行校企合作，"精准"培养企业需要的高素质人才。金肯职业技术学院与相关企业共建了"京东电商学院""金肯建科建筑工程学院""金肯电竞学院"等产业学院，实施以"校企双主体培育双主线"为基础的校企合作、人才培养模式改革，构建了各具特色的"双师引领、协同育人""厂室合一、学做交替""课程嵌入、双证融通"等双主体人才培养模式，较大程度地提高了学生的岗位竞争能力。

第三节　国内职业教育产教融合人才培养主要模式

我国职业教育在充分借鉴德国、美国、英国等西方国家成熟的产教融合人才培养模式的基础上，结合自身实际和地方政府、产业结构、行业企业的实际需要，创建并实施了多种有特色的人才培养模式。

一、"双定生"模式

(一)"双定生"模式的基本概况

"双定生"主要指定向招生和定向培养的学生，简言之，就是从合作企业招收定向培养，且毕业后定向到合作企业就业的学生。部分企业因为位置偏远、环境艰苦、收入待遇低，或因为产业转型升级而招不到合适的员工，由此，"双定生"培养模式应运而生。"双定生"目的在于培养能"下得去""上手快""用得上""干得好""留得住"的高技能应用型人才。"双定生"通常由合作企业出资，由职业院校负责招生和培养，毕业后根据定向合同的要求回定向企业就业。"双定生"通常只限定培养单位和就业单位，而不限定生源地，可以在更大范围内招生。

(二)"双定生"模式的主要特征

1. 根据企业需求定制

"双定生"培养模式是一种完全适应企业需求的更为有效的"订单培养"模式。委托培养的企业需要什么人才，学校就招收培养什么样的人才；需要多少人才，学校就可以招收多少人才。这样，职业院校办学的最大动力就成了社会驱动，可以避免盲目设置专业，推动职业院校步入良性循环的发展轨道。

2. 教学方式方法更加灵活

职业院校可以根据人才培养方案的基本要求和委培企业的基本需要，及时调整培养方式、调整课程内容、课时和实习时间安排，学校可以最大限度地满足委培企业对人才的特殊要求。

3. 校企双主体联系更加紧密

在"双定生"模式培养过程中，企业更愿意介入职业院校的全程化的教学管理。因为这些学生就是自己的"准员工"，学生顺利毕业时企业必须根据协议照单全收。如果学生毕业后不能胜任企业的工作，企业将付出更大代价。与此同时，企业更愿意选派优秀专家参与学生的日常教学指导，也更愿意为学生培养投入更多资金，提供最新的生产设备。

4. 高就业率

招收培养"双定生"是一种完全市场化和人性化的操作，始终坚持"双向"选择，充分体现"双赢""互惠"，这样，可以保证"双定生"到协议单位就业的稳定性，为协议单位的稳定发展奠定了重要基础。① "双定生"录取进校就会签订培养协议，这就意味着确定了就业单位，只要完成毕业要求，达到就业单位的要求，就能保证百分之百就业。因此，"双定生"培养模式是一种高就业率的培养模式。

二、"订单式"模式

（一）"订单式"模式的基本概况

"订单式"培养模式是指企业根据自身需要向职业院校下达人才"订单"，学校接单后，在企业主导下按照订单要求对学生进行培养，学生毕业后经企业考核合格后即被企业录用。"订单式"相对灵活，可以在入学前"下单"，也可以在学生入学后再"下单"。"双定生"培养模式本质上也是一种"订单培养"模式，只不过其相对固定，参与培养过程从学生入学直至毕业。

"订单式"培养模式可以分为紧密型、直接性、间接型等种类。在紧密型"订单式"培养模式下，学校与企业签订共同培养协议，企业与培养学校的联系非常密切，贯穿培养全过程。企业积极参与培养目标和教学计划的制定，选派专业人员到学校参与授课，为学生提供实习岗位，企业技术人员带

---

① 夏昌祥. 以企业需求为动力，探索"双定生"培养模式 [J]. 中国高等教育, 2006, (23): 52.

学生到企业顶岗实习，学生毕业后通过企业考核就直接到企业就业。企业可以为学生提供全部或部分学费、奖助学金和实习补贴等。相对而言，在直接型"订单式"培养模式下，企业与学校的联系不够紧密，参与力度不深。这种模式是由企业直接到学校对在校生进行考核选拔，确定人员之后再组成"订单培养班"。企业提出人才培养的标准和基本规格，由学校制定教学计划，企业提供一定的培训教材或实习实训机会。间接型"订单式"培养模式是企业通过专门的中介机构与学校间接联系，提供相关的人才需求信息和基本规格。在整个培养过程中，企业与学校基本没有直接的联系，而委托中介机构与学校沟通联系。

(二) "订单式"模式的主要特征

1. 人才培养的针对性

"订单式"培养使得人才培养直接指向企业需要。企业会根据自身需要，要求职业院校在培养目标、核心课程设置、实践教学安排，以及教学评价等方面紧扣企业岗位需求。"订单"培养班的教学内容不再需要按照统一的专业标准，在专业基础课程、专业必修课程、专业选修课程、实践课程上都可以根据企业需要进行增减。这样，传统的学科取向模式将被职业能力取向模式所取代，这样培养出的人才更能"门当户对"，大幅提高了专业与职业的匹配度。

2. 合作协议的约束性

"订单式"培养模式需要校企双方签订正式的合作协议。该协议约定职业院校必须严格按照企业需求和标准来培养人才，促使职业院校进一步增强了质量意识；同时，该协议也约定企业必须根据约定为"订单"培养班学生提供一定的资源，对学校按订单培养的合格人才予以录用。这对学校和企业均有较强的约束力，从而有效地规范了校企双方的合作行为。

3. 教育资源的共享性

"订单式"培养模式是为了企业培养人才，因此企业参与教学过程责无旁贷。校企双方的合作协议会对双方的教育资源投入、参与培养情况作出具体约定，能够实现最大化的资源共享。企业将为职业院校直接或间接地提供实践教学师资、实习实训场地及设备等，在很大程度上可以取长补短，从而有效弥补学校教育的"短板"。与此同时，职业院校教师通过深入企业并参与企业人员合作，能够了解新技术、新工艺的发展情况，能有效促进个人的专业发展。教研室、基础教学平台等教学基层组织给创新技能型人才培养奠定了扎实的基础。由此，学校需要加强教研室建设，将人文基础也纳入专业教学体系中，对教学研究和科研同等看待，对团队合作的过程给予支持，建立团队发展基金。①

三、"2+1"模式

（一）"2+1"模式的基本概况

高职院校和三年制的中职校主要采取"2+1"的模式，五年制的中职校主要采取"4+1"的模式。"2+1"培养模式是校企合作、产教融合的经典模式。"2+1"模式将三年学制分为"2"和"1"两个学段。学生前两年在学校完成学习专业理论知识和生产实习，第三年到企业顶岗实习，同时学习少量的专业课程，结合工作实际进行毕业设计选题，并在企业和学校双导师的共同指导下完成毕业设计。第三年的主要课程全部由企业中高层管理人员和业务人员承担。这种模式的前两年，企业参与的程度不高，且校外持续一整年的顶岗实习效果也无法保证。

在"2+1"培养模式实施过程中，有部分职业院校或专业结合自身实际对两个学段的学习时间进行了调整，因此就产生了很多变式。江苏省就率先提出并试点了"2.5+0.5"模式，即缩短到企业定岗实习的时间。2.5年在校内进行理论学习和生产实习，最后0.5年下企业定岗实习。也有院校提出了"2+0.5+0.5"的工学交替模式，这类似于英国的"三明治"模式。前两年在学校学习，第三学年的前一个学期到企业顶岗实习，最后一个学期回到学校继续学习。

（二）"2+1"模式的主要特征

1. 校企协同育人

"2+1"培养模式是当前国内中高职院校最广泛采用的一种产教融合的人才培养模式。在学校给学生奠定扎实的专业理论知识的基础上，再将学生派到企业进行定岗实习。企业导师会根据企业需求来指导学生进行实习和毕业设计，力求学生毕业后能够缩短适应期，尽快上手。

产教融合的"2+1"模式还有另一种解读，其中的"2"是指职业院校和企业两个主体，"1"则是指一套明确的实践任务，在实践任务的驱动下，参

① 周震豪. 从"订单式"教育到"项目化"教育 [J]. 教育研究，2013，33（6）：95-96.

加实践的教师在校企合作平台上，在校、企两个体系的培养下，目标明确，任务清晰，最终完成预定的企业实践任务（见图3-2）。①

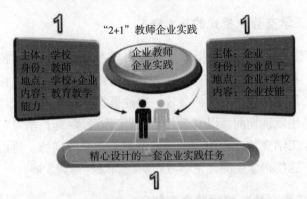

图 3-2　教师企业实践"2+1"模式示意图

2. 实践取向鲜明

"2+1"培养模式体现了先理论再实践，帮助学生实现了理论知识与岗位实践的紧密衔接。学生在完成专业基础理论学习后，先行在学校进行生产实习，再到企业进行长时间的顶岗实习，并结合岗位实际完成毕业设计。学生除了在岗位上发展了职业技能，企业还会在工作实践中培养学生的问题解决能力、合作能力和管理能力。

3. 促进教学改革

"2+1"培养模式鲜明地体现了"理论+实践"及"学校+企业"的人才培养特色。由于第三年学生要在企业顶岗实习，因此学校在前两年必须完成基础理论课程的教学和生产实习。学校如何在前两年引入企业的师资力量、企业的职业标准参与教学，在第三年的顶岗实习中，学校又该如何介入，这些问题都将促成学校加强教学研究和改革，不断发挥双主体的积极作用，提升人才培养的质量。

四、"工学交替"模式

工学交替在表现形式上是职业院校学生在学习理论知识与实践实训时交替进行，遵循"知行合一、产教融合"的基本思路，完成理论与实践相互检

---

① 杨晓华，钦惠平，刘琳，朱保华．"2+1"职业学校教师企业实践模式的构建与实践[J]．教育教育研究，2015，（12）：16．

验、协同旋进的过程。工学交替是职业教育实行理论知识与实践实训工作任务交替进行的一种教学模式。①

（一）"工学交替"模式的基本概况

"工学交替"培养模式是指学生在校内学习理论知识与在校外实践工作交替进行的一种人才培养模式。"工学交替"并非就是企业工作与学校学习的一次交替，而是指较长时段的交替。这种模式接近于英国的"三明治"培养模式。在学生就读期间，以"理论学习–工作锻炼–理论学习"交替的形式进行学习。在工学交替过程中，由理论学习带动实践训练，再由实践训练推动理论学习，这使得学生的理论学习和实践训练都得到发展。

（二）"工学交替"模式的主要特征

1. 强化技能

"工学交替"培养模式以理论够用、强化技能为目标，采取启发式、案例式、讨论式、研究性的教学方法进行教学。"工学交替"是在校企合作的基础上，根据专业特点交替进行学校理论学习和企业工作实践。"工学交替"也可以理解为适当压缩理论教学，模拟工厂真实情境加强学生的实践技能训练，使学习和生产交替进行。因此，职业院校需要重构课程体系，将"教学交替""分段培养"的过程和目标贯穿于人才培养的全过程，逐步提升学生的技能水平和综合素质。

2. 校企合作

"工学交替"的协同育人模式需要职业学校和企业共同制定人才培养方案，共同参与教学过程，采取"工学交替""分段培养"的教学方式，以有效解决真实的生产问题。在学生需要交替学习时，学校教师与企业导师之间需要做好相应的衔接工作，讨论后一阶段的学习或工作安排，以便及时调整各自的教学与指导。该模式把企业车间环境与学校学习环境紧密结合。车间不仅是学生实习的场所，也是专业技能学习的场所。学生在车间既是工作者，又是学习者，拓展了学生的学习空间。

3. 快速适岗

"工学交替"模式通过让学生到企业实践锻炼，不仅可以熟悉未来的工

---

① 俞慧刚，徐公芳，陈旭平．校企合作模式下的工学交替教学实践［J］．高等工程教育研究，2017，（2）：184.

作岗位，还可以加强专业技能提升，同时还能了解企业需求。"学然后知不足"，因此学生通过到企业实习，能够了解到自己能力的不足，进而返校后可以针对性地进行训练，及时弥补所欠缺的专业知识和技能，为下一次实习或求职做好充分的准备，从而缩短从学校到一线岗位的适应期。

第四章
产教融合与职业教育创新技能型人才培养

在科教兴国、教育创新的旗帜指引下，国家把创新型人才的培养提到了史无前例的战略地位。习近平总书记指出，"纵观人类发展历史，创新始终是一个国家、一个民族发展的重要力量，也始终是推动人类社会进步的重要力量。"随着经济社会的快速发展和产业结构的转型调整，行业企业需要的不只是普通的技术技能型人才，更需要具有一定创新意识、创新能力和创新个性的技能型人才。良好的创新素质有利于职业院校学生将专业知识和操作技能运用于创新生产之中，并为企业经济发展做出更大贡献，良好的创新素质还将给职业院校学生的学习、工作和生活增加创新的成就感及随之而来的欢欣，促使其不断获取成长和发展。同时，也只有具有一定创新素质的学生，才能在完整意义上感受到学习、工作和生活中的意义，否则，如果只是重复简单机械的操作，学生很容易产生职业倦怠。

新时代的中国正加快向创新型国家前列迈进的步伐，这就要求职业教育必须着眼未来，抓紧培养大批能够适应未来产业链、创新链发展的创新技能型人才。正如德国哲学家康德所言，"孩子们受教育不应当是为了适应人类当前的状态，而应当是为了适应人类未来更好的状态，也即适应人性的理念及其整个使命。"[①] 古罗马哲学家西塞罗说过，"教育的目的是让学生们摆脱现实的奴役，而现在的年轻人正竭力做着相反的努力——为了适应现实而改变自己。"[②] 因此，作为人类文明的继承者、学习者、创生者和传承者，职业院校学生不仅要学习现成的专业知识以适应企业生产环境，更要探求未知世界以改造技术、产品和工作环境。即便一个人掌握了学习的基本方法和策略，具备了优秀的学习能力，但其所学的毕竟只是社会中已有的知识，充其量只能适应现存的社会，而人生更重要的使命是要改造社会，创造更加美好

---

① [德] 康德. 康德论教育 [M]. 李其龙，彭正梅译. 北京：人民教育出版社，2017. 10-11.
② [美] 波兹曼. 娱乐至死 [M]. 章艳译. 北京：中信出版社，2015. 175.

的未来。① 因此，在学习过程中，我们不能只做知识搬运和储存的"蚂蚁"，而要努力做创新与传承的"蜜蜂"，不断实现从积累性学习向创新性学习的转变。

根据建构主义理论，学习的过程是学生主动建构知识的过程，也是创新、生成知识的过程。在学习过程中，要充分发挥学生学习的自主性，引导学生对知识主动探索、建构、生成和发现，职业院校教师和企业师傅都要努力成为学生技能学习的指导者、激励者，要为学生提供真实、宽松的技能实训环境，并能科学合理地对学生技能进行评估等。在产教融合背景下，如何构建现代职业教育体系，如何培养大批符合企业发展需求的创新型人才，已成为职业院校共同面临的重大课题。

第一节　转变传统教育观念

当前职业教育不能再用昨天的教育观念来指导今天的教师，让他们培养学生去适应产业界明天的发展。职业院校教师要加强对职业教育学、认知心理学、教育心理学知识的学习，加强对职业教育规律、学科及行业发展前沿知识的学习，积极转变教育理念，创新教育观念，借助校企深入融合模式的推进，努力培养学生的创新技能，以使其能够更好地适应未来产业的发展需求。

一、知识观

一般认为，知识是外部客观事物在人脑中的主观映像，它来自反映对象本身的认知经验。学生有了这种认知经验，就能解决知与不知，以及知之多少、知之深浅的问题，从而可以在实际生产生活中更好地明确活动方向。传统的知识观强调"固态"的"死"的知识，更为强调陈述性知识，忽略知识的"动态性"和"活性"，忽视程序性知识和策略性知识。建构主义理论认为，知识并非对现实世界的准确表征，而只是对现实世界的一种解释或假设。一般来说，知识是学习者个体经验的合理化，是学习者个体对不同经验赋予个人意义的个体化建构。对同一问题而言，每个人看待问题的视角都不一

---

① 谭顶良，周敏．学习方式的转变：热点冷观 [J]．南京师范大学报（社科版），2004，（1）：66.

样，对问题的理解也有所不同，正所谓"横看成岭侧成峰，远近高低各不同"。在产教融合人才培养模式中，学校教师和企业教师由于学科背景、认知方式、工作环境、工作方式、教学风格等的不同，使得他们对知识的理解、表达、讲解、巩固都会有所不同。这样就能给学生提供从不同学科、视角去发现问题、分析问题，学会用不同方法、技术去创新性地解决问题。

首先，知识并非由学习者简单地以外显的方式来获得的，从某种意义上说，所有的知识都是学习者自我创造（self-created）出来的。① 其次，知识学习的过程其实也是一个创新过程，特别是职业院校学生在接触生产实际中的问题时更能凸显创新能力。因为很多新型生产线和生产设备可能都是学生在学校里所没有见过的，需要借用已学知识来创新性地加以解决。其次，知识不只是个体独自建构的，它应该是个体社会建构的产物。很多时候，单靠学习者个人难以生成新的知识，需要老师的指引、启发和同伴的交流、讨论，因此，新的知识往往是由学习者个体与社会群体相互联系而"建构"或创造出来的。② 最后，知识是由学习者个体主动建构而来的。因此，职业院校创新技能型人才培养要激励学生在现有知识经验的基础上，积极主动地以意义建构的形式来感知知识、理解知识、掌握知识和创新知识。

在教师的指引下，学生可以习得三种层面的知识：一是经验性知识，主要包括间接经验和直接经验。在传统职业院校课堂中，学生学习的知识主要为间接经验，主要来源于书本、教师与网络。在创新技能型人才培养过程中，除了书本、教师与网络，学生的间接经验还包括来自企业教师的实践指导，如项目案例、技能操作等内容性知识和来自更多同伴的经验性知识。陆游说过，"纸上得来终觉浅，绝知此事要躬行。"学生习得的知识需要及时应用和加工，否则很容易遗忘。相对而言，通过直接经验获取的知识更为直观，记忆更为深刻。直接经验主要指学习者通过自己发现、验证、动手操作而获取的知识，或者通过与同伴合作交流而获取的知识。二是规律性知识，主要是指学生在理解、应用、综合、分析、评价等高级认知过程中，对经验性知识进行概括、归纳、抽象、凝练和整合，通过与老师、同伴的思维碰撞，在深入思考的基础上，发现知识的规律性，从而促成知识学习的迁移、拓展与延伸。三是创新性知识，包括针对学生第一次的"类创造"知识和针

① Iran-Nejad A. Constructivism as substitute for memorization in learning: Meaning is created by learner [J]. Education, 1995, 116 (1): 19.

② Hendry G D, Frommer M, Walker R A. Constructivism and problem-based learning [J]. Journal of Further and Higher Education, 1999, 23 (3): 359.

对全人类第一次的"真创造"知识。此处的创新性知识主要针对个体的"类创造"。在企业生产流水线上，学生有更多与同伴合作的机会，在与同伴的互动交流过程中，学生能够学会从多角度、全方位、发展性地进行知识学习，能够从多维度主动建构对知识的深度理解。

二、技能观

技能是学习者通过反复练习而形成的合乎法则要求的活动方式，它来自学习者所做出的行动及其反馈的操作经验。这种经验既包括借助于人的肢体或一定工具，以外显、展开的方式作用于客观对象的操作技能，也包括人借助于内部言语，以内隐、简缩的方式，对外部客观事物的主观表征进行加工改造的心智技能。学生一旦有了这种经验，就能解决会不会做和做得熟不熟练的问题，从而在实际生活中能够更好地控制个体活动的执行。职业院校学生的专业技能根据专业和工种来分，基本涵盖于操作技能和心智技能。当然，在任何工种中，都有这两种技能的共同参与，只不过是哪种技能占据主导地位。

具体而言，操作技能又称为动作技能、运动技能，是指由一系列外部身体动作以合理、完善的方式组成的操作活动的方式。如操作生产工具、打字、画图等，主要是借助于骨骼肌肉的运动来实现的一系列外部动作。当这些外部动作以连续、合乎规则的完善的方式组织起来，并接近自动化时，就称为操作技能。心智技能，又称为智力技能、智慧技能，它借助于内部言语在头脑中进行智力活动的方式，如阅读、心算、推导、解题等方面的技能。心智技能的心理成分主要包括感知、记忆、想象和思维，但以思维，特别是抽象逻辑思维为其主要成分。在我们认识特定事物、解决具体问题时，这些心理活动通常按相对固定的、合乎规则的、完善的程序和方式而自动进行。

操作技能与心智技能并存于职业院校学生整个学习过程之中，二者之间既有联系又有区别，并可以相互转化。外部动作是个体心智技能形成的最初依据，也是其经常的体现者。感知、记忆、想象和思维等认知方面的心智技能又是外部动作的调控者和重要组成部分。在完成复杂的工作任务时，人总是手脑并用的，既需要操作技能，也需要心智技能，如机床操作、模具制造、电器修理、手工制图等。

操作技能和心智技能的区别主要体现在：首先，就操作对象来看，操作技能的活动对象是物质性客体或肌肉，具有客观性；心智活动的活动对象是知识和信息，属于观念的范畴，具有主观性。其次，就操作执行来看，操作技能的执行是通过外部显现的肌体运动实现的，具有可视性、外显性；心智活动则是对观念对象进行的认知上的加工改造，借助于内部言语进行加工，具有隐藏性、内潜性。第三，就操作结构来看，操作活动的每个动作必须分阶段执行、环环相扣，不能合并、省略或倒置，在结构上具有展开性、顺序性；心智活动则是借助内部言语这一工具进行的，因而心智动作成分可以合并、省略和简化，从而具有简缩性和灵活性。

职业技能是学习者运用已掌握的知识经验来解决生产过程中的实际问题时所需要的技术和能力，它需要通过系统的练习才能逐渐形成。如职业院校学生通过课堂学习与系统训练，形成了操控数控车床加工工件的职业技能。职业技能水平有初级、中级和高级之分。初级技能是指某项操作活动方式经过一定时间的练习之后能达到会做的水平。懂得一些计算机专业的简单知识，刚刚学会操作计算机的人，可以说他有了应用计算机的初级技能。当初级技能经过反复练习和实践，进入到快捷、精确和自动化的阶段，则称为技巧，此时的技能已经达到中级技能水平，学习者比较得心应手，不需要耗费更多的注意资源，达到了有意后注意的水平。中级技能再经过较长时间的系统学习和训练，则能达到更高综合化、集约化和自动化的程度，也就达到了高级技能的水平。当然，对于职业院校学生的职业技能而言，可以通过国家相关职业技能鉴定机构来考评其职业技能的等级水平。

三、学生观

职业院校学生的年龄处于 15、16 岁至 20、21 岁，中职生的年龄与普通高中学生相当，高职生年龄与普通高校本科生相当。他们正处于人生精力最旺盛、最活跃和最丰富多彩的青年初中期。这一阶段是一个由少年向成人过渡的时期，是人生发展变化的重大转折时期。他们的认知能力、情意能力和个性都处于快速发展的关键阶段，也是由"自然人"向"社会人"发展，完成个体社会化的关键时期。

《国家中长期教育改革和发展规划纲要（2010-2020 年）》要求广大教育工作者要注重因材施教，关注学生的不同特点和个性差异，发展每一个学生的优势潜能。职业院校学生之间既存在专业、性别、年级、学习成绩等群体差异，也存在认知风格、能力、个性等方面的个体差异。教师要充分认识到学生之间的差异，只有适应了学生学习的差异性，实施因材施教，才会取得理想的教学效果。因材施教是应学生差异而来的，不了解学生的差异，就无法进行因材施教。因此，学习差异是因材施教的心理学基础。

因材施教一方面意味着要充分发挥不同学习风格类型学生的特长，另一方面也意味着需要采取适当的措施来弥补这部分学生在学习风格上的缺陷。现行的职业教育多鼓励学生匹配式学习，即扬长避短式的学习，这使得学生能够有机会以自己偏爱的方式学习。不过，如果学生只会扬长避短式的学习，那么他们在面对陌生的、结构不良的问题时，可能会因为缺乏弥补自己学习风格短处的机会，只依赖自己风格中的优势将难以胜任新的学习任务。美国心理学家汉森和戴卫（Hanson & Dewing，1990）对 2000 名学生的研究发现，大部分"差生"学习失败的并非因为其缺乏基本的学习能力，而是因为其学习风格在课堂教学中完全被教师所忽视。① 在这种情况下，为了使学生的学习能力和综合素质能够得到全面的发展，应当在学习风格相对匹配的基础上，提倡有意失配的学习，即扬长补短式或抑长补短式的学习。为了更好地完成困难的、复杂的问题，学生要有意使用平时用得较少，对自己而言不太擅长的学习方式。教师的任务不是选择尽力减少学生不适的学习方法，而是要让他们去接触那些新的、会给他们带来不适的学习方法。② 学习方式的匹配和有意失配策略的相互补充，其最终目的是促使学生能够适应不同的问题情境，能够掌握并采用多样化的学习方式，进而学会应对未来各种复杂情境。

职业院校学生的培养既要面向全体学生，全面提高其职业能力和综合素质，又要兼顾其个别差异，采取多样化的教学措施，力求让每个人的个性能够得到充分的发展，让各类学生都能成功、成人、成材。教师要全面、深入地了解学生，熟悉学生在知识基础、能力素质等方面的差异，在教学中扬长避短、扬长补短、有的放矢地进行因材施教。

创新技能型人才培养要对不同类型的学生提出不同的要求。学生都是有理智、有情感的成长中的青年人，有着其他工作对象所不具有的共性特征，正确对待这些特征的具体体现在四个方面。

1. 因"类"施教

一方面，职业院校学生的学习和生活由普通教育转向职业教育，发展方向由升学为主转向就业为主。与普高生或普本生相比，无论是学生的学习目

---

① ［美］席尔瓦，斯特朗，佩里尼．多元智能与学习风格．张玲译．北京：教育科学出版社，2003.40.
② ［美］乔伊斯．教学模式．荆建华等译．北京：中国轻工业出版社，2002.478.

标、任务，还是学习内容、要求、方式，都有着独特之处，如职业院校学生的学习目的具有明显的职业性，学习过程具有鲜明的动手操作性和实践性等。另一方面，还要关注不同专业学生课堂教学和实习实训时的专业特点。

2. 因"龄"施教

不同年龄阶段的学生有不同的年龄特征。高职生与中职生之间差异更为明显。一年级学生与二、三年级的学生也不一样。教师要充分认识不同年龄阶段学生的不同特点，并据此进行针对性的教育教学指导。一年级主要是适应阶段，在新生入学后就要进行"导向"教育，特别是产教融合背景下一些企业的定制班、现代学徒制班级的学生，更要明确企业的岗位要求和他们未来的就业方向，使其尽快适应新的学习生活。二年级是充实阶段，要对学生加强"定向"教育，引导他们扎实掌握专业基本理论，认真对待校内的实习实训工作，为接下来到企业顶岗实习奠定扎实的基础。教师还要帮助他们掌握有效的学习方法，引导他们学会自主学习、学会求助，学会寻求更多的学习资源，不断提高他们的操作技能、合作能力和创新能力。三年级是实习阶段，学生要到企业真实的流水线进行长时间的顶岗实习。此时，要对学生进行"去向"教育，指导学生完成实习工作，进一步提升自己的职业技能，同时引导他们做好就业前的心理准备，确立就业方向和未来发展的方向，引导他们树立终身学习的信念。

3. 因"能"施教

职业院校教师要帮助学生全面认识自己在各种能力方面的优缺点，力求做到能够取长补短、扬长避短，不断取得个人学习和工作的进步。对于学生管理而言，要"抓中间，兼顾两头"，因为中等生占据了班级人数的绝大多数，不能只为了抓几个尖子生而忽略其他学生的存在。对一些专业能力强的学生，可以引导他们参加技工大赛，早日准备考工、考级。对于一些学习能力强的学生，要帮助其端正学习态度，给他们提出更高的发展要求，力求成为技艺精湛的高水平技师。要帮助大多数能力中等的学生明确学习目标任务，扎实训练职业能力，力求能够成为技艺娴熟的大师傅。对少数学习能力差的学生要重点督促，提供个别指导和帮助，消除自卑，增强自信，逐步培养他们对专业学习的兴趣，养成较好的学习习惯。最终，使得全体学生的职业能力都能得到较好发展。

4. 因"性"施教

男、女生具有非常明显的性别差异。除了身高、体重等生理方面的明显差异外，男、女生在心理上也有着非常明显的性别差异。对男生行之有效、屡试不爽的教育方法对女生可能不一定适用、管用，反之亦然。要想提高教育教学效果，教师必须深入了解男、女生之间在注意、感知、思维、情感、能力、性格等方面的差异。

此外，同专业、同年级、同性别的学生之间必然存在明显的个体差异，表现在每一个体都有着不同的需要、动机、兴趣、理想、气质、性格等。现代职业教育要面向全体学生，促成每一个学生都能得到全面、协调、可持续的发展，这就要求教师必须充分把握每一学生的个体差异，坚持进行因材施教。

四、教学观

传统职业教育一大弊端就是，教师忽视学生在学习中的主体地位，往往会剥夺学生参与学习的主动权，在学校的一切都由教师决定，这将严重阻碍学生学习主动性的发展。很多教师误认为学生的主要任务就是职业技能训练，需要不断地进行简单重复，没有必要培养学生的自主性，只要他们照着要求去练习就可以熟能生巧。因此，很多教师忽视学生在专业学习和技能训练中的主动性，这在很大程度上阻碍了学生的学习创新。

在职业教育创新技能型人才培养过程中，教师不应该再将自己的角色仅仅定位为知识的传授者、课堂的主导者。教师需要学会扮演实践反思者的角色，转变为敏锐的观察者和预测者。教师不必再是那个无所不知的全程控制课堂中方方面面的人，与此相反，他应当努力成为一个学生知识学习过程的引导者、促进者，协助学生共同解决问题，为学生学习提供一个资源丰富的学习情境。学生在学习过程中应该是一个主动的建构者，他要积极地对认知信息进行主动识别、选择、加工和储存。教师要由课堂上的"独奏者"转变为"合奏者""伴奏者"，要逐步树立并贯彻以学生为中心的理念，努力为学生知识学习和技能训练创设适宜的情境，激发学生主动创新的意识、热情和习惯，培养学生创新的能力和个性。

创新技能型人才培养需要重新将学生定位为学习者，学生学习的主体地位应该得到恢复。在学生顶岗实习的过程中，学生作为独立操作的主体在进行技能训练。很多教师重视学生自主性的发挥，但如果一味突出学生的"自主"，完全放手让学生去"自主"训练，而忽略教师的监控、调节和促进作用，可能会造成学生各行其是，不当的、错误的操作如果得不到及时的纠正，不仅会导致产品质量的下滑，有时甚至可能造成对生产设备的损害或导致工伤。必须警惕的是，在学生实训过程中不能放任自流，走极端或矫枉过正，放弃教师在教学中的主体地位，削弱教师在学生学习过程中的指导作用。教师作为学生学习的组织者、引导者和监控者，其职责就是创设情境，引导学生自然地形成学习动机，自主地决定学习的方式，学习如何与他人合作，如何完成学习任务。总之，教师既要使学生真正成为学习的主人，不以"旁观者"的身份作"壁上观"，还要加强对学生学习的有效指导和促进。

在创新技能型人才培养过程中，职业教育要切实以学生为中心。学生在学校教师和企业师傅的共同指导和帮助下不断自主建构知识、创新生成新的知识。教师在教学前要进行有效的教学设计，研究学生的知识基础和认知结构，给学生提供必要的课前知识经验，引导并协助学生进行创新学习，激发学生的创新意识，培养学生的创新能力。教师给学生提供一些能够促进其自主建构的知识结构、思维方法、学习情境及相关线索。学生在这些条件的支撑下可以从不同的认知结构，用不同的思维方法，不断建构对知识的认知和理解，进而产生新的意义，并不断发展创新能力和良好的自主学习习惯。

职业技能的训练提升离不开热心指导的教师和积极参与的学生。教师在学生技能学习过程中的作用至关重要，需要及时更新教育理念、转变教学观念。在教学过程中，教师要扮演多种角色，为有效提升学生知识和技能学习效果搭建舞台，努力让学生成为活跃在学习舞台上的"演员"，而教师则须学会逐步抽身，及时从台前退到幕后，并"华丽转身"到幕后作"导演"。作为学生学习的导演，教师遴选"演员"的机会并不多，凡是登上"舞台"、进入"剧组"的"演员"全部要登上舞台。"导演"要充分尊重各个"演员"的个性，根据每个"演员"的身心特征给他们安排恰当的角色，并指导好他们的彩排和演出。在学习"舞台"上，"导演"只能导"喜剧"，不能导"悲剧"。"主角"和"配角"的角色需要定期交换，没有充当背景的"群众演员"。这就像在企业的生产流水线上，每个人都要能在各个生产环节、各个位置得到训练，这有助于形成对职业的整体认知，在此基础上明确自身岗位上下游的生产状况，有助于生产效率的提升。

五、评价观

2020年10月，中共中央、国务院印发《深化新时代教育评价改革总体方案》指出，教育评价事关教育发展方向，有什么样的评价指挥棒，就会有什么样的办学方向。评价首先是诊断和检验教育教学效果，不断改进和完善教学的重要环节，是职业教育创新技能型人才培养质量监测的不可缺少的重要部分。职业教育中的传统学习评价多是终结式评价，更为看重学生最终取得的课程考核成绩或考工考级的等级，而对学生的学习过程并不重视。从建构主义角度看，评价学生如何去建构知识比评价学生如何去记忆知识、复现知识取得的好成绩更重要。

在职业院校创新技能型人才培养过程中，教师通常利用课堂观察、课程考试、技能考核评估等检测方法与手段，搜集学生的有关信息资料并进行分析，从而对学生的学习情况进行科学有效的评价。通过评价能够根据创新技能型人才培养的目标和标准做出价值判断，能够诊断出教育教学活动中哪些环节做得好，应加以保持和提高，同时还能够指出哪些方面做得不够好，存在什么样的问题，在进行原因分析再提出相应的整改措施。"学习的质量并非学生重现教师认知过程能力的函数，而是学生自主建构知识意义能力的函数。"① 对创新技能型人才培养的评价不能只针对结果，而应注重评价学生的意义建构、认知结构的优化、创新思维的发展和创新学习的习惯养成等方面。职业院校对创新教育的评价要区别于知识性评价的准确、要求和方式，要以学生自我评价和学习小组评价为主。这样，更有助于促进学生自我反思、发展其自主意识，并逐步改进学习策略。学生在自我评价的过程中不断认识自己、分析现状，找寻适合自己的对策，进而逐步实现自我超越。从这个意义上来说，自我评价也正是创新得以持久发展的不竭动力。

对学生的学习评价可以贯穿整个学习过程，从学习前的多方面准备，到学习的具体过程，再到对学习效果的检测，重点是理论课程的考试成绩、实习实训的考核等级、考工考级的成绩等。对教师人才培养的评价通常以学生成绩作为间接评价的依据，可以兼顾教师自我观察、自我反思、自我检测等自我评价，或邀请同行专家对教学情况进行评价，以便检验人才培养的效果，并做更为客观、深入、有效的诊断。

职业教育评价不只是诊断式评价，还得充分发挥评价的导向、调控和激励等功能。导向功能是指评价具有"指挥棒"的作用，评价具有引导师生朝向预期目标努力的功能，这也是由评价标准方向决定的。在评价过程中，对任何被评对象的价值判断，必须根据一定的评价目标和评价标准。

在得到评价结果的反馈后，师生双方可以根据反馈信息，结合自身情况来调整自己的努力方向。如果评价结果越是能够清楚地指出如何提高学习的

---

① 何克抗．建构主义：革新传统教学的理论基础（上）［J］．电化教育研究，1997，（3）：4.

质量和数量，学生就越有可能积极地卷入评价过程。学习过程中的调控主要体现在两个方面，一是评价者为被评价者适当调控学习目标的标准和进度，二是被评价者通过评价了解自身的优势与缺陷、经验与教训，以及时调整目标、方向、策略、方法等，以实现自主调控。教师在教学过程中需要认真观察和评价学与教的总体情况，对影响教学过程和效果的不利因素及时进行调控。

通过客观、公正、有效的评价，能激发和维持学生的内在学习动机，充分开发学生的内部潜力，进一步提升其学习的主动性、积极性和创新性。客观、公正的评价结果能给学生及时地自我认知、自我分析、自我评价和自我调控。良好的评价结果还能给学生以满足感、成就感和胜任感，从而激励他们继续努力。要想充分发挥评价的激励作用，教师应注意评价指标的制订不可过高或过低。一般来说，正面评价可以进一步增强学生参与学习的动力。对取得优异成绩的小组给予某种认可或奖励，这样小组成员可以意识到帮助组内其他成员的学习是有价值的。当然，恰当的负面评价也能引起学生适度的紧张和焦虑，可以帮助他们寻找自己的不足，以便进行学习上的完善与改进。

第二节　激发学生认知需求

职业教育产教融合人才培养模式倡导的工学交替、产教结合思想，为学生学习提供了多样化的师资、课程和实训平台。在学校过程中，学校教师和企业师傅都应该充分研究学生的认知结构，结合企业真实的生产场景给学生设置一些结构不良领域的真题，激发学生的认知冲突，从而不断提升其创新技能。

一、研究学生认知结构

（一）充分了解学生认知结构

在日常教学过程中，教师的重要任务并不是决定教什么或如何教，而在于了解学生头脑中的认知结构和现有的知识基础。在学生学习过程中，他们总是带着某些适当的记忆结构而开始一项新的学习任务。① 原有的认知结构是学生开展新的学习的必要前提。教育心理学已有研究表明，缺乏一定的认知结构或认知结构不完整、不合理，是导致学生学习困难的主要影响因素。职业院校创新技能型人才培养不能无视学生现有的认知结构，要积极引导学生从现有认知结构中"生长"出新的知识。教师要了解学生的认知结构与学习内容之间的联系，要将课程的学科结构合力转化为学生能够理解的知识结构，保证教学内容、教学形式和教学过程等都能适合学生的认知结构，通过系统的教学，逐步让学科结构转化、内化为学生一部分的认知结构。

（二）适当优化学生认知结构

一般情况下，职业院校学生创新能力的提升可以通过两种途径。一是知识积累，以使学生能够建造更广阔的经验性知识的基石；二是增进学习的热情与坚韧性，以使学生能够不怕失败。② 丰富而扎实的知识基础能促进学生的创新学习。教师作为学生思想的引领者，除了要做好教学内容的知识分层，还要通过查阅档案、口头访谈、前期测验等形式，充分利用各种机会去了解学生的知识基础。教师应围绕学生现有的认知结构，将课程学习信息转换为适合学生能够理解的形式，帮助学生不断自主地完善认知结构。与此同时，教师还要指导学生加强专业基础课程的学习，鼓励学生从多方面探索、感知、消化、吸收和巩固知识，指导学生通过加强新、旧知识之间的联结，进行有意义的学习，以不断提高其认知结构的可利用性。

（三）设置结构不良领域问题

在学习过程中，职业院校学生由于接触到不同的学科、领域，他们的认知结构会不断得到优化和完善。因此，给学生适度提供一些结构不良领域（ill-structured domains）问题，能拓展他们看待问题的视角，也能拓展其知识面。结构不良领域问题的解决，有助于发展学生的创新思维，提升其创新学习的能力。结构不良领域问题的已知条件、求解过程和可能结果都具有相当的不确定性，很难简单套用原有的方式方法，而要根据具体的问题情境，在学生已有知识经验的基础上，创新性地建构用于指导问题解决的认知结构。

---

① ［美］加涅，布里格斯，韦杰. 教学设计原理［M］. 皮连生等译. 上海：华东师范大学出版社，1999. 130.

② Weisberg, R W.（1988）. Problem solving and creativity. In R J Sternberg（Ed.），The nature of creativity［M］. New York：Cambridge University Press. 148-176.

课堂上讲授的内容多数都是结构良好领域（well-structured domains）的问题，这种问题只需套用常规的解题思路即可完成，基本属于重复性工作。这对职业院校学生创新能力的提升是非常不利的。在顶岗实习乃至今后真正的工作岗位中的真正的问题通常都是结构不良领域的问题。只有解决了结构不良领域的问题，才能帮助我们准备好面对生活中最常面对的挑战。① 一般而言，学生在学校中要解决的问题多是结构良好的问题，而走出校门后所碰到的大多数问题都是结构不良的问题，简单套用常规方法往往不能解决。"只有在结构不良的困境中，学生才能自己形成问题的过程。"② 面对结构不良领域问题，学生需要不断进行创新。要想顺利解决结构不良领域的问题，学生必须具有较强的问题意识，敏捷深刻的思维，较强的研究能力，问题解决的过程能够激发学生探索创新的意识，提升研究创新的素质。

在学校实训过程以及在企业顶岗实习过程中，学校教师和企业师傅都应该结合企业生产需求、技术研发、工艺革新、事故多发节点等方面，为学生精心设计一些结构不良领域的问题，激发学生的问题意识、创新意识，提升其问题解决能力、创新能力。

二、激发学生学习意向

（一）设置和激发学生的认知冲突

建构主义理论主张，引发学生的认知冲突（cognitive conflict）是学生认知结构优化的契机，也是其新的认知结构的生长点。从这个意义上来说，教学不是要消解认知冲突，而是要适当引发认知冲突。学生面临新的认知冲突，会激发其问题意识、创新意识和成就动机，激发其认知的内驱力、自我提高的内驱力。教学必须设法引发学生的问题，并利用问题刺激学生的学习活动，挑战学生的思考并鼓励学生尝试利用方法去解答问题。③ 在创新学习过程中，职业院校教师要在充分了解学生的知识基础、认知结构、学习动机、智力和个性水平的基础上，结合课程内容，努力创设相关情境，使得学生在现有认知结构与新的知识内容之间形成矛盾与冲突。学生最终将不得不通过

① ［美］斯滕伯格，史渥林. 思维教学：培养聪明的学习者［M］. 赵海燕译. 北京：中国轻工业出版社，2001. 129.
② ［美］乔纳森. 学习环境的理论基础［M］. 郑太年，任友群译. 上海：华东师范大学出版社，2002. 31.
③ 高文. 建构主义学习的主要特征［J］. 外国教育资料，1999，（1）：37.

冲突过程，来使文化上被接受的科学观点与他们所持的个人观点相适应，从而促使概念变化。① 因此，职业院校教师可以将学生的认知结构和他们将要学习的新的知识进行有意失配，进而给他们设置一些结构不良领域的问题，设置适当的认知冲突情境，以引起学生现有认知结构与新的学习之间的"失衡"，引导学生在新知识学习时进行创新性地建构。因此，在学生面对认知冲突时，教师要引导他们通过自主探究和建构来对新的知识意义进行理解，使其认知结构得到拓展、优化和整合，从而使学生的认知结构达到新的平衡。教学一旦引发学生已有认知结构与新的学习之间的认知冲突，就能激起学生的好奇心和求知欲，激发学生主动探索、创新学习的意向，从而培养学生的创新学习的意识和能力。当学生在一起共同学习时，他们在信息、观点、思维、见解和偏爱上发生冲突是不可避免的。一些对立冲突的存在非但不影响学习，反而有利于鼓励学生不断开拓创新，通过发散思维、不断变通、生成以求得新解。

（二）引导学生积极主动建构

传统职业教育的课堂教学多以教师为中心，忽视了学生学习的主观能动性，也阻碍了学生的创新学习的展开。现代教育理论强调教学应以学生为中心，要充分发挥学生学习的主动性，引导学生对新的知识经验进行主动、深入地探索、发现和建构。如果学生不能主动建构，那么知识就不可能由教师传递给学生，学生的学习就陷入被动接受，也就根本谈不上创新。因此，发挥学生的主动性、积极性是激发学生进行创新学习、发展创新思维、培养创新能力的基础。教师应该引导学生积极参与课堂教学，让学生尽可能多地进行探索和创新，大胆假设、小心求证、积极思维、发掘潜力，促进学生对新的知识经验的主动建构和创新生成，教给学生多种探究学习的方法，激发学生的自我效能感和学习责任感，不断提高学生创新学习的能力。

（三）塑造学生的创新个性

建构主义研究指出，可以通过教学来发展学生的创新精神和创新个性。教师要保护好学生的创新热情，激发学生的好奇心、理智感和兴趣点，要创设适宜情境，及时给学生适度的强化，不断激发学生创新学习的需要和动机。

---

① ［美］斯特弗，盖尔. 教学中的建构主义［M］. 高文等译. 上海：华东师范大学出版社，2002. 257.

教师要拓展学生创新思维，提升其创新能力，尊重学生的创新个性，如高独立性，自尊自信，不盲从权威，勇于坚持和捍卫自己的观点；高批判性，用审慎和批判的目光去审视问题，善于标新立异；高灵活性，能从广角度、全方位、多元化、多层次地看待问题，思维灵活发散，不固执，善于变通；高耐挫力，能容忍失败和犯错，具有屡战屡败、屡败屡战的百折不挠的创新精神。

第三节　组织学生合作学习

合作学习作为一种经典的教学方法，它有利于开发职业院校学生学习的潜能，大幅度地提高学习效率，培养创新素质，还能有效促进学生在认知、情感、个性和社会性等的健全发展。马克思曾经说过，不只是由许多个体力量汇合成为一股共同力量而产生新的力量，而且单是由社会接触就会引起个体的竞争心和特有的精力振奋，从而提高每个人的工作效率。法国哲学家德日进说过，任何一个成员只有与其他成员联系在一起并通过他们才能发展和成长。①

2007 年，美国联邦教育部在《21 世纪技能框架》中提出了美国教育 21 世纪的核心素养。其中，学习和创新技能（Learning and Innovation Skills）位于核心素养金字塔的顶端，具体包括四个方面（简称为 "4Cs"）：一是创造性和创新（Creativity and Innovation），二是批判性思维和问题解决（Critical-thinking and Problem-solving），三是交流（Communication），四是合作（Collaboration）。从中可以看出交流与合作技能的重要性。一个人只有与其他人进行复杂的合作，他的大脑才能够真正充分发育。②

从建构主义的理论观点来看，学习者个体并非知识内容和理性的占有者，而是它们的分享者。博学而合理的陈述并非个体内部心理的外部表达，而是在不断进行的社会交流中的整合。③ 尽管学生的知识基础、社会经验和教育背景都各不相同，但是他们将共同创新与加工知识，因为他们都是生活在同一个社会中的不同个体，他们在一起共同分享基础性的感性认识

---

① ［法］德日进. 人的现象［M］. 范一译. 南京：译林出版社，2014. 198.
② ［爱尔兰］格里芬，［英］泰里尔. 人类天赋［M］. 刘勇译. 北京：线装书局，2014. 116.
③ ［美］斯特弗，盖尔. 教学中的建构主义［M］. 高文等译. 上海：华东师范大学出版社，2002. 27.

（perceptual knowledge）和行为。① 职业院校学生对知识意义的建构通常都是在学生与教师之间相互作用和学生与学生之间的相互作用下逐渐进行的，同时学生的创新、合作等多种技能也只有在相互作用的过程中才有机会得以形成与发展。维果茨基认为，"合作学习是个体知识的社会建构过程的组成部分。"② 个体独立建构的知识通常比较肤浅、不够全面，极具个人化色彩，甚至有时是错误的。因此，个体需要与其他人合作学习，分享各自的信息和理解，共同建构对知识的整体印象和完整理解。

一、合作学习、竞争学习和单独学习相结合

学习既是一个个人努力的过程，也是一个社会化的过程。③ 学习是个体成长的手段和过程，需要借助于教师和同伴的教育、指导、帮助和陪伴。学习的过程是个体学习与结伴学习相结合的过程，既实现认知的发展、技能的提升，也逐步实现个性、社会性等多方面发展。

在传统教学中，竞争学习、合作学习和单独学习三种形式都普遍存在。在合作学习中，我们将同伴当作学习的资源；在单独学习中，我们将同伴当作社会促进作用的发生器；在竞争学习中，我们将同伴作为对手。总之，同伴是我们学习的伙伴，不管是合作学习、竞争学习，还是单独学习，同伴都可以在不同程度上提高我们的学习效率。与合作学习相对应的学习并不是竞争学习。合作学习是针对在某种教学条件下学习的组织形式而言的，相对的是"个体的学习"。实际上，人们出于对合作学习的偏爱而倾斜了三种学习方式的平衡。如果我们把合作学习作为学生在校学习的唯一方式的话，那么他们将永远学不会合理而适度的竞争，也得不到依靠自己的力量进行独立学习的机会。

合作学习、竞争学习、独立学习是三种相互联系的学习方式。每一种学习方式都有其存在的价值。同伴合作并不是无条件地优于个人工作，它要依赖一些条件：一是依赖于年龄、任务难度、儿童之间的差异、支配性—被动

① Hendry G D, Frommer M, Walker RA. Constructivism and problem-based learning [J]. Journal of Further and Higher Education, 1999, 23 (3): 361.

② Mueller A, Fleming T. Cooperative learning: Listening to how children work at school [J]. The Journal of Educational Research, 2001, 94 (5): 259.

③ [英] 罗宾逊，阿罗尼卡. 什么是最好的教育 [M]. 钱志龙译. 杭州：浙江人民出版社，2020. 10.

性、冲突—亲密、人际熟悉性等影响因素；二是取决于合作伙伴之间的人际关系。① 几乎参与任何一种团体活动都会在某种程度上提高人们的主观幸福感，一部分原因是团体活动所具有的"互"的特性，这会使人产生归属感；另一部分原因是其所具有的"动"的特性，这会使人产生生理上的愉悦感。②

独立思考和学习对于教育改革是非常重要的。当我们独立学习时，我们被迫在高认知负荷的条件下艰难地学习，几乎没有其他人能够分担这种负荷。因此，认知负荷理论表明合作学习有效，不是因为内在的"社交"方面的原因，而是因为它能够降低小组中个体的大脑在工作记忆上的负荷。③ 此外，很多时候，如果没有独立思考，就可能没有真正的竞争与合作。在班级中，学生独立学习的效率高并非由竞争造成的，而可能是"社会助长"现象所致。因为有他人在场，学生相互之间就会形成互动刺激，从而提高学习效率。竞争与合作是主体间的竞争与合作，因此，在进行合作学习或竞争学习之前，学生首先应有自己的独立性，有自己的看法和思考。

在传统教学观念的长期影响下，在教学过程中教师并没有为每一名学生提供公平的、能满足其合作交往需要的机会，也并没有将合作与竞争作为推动学生学习和认识发展的重要动力。传统的大班授课形式和在形式上临时组织的小组学习，实质上仍然是学生个人"单干"的学习，它只能展开个体的学习竞争，无法实现合作学习和其他类型的学习竞争。小组合作学习改变了传统的以个体学习为基础的大班学习形式，采用了小组学习形式。它既能实现多样化的合作学习，又能实现多样化的学习竞争。

传统的合作学习理论虽然也渗透些许竞争学习的思想，但更侧重于学生学业成绩和小组社会性技能的提高。合作学习不是课堂教学的全部，并非所有的教学任务都非得通过合作学习才能完成。个人单独学习和竞争学习仍有着合作学习所不可替代的独特作用。④ 合作学习要努力为学生的单独学习提供平台，为组内合作乃至更大范围的合作搭建舞台，还要为必要的竞争学习设计擂台。

合作学习方法首先要有用、好用，其次，教师要会用、善用。有效合作

---

① 张文新. 儿童社会性发展［M］. 北京：北京师范大学出版社，1999. 178.

② ［美］莱恩. 幸福的流失［M］. 苏彤，李晓庆译. 北京：世界图书出版公司，2016. 93-94.

③ Kirschner F, Pass F, Kirschner P A, & Janssen J. Differential effects of problem-solving demands on individual and collaborative learning outcomes［J］. Learning and Instruction, 2011, 21 (4), 587-599.

④ 王鉴. 合作学习的形式、实质与问题反思：关于合作学习的课堂志研究［J］. 课程·教材·教法，2004，(8)：31.

学习就是以高效率、易操作的方法策略实施合作学习，体现为合作学习的高质量、高收益，以较小的合作学习投入取得较大的成效。① 与传统教学方法相比，学生通过合作学习能取得更大的进步，表现为三个方面：一是有效果，指学生在合作学习中所预期的包含学术性与社会性的教学目标的达成度；二是有效率，指师生投入合作学习的时间、人力、物力与学习结果之间的吻合度；三是有效益，指通过合作学习，学生、教师、学生家长及社会各方面对合作学习的满意度。

二、集体教学、小组学习和个人学习相结合

全班教学、小组教学和个别学习是课堂教学的三种基本组织形式，其作用难以相互取代，而应该根据具体教学目标、教学任务、教学主体、教学时间和教学环境等因素来进行选择。与全班教学、个别学习相比，小组学习在完成教学任务的效率方面并不占有绝对优势，相反都为中等效率（见表4-1）。俄罗斯教育家巴班斯基认为，只有实现班级集体教学、小组教学和个别教学相结合，才能实现课堂教学组织形式的最优化。小组学习主要包括两种形式，即竞争学习与合作学习，在学习过程中交互发挥作用。

表4-1　不同教学组织形式与完成某些教学任务的效率之比较②

项目 顺序	教学组织形式	完成教学任务的比较效率			
		形成和培养			
		知识	技能	活动速度	学习的独立性
1	全班	高	较低	高	较低
2	小组	中	中	中	中
3	个别	中	高	中	高

在学习过程中，职业院校学生既有课程内容和知识信息交流的需要，还有情感分享、心理交流的需要，不仅需要与任课教师交往，更需要与不同学生交往。德国教育家赫尔巴特说过，"教学使学生增加经验与交际。教学的这两个基础必须业已存在。假如它们不存在，那么我们首先必须扎扎实实地创造它们。"③ 但一部分学生缺乏有效的学习互动，习惯于个人单独学习，不

① 蒋波．在合作学习中让职教课堂更"积极"［N］．中国教育报，2021-9-28（7）．
② ［苏］巴班斯基．教学教育过程最优化［M］．吴文侃译．北京：教育科学出版社，1986.23.
③ ［德］赫尔巴特．教育学讲授纲要［M］．李其龙译．北京：人民教育出版社，2015.43.

太愿意选择小组学习。"独学而无友，则孤陋而寡闻。"在学习简单知识的时候，单独学习的效率远远高于小组学习和全班学习，但是在复杂项目的学习时，小组学习就凸显优势了。正所谓，"一个人可能走得很快，但是一群人才会走得更远。"但是，在实际教学过程中，却广泛存在着情感的"真空地带"，不少教师往往把教学过程看作是"纯知识"的授受过程。实际上，教学过程不仅是信息传递的过程，也是情感、态度、价值观相互影响、相互激励的过程。

个别学习既是结伴学习（如小组学习、全班学习）的基础，同时结伴学习也是为了更好地独立，更好地进行个别学习并为进一步向他人学习奠定基础。从这个角度看，个别学习又高于结伴学习，是结伴学习的目的。在个别学习时，学生可能比较自由，缺少群体压力感，在遇到困难时容易产生无助感。结伴学习能够增加学生之间的交往互动、协同互助，帮助他们去除自我中心的思维方式，逐渐增强自我意识和对他人知觉的敏感性，拓展看待问题的视角，增强发散性思维能力，提升学习创新能力，还能帮助他们取长补短、共享资源，能帮助他们提高成绩、开发潜能，发展良好的心理品质，形成与时代相适应的科学的竞争观与合作观。

三、合作学习和自主学习、研究性学习相结合

合作学习能够促进学生之间的交往互动，使学生看到那些与他不同的观点，发现问题的新的视角和解决方案。学生只有在整合自我建构与他人建构的基础上，才有可能超越自己"一个人"对问题的理解，从而对问题产生新的认识。法国遗传学家、大众思想家阿尔贝·雅卡尔曾说过，"教育的系统最后只有一个目标，就是教每个孩子如何与他者交往以便自我建构。"① 在合作学习小组中，学生各自担任不同的角色，承担相应的任务，这能使学生处于一种相互平等的气氛中，使他们感受到心理安全和自由，学生之间相互吸引、依赖、理解、支持、模仿、交流和学习，并对自己的认知结构进行重新反思和建构，进而创新知识。合作学习有利于学生建构起对知识更深、更广、更新的理解，促进学生的创新意识、创新思维和创新学习，还能促进学生学会尊重他人的观点和个人，学会与人合作、分享的方式。因此，教师要对学

---

① ［法］雅卡尔，玛南，雷诺. 没有权威和惩罚的教育？［M］. 张伦译. 北京：中国政法大学出版社，2005. 13.

生进行合理分组、优化搭配，加强小组建设，引导学生学习小组合作学习的基本规则，遵守小组合作学习的共同要求和规范，组织学生广泛地开展小组合作学习。合作小组的重要功能在于学生在回忆和表达他们观点时，感觉自然和舒适；在和其他小组成员交流时，他们不会感到焦虑、胆怯，也不会削弱他们的自我效能感和成就动机。

在职业院校教学过程中，除了合作学习之外，经常还会采取研究性学习和自主学习。这三种学习方式也是新课程改革倡导的三种主导的学习方式。三者之间在很多方面都存在明显的特征差异（见表4-2）。

表4-2　合作学习与自主学习、研究性学习的比较

	合作学习	自主学习	研究性学习
主要特征	分工、协作	自觉、独立、主动	探究、发现
相对立的学习形式	独立学习	被动学习	接受学习
组织形式	小组学习，一般强调异质分组	个人独立学习	小组学习，一般强调任务或兴趣一致
能力培养	合作能力，为其在社会性群体中的适应和发展奠定基础	独立学习能力，为其自主发展和适应社会奠定基础	探索发现能力，为发展创新精神和实践能力奠定基础

时至今日，仍有不少教师对合作学习存在很多误解，认为合作学习似乎就是学生之间的"共同学习"，即学生们共同在一起学习，在共同学习过程中还穿插着研究性学习和自主学习。实际上，合作学习并不等同于"共同学习"，学生仅仅在空间上围坐在一起，在时间上同时进行学习，只分组而无分工，只互相讨论而无协作机制，这并不意味着一定会出现真正意义上的合作学习。当然，在教学实践过程中，会面临许多问题，如倡导学生之间的合作学习，那么学生的自主学习及自身的独立性如何体现？变学生的被动学习为自主学习，是否就不需要发挥教师的主导作用了？主张研究性学习，教师是否就不能用讲授法进行必要的"灌输"，让学生通过接受学习的方式进行学习了？

很多时候，学生之间的互助合作因为受到学习目标、学习任务、学习材料和学习评价等因素的影响而带有一定程度的被动性和强迫性，形式上的"合作"并非学生自觉自愿行动的体现，这就显得教学缺乏对学生内在动机的有效激发。这样，要想具体实施合作学习，那就不得不在促进组内合作的

同时，更多地依赖组间的竞争来调动学生参与组内互动合作学习的积极主动性。

合作学习的过程需要学生的自主学习和研究性学习。首先，合作学习理论强调合作的基础是个体的独立自主学习。在合作学习小组中，各个成员各负其责，自主承担并完成自己的学习任务，在此基础上，再进行小组合作学习。因此，从这个角度看，合作学习也可以看成是一种"集体的自主学习"。其次，合作学习强调个体的独立性，努力培养学生个人独立探究和单独解决问题的能力。如果个人难以完成任务，则需要小组集体合作探究并解决问题，因此，合作学习也可以看成是一种"集体的研究性学习"。

研究性学习可以让学生获得类似科学研究探索的体验和技能，进而培养成员的合作能力和团队精神。研究性学习同样需要自主学习和合作学习。首先，研究性学习对个体而言是个体的自主学习。其次，对于小组集体而言，研究性学习需要小组成员通过合理分工、共享资料、互助合作来完成集体探究的问题。研究性学习的组织形式，是自主学习与合作学习的结合，其中合作学习占据重要地位。①

自主学习需要合作学习和研究性学习。首先，当更多个体面对无法解决的问题时，必然走向合作学习。其次，个体自主学习或合作学习解决问题的过程本身就是一个研究性学习的过程。

第四节　加强学生技能指导

加强创新技能型人才的培养，是经济社会发展的迫切需要，也是职业院校人才培养的时代要求，更是职业院校学生素质发展的内心呼唤。基本职业技能的形成对于职业院校学生高效率地学习和掌握知识，对于提升职业技能，发展智力、创新能力，提高职业生涯中问题解决能力等方面来说都是非常重要的。职业院校培养的人才不能简单定位为纯粹的蓝领工人，应该加强应用型、复合型、创新技能型人才的培养。为此，职业院校必须遵循产业升级的基本规律，尊重技能型人才的职业成长规律，借助产教融合模式的优势，加大创新技能型人才的培养力度，积极推进教育教学改革，培养学生既要学习知识，还要提升职业技能，逐步形成开拓进取的创新意识和创新能力。

---

① 刘雍潜．学与教的理论与方式［M］．北京：北京大学出版社，2011.89.

一、指导学生有效建构知识

现代教育心理学理论认为，广义的知识包含技能。美国心理学家加涅根据学习条件的不同，将学习结果划分为五类：言语信息、智慧技能、认知策略、操作技能和态度。与之对应地，也就有五类不同的学习。言语信息的学习就是狭义知识的学习。操作技能和心理技能是职业技能的两种重要类别。通常认为，知识学习能够促进技能的发展。技能是在掌握知识的过程中逐步形成和发展起来的。如果教学得当、训练合理，学生在掌握知识的过程中，同时会发展职业技能。职业院校学生在知识学习过程中，必然会伴随着一系列的操作行为，会不同程度地发展相应的专业技能。另一方面，技能发展对知识学习起促进作用。专业技能的形成有助于专业知识的拓展和延伸。

（一）促进学生有效建构知识

教师作为学生知识建构学习的引导者，首先要对教学目标、任务进行客观分析，要结合学科要求、学生学习基础和认知特征，将教学目标合理分解为认知、情感、技能等子目标，还要根据学生学习分层将教学目标合理分层。在此基础上，教师要灵活应用讨论法、对话法、合作学习法、研究性学习法等各种教学方法，借助智慧教学平台，对学生提供适时的启发和引导，逐渐增加问题的探索性成分，适时呈现结构不良领域的问题，放手让学生进行独立探索。在此基础上，教师也可以对隐含在问题中的基本原理、规律进行归纳和概括，从而使学生建构起整体化、系统化、结构化的知识体系。这样，有利于学生新、旧知识结构加以整合，培养学生的探究和创新思维能力。

（二）留给学生充分的建构空间

建构主义理论强调，学生在学习过程中建构特定知识的方法、策略和路径都是多元化的，而且特定知识是在不断演化的。因此，学生的认知结构及即将学习的学科知识结构都应该具有一定的开放性，这能够为创新学习提供扎实的知识基础。教师如果在教学中能够为学生创设适当的合作情境，给学生提供适合其知识建构的认知结构框架，设置一定的学习情境，并提供相关线索，再给学生提供便于开展探索性学习活动的广阔时空，并引导和鼓励学生在这种环境中充分地展现和表现，必将有助于激发学生的创新意识，发展其创新思维。教师要经常给学生提供具有较强的开放性的感知、想象、记忆、思维等认知建构空间、自由的学习空间和弹性的学习时间。"真正的创新意味着心理上和思想上的自由，意味着脱离了各种东西的极大的自由。"① 让学生能够自由、宽松地建构知识，不断获得知识的新的意义并完善原有的认知结构，不断培养学生的认知灵活性（cognitive flexibility）、学习的主动性和积极性，引导学生逐步形成良好的创新能力。

（三）引导学生经常性进行自我反思

自我反思是个体的认知结构不断得到拓展和更新的前提。在知识建构学习过程中，学生必须经常性地进行自我反思、评价、检查和监控。教师要促使学生根据自己已有的水平和努力程度，对学习过程和学习结果进行合理地反思，对存在的问题进行客观深入的分析，对现有的认知结构加以改造，以发展学生的创新能力。

就职业院校教学过程中经常会采取合作学习的方法而言，当合作学习小组的成员讨论他们如何才能更好地实现小组学习目标、完成小组学习任务、维持有效的小组成员关系时，就会有小组加工（group processing）的存在。小组加工的过程也就是小组成员自我评价与反思的过程。小组加工的目的在于提高小组全体成员为实现集体目标而合作努力的有效性。在小组加工过程中，小组成员可以充分讨论他们的学习、工作、活动、技能发展情况，评价学习态度、学习方法、活动能力、课堂纪律、活动方式、学习效果等问题，以保持小组合作学习活动的有效性，有利于小组成员之间维持良好的工作关系。在小组加工过程的基础上，教师还可以组织全班学生进行集体加工，在关注各组情况的基础上进行小组之间的相互比较与学习，还能关注全班学生的整体情况，能有针对性地讲解共性的问题，并指明全班努力的方向。通过引导学生个体和学习小组，乃至整个班级进行反思，能促进学生对知识学习、技能训练做出更为客观、全面的评价，从而对学习目标、学习态度、学习方法、学习状态等方面做出适当的调整。

二、学生职业技能的培养

当前，职业教育越来越关注对学生职业技能的培养。一般认为，职业院

---

① ［印］克里希那穆提. 当教育成为束缚：大胆从教育制约中走出来［M］. 张婕译. 上海：上海社会科学院出版社，2017.7.

校学生的职业技能包括生存技能和发展技能。生存技能指具有胜任企业中某类岗位工作的技能，也包括随着职业要求的提高而进行自我学习的技能。发展技能指用自己的智慧和才能进行创新创业的技能，这是一种建立在生存基础之上的技能。

（一）在实践教学活动中培养学生的职业技能

学生的职业技能是在职业教育实践活动中形成和发展起来的。离开了教育实践，即使有再好的自身素质和外在环境，学生的职业技能也难以得到较好的发展。一个人只要有了从事某种活动的需要，那么活动对他的能力要求与他现有的能力水平之间就会形成矛盾，这个矛盾正是其发展的动力源泉。职业院校学生必须通过多种多样的教育实践活动来形成专业技能，提升智力、发展创新能力、形成职业综合能力。绝大多数学生的发展都以就业为主，因此更要努力走出学校，走进工厂、企业等单位，通过见习、实习、实训等社会生产生活实践来持续提升自己的职业技能。只有见多，才能识广，才能有敏锐的职业嗅觉，只有动手做，技能才能得到练习，才能不断得到巩固、内化再到形成自动化，在提高生存技能的基础上，提升自己的发展技能。

（二）指导学生科学练习，促进专业知识向职业技能转化

专业知识是学生职业技能形成和发展的基础和条件。职业技能的形成需要学生长期系统地练习。职业院校教师要加强对学生职业知识和技能的指导，鼓励学生进行科学有效的练习。练习时必须注意以下几点：一要明确练习的目标要求。有了明确的学习目标任务和要求，才能有效激发学生产生强烈的学习动机和高涨的学习热情。在学生职业技能形成过程中，教师如果能够依据训练进程安排，不断引导学生确立适宜的练习目标，积极鼓励他们达到预期目标，就能加速职业技能的形成。二要掌握正确的技能练习方法，可以由教师通过讲解、操作示范，使学生在理解的基础上勤加练习。三是练习要有计划、有步骤地循序渐进、逐级进行。

在教学过程中，教师可以给学生设置结构不良领域问题，创设真实的问题情境，引导学生把解决问题变为发展自己职业技能的主动需要。教师可以给学生讲解从职业知识、技能到形成职业综合能力的基本过程。在教学过程中可以采用启发式教学、发现教学法、合作学习法等教学方法，培养学生发现问题、分析问题，通过合作解决问题，发现职业技能提升的有效途径和方法，提升独立解决问题的能力。教师要教给学生创新思维的方法和策略，引

导学生学会分类、对比、类比、分析和综合，学会归纳、抽象合具体化，学会迁移、拓展和变通。学生要学会凝练知识，努力使感性知识上升到理性知识，再用理性知识来指导技能实践活动。此外，职业院校和教师要给学生增加技能实践的时间，建设高水平的实验实训平台，建设优质的实践教学基地。实践教学基地是学生职业技能有效提升的关键所在。各个学校都要重视实践教学基地的建设，借助产教融合模式，引进企业资源，在学校建立高水平的实训中心，或者将学生派往高新企业进行顶岗实习，让实践教学基地的发展朝着有利于学生职业技能发展的方向进行。通过科学系统地练习，学生最终能够形成扎实的职业技能和良好的职业综合能力。心理资源论认为，随着实践与训练的深化，学生对职业技能操作的注意由有意注意发展到有意后注意，节约了大量的心理资源。不仅原先职业劳动所必需的心理资源总量不断减少，而且资源的结构、运用资源的方式都得到了极大的优化。

（三）努力发展学生的元认知能力

职业院校学生学习和训练的过程不仅是对所学知识的识别、加工和理解的认知过程，它同时也是对认知过程积极地进行监控和调节的元认知过程。提高学生的元认知能力，有助于促进学生创新思维和批判性思维的发展。学生认知学习过程的有效性如何，在很大程度上取决于元认知过程的运行水平。元认知是指对认知的认知，具体包括三个方面的内容：一是元认知知识，即个体关于自己或他人的认识活动、过程、结果以及与之相关的知识；二是元认知体验，即伴随着认知活动而产生的认知或情感体验；三是元认知监控，即个体在认知过程中，对自己的认知活动积极进行监控，并相应地对其进行调节、控制，以达到预定的学习目标。

元认知能力的发展是职业院校学生职业技能发展的重要内容，也是职业技能发展的重要途径。学生职业技能发展应该同时重视认知能力和元认知能力两个方面。这就强调要从过程角度深入分析学习的过程，特别是学习过程中主体积极监控、调节自身学习活动的思维过程。因此，在学生职业技能发展过程中，需从更高的层次、更广的角度加以深刻认识，积极体验，自觉地对学习过程进行自我监督、控制和调节。教师要不失时机地观察、指导和培养学生的元认知能力。

（四）针对学生个别差异进行因材施教

职业院校学生职业技能的培养既要面向全体，以全面提高全体学生的职业技能和综合素质，还要兼顾他们的个别差异，采取相应的教学举措，使每个学生的个性能得到自由的发展，让各类学生都能成人、成功、成材。教师要全面了解学生在知识、能力、身体和心理等方面的差异，在教学中扬长避短、有的放矢地进行因材施教。教师还要帮助学生了解自身各种能力方面的优缺点，能够做到取长补短。对少数能力强、成绩优的学生，要帮助他们端正学习态度，给他们提出更高要求。要帮助大多数中等生在保持现状的同时，积极提升自我。对少数学习能力差的学生要重点辅导、个别帮助，消除自卑，逐步培养他们的学习兴趣。最终，使得全体学生的职业技能都能得到较好发展。

在知识学习的基础上，学生需通过长期、系统的专业训练，形成并不断提升职业技能水平。学生应努力积累知识，通过理论指导实际，加强职业技能的练习，让理论知识得到巩固，加强实际操作能力。职业院校不能闭门造车，不能仅仅满足于在学校、课堂中进行单纯的专业知识教学，并以此来发展专业技能，而要引导学生努力把自己塑造成为具有较强职业技能水平的应用型、创新技能型人才。职业院校可以瞄准企业中的真实生产问题，引导学生通过实习、实训，不断积累丰富的感性经验和内在体验，促进职业技能的快速发展。

为了进一步强化学生的职业技能与职业综合能力，更早地接触未来的工作岗位，职业院校还要进一步增加实习实训的时间，进一步加强校企合作、工学结合，引入企业师傅作为实践课程的主讲教师或兼职教师，通过案例教学、项目教学的方式，向学生完整展示企业真实的生产模式和劳动组织方式，帮助其深入了解职业情境和岗位要求。通过安排学生顶岗实习，让学生深切感受未来的实际岗位，进一步强化职业技能的学习，而且可以使学生在遵照企业要求完成生产任务的过程中不断增强责任意识、合作意识和创新意识，不断优化和提升职业道德。

第五节　优化人才培养条件

创新技能型人才培养需要及时转变教育理念，深入了解学生认知结构与学习基础，选择科学有效的教学方法，加强职业技能指导，还需要有外部条件的支撑和保障。职业教育产教融合模式在师资队伍、课程内容、实训平台、技术研发等方面深度融合，给创新技能型人才培养提供了很多优质条件。

一、努力提升教师的创新素质

职业院校教师的教学任务并不局限于知识传授和技能指导，还应促使学生的学习朝着有利于新的意义建构的方向发展。教师备课的过程也是一个重新学习、建构和加工知识的过程。教师本身也是一个学习者，应该积极加强对知识和技能的创新学习。为了培养学生的创新意识、创新思维，促进其创新能力的发展，教师需要转变教学理念，树立新的知识观、学生观、学习观和教学观，深入了解产教融合的机制和行业企业岗位的标准和要求，学习建构主义的教学理念、知识的创新技法、合作学习的教学策略，以增强自身的创新意识，提升创新能力和素养，形成创新学习和创新性教学模式所需要的能力结构。

对教师和教师教育的关注不仅仅关注其专业知识和诊断技能，还应该关注其对专业知识、教学和学习的信仰、概念和个人理解。① 教师应当不断转变和更新教育教学观念，激发学生产生浓厚的学习兴趣，激发和维持学生创新学习的动机，创设适宜的学习情境以帮助学生建构当前知识的意义。在学生学习时，教师要充分根据教学情境的适时变化和学生认知结构的基本特征，不断整合自己的认知结构，拓展思维方式，优化教学方式方法，以不断适应和促进学生的创新学习。

创新型的教师会更加认同并鼓励学生参与创新学习，而这种认同可以进一步增强学生的自信心和自我效能感，能激发学生创新意识，逐步发展其创新能力。江苏省淮安技师学院深化开展"创示范专业、讲精品课程、做名牌教师"活动，加大"理实一体化"教师的培养力度，突出创新技能型人才的培养特色。

为了激发学生的创新意识，培养其创新能力，教师要不断更新教育观念，增强创新意识，提高创新素养，逐步形成创新技能型人才培养所需要的素质结构。教师应当努力培养学生的学习兴趣，激发和维持学生的学习动机，创设适宜的学习情境以帮助学生建构当前知识经验的意义。

近年来，各个职业院校都非常重视"双师型"教师队伍的建设，不断采取"外引"和"内培"相结合的方式扩大"双师型"的教师队伍。职业院

---

① ［美］斯特弗，盖尔. 教学中的建构主义［M］. 高文等译. 上海：华东师范大学出版社，2002. 371.

校可以通过选派教师去企业兼职、挂职、项目合作等多种形式提升教师的实践技能，采取激励措施鼓励教师积极参加职业技能考核，或者通过从行业或企事业单位引进相关管理人员和有特殊技能的人员，扩大"双师型"教师队伍。目前，很多职业院校都有较高比例的"双师型"教师。"双师型"教师队伍的建设，为职业院校实现培养创新技能型人才提供了强有力的师资保障。

职业院校在加强"双师型"教师队伍建设的同时，应该加强创新型教师的培养。这部分教师积极申报和完成相关的科研项目，完成学校或合作企业委托的产品技术研发项目，还可以指导学生参加各级各类的职业技能大赛。

二、充分融合校企双方的多重资源

在产教融合模式的驱动下，校企合作为了实现双方效益的最大化，在政府的宏观调控下，除了师资队伍，校企双方还充分实现了课程体系、课程内容、实训平台、技术研发、制度文化等方面的资源共享。来自教育界和产业界的两个单位不同信息、方法、制度、文化会给职业院校教师、学生和人才培养工作带来新的体验。

就课程体系而言，传统职业教育主要采取学科体系编排课程，基本采取通识课程、专业基础课程、专业必修课程、专业选修课程、专业实践课程等模块的拼盘或组合。每个模块课程主要是根据学科结构选择和编排的。在产教融合背景下，可以根据企业要求和学生实际，重新调整课程模块、学分学时比例，嵌入特殊需求的课程模块，或者定制一定的新课程。职业院校通常根据行业需要制定行业职业能力标准，提出培训需求，开发培训课程体系。由多方专家组成的课程开发委员会能够保障所开发出的课程不仅符合教育教学的规律，也能满足行业的发展需求。

就课程内容而言，传统职业教育主要根据相对固定的课程标准或教学大纲以及比较成熟的教材来组织教学，相对产业、学科的快速发展而言，原有的课程标准、教学内容和教材显得非常滞后。学生在掌握这些相对陈旧的知识后在实训和实习过程中通常难以适岗。在产教融合背景下，企业会将最新的行业规范、岗位要求和标准、设备使用方法、技术研发标准、安全生产要求、职业道德、企业文化等信息提供给职业院校，并希望职业院校能够将这些企业的需求融入课程标准、教学大纲和教学内容。企业也会给学校提供一部分的课程、标准、说明、手册等信息，或者协助学校编制部分教材或实训手册。

就实训平台而言，由于办学经费有限，传统职业教育的生产线和相关设备通常比较落后，很多都是企业淘汰后赠送或购置的，在规格、性能、数量、质量上都难以满足企业及学生技能训练的需要。在产教融合背景下，企业会增加经费投入，为职业院校和学生技能训练提供最新的设备和流水线，选派最好的师傅进行指导。企业真实的生产流水线和先进的设备，使得学生能较早地接近新设备、新材料、新技术、新工艺、新方法，更能早日适应未来工作岗位的需要。学生能有更多时间在企业进行专业技能的培训，而且接受培训时采用的是企业当前正在使用的最新的设备和技术。

镇江高等职业技术学校酒店专业搭建完成学生职业能力进阶式发展的"实训室—校属酒店—企业学院—酒店企业"四级实践教学平台。学生在校内实训基地仿真实训，夯实专项技能；在具有对外经营资质的校属酒店沉浸式职业体验，提升多岗位实操能力；在企业学院跟岗浸入式实践，增强协作与职业综合能力；在企业实训基地顶岗实习，提升职业认同并激发实践创新能力。基于四阶实践教学平台，整合学校、企业的不同育人优势，促进职业技能和职业素养的融合培养。①

学生的技能培训以生产劳动的方式进行，不仅提高了训练的效果，还能以"工人"的角色生产出产品。德国哲学家雅斯贝尔斯指出，"真正的存在是将来。当下的生活唯有服务于将来，才能获得自身的意义。"② 为此，学生专业培训的目标指向"为未来工作而学习"，从而大大激发了学生的学习兴趣和创新意识。

就技术研发而言，传统职业教育由于与企业联系较少，不太了解企业的需求，研发工作更多的局囿于校内，研究成果难以转化和大规模应用。在校企融合背景下，职业院校与企业之间形成了战略联盟，双方同命运共呼吸，利益攸关。很多大中企业和创新企业通常会大量投入资金用于产品研发工作。这样，校企融合在科研人员、资金、设备、项目等方面都能找到较好的切入点，有助于创新成果的产出。

就制度文化而言，传统职业教育主要贯彻的是学校的教学管理规章制度。在校企融合背景下，现代企业管理制度和企业文化随着双方合作程度的加深，不断融入职业院校的校园文化，对学校管理和文化建设必将起到积极的推动作用。

---

① 潘俊，黄磊. 产教融合视阈下酒店专业实践教学的探索与创新：以镇江高等职业技术学校酒店专业为例 [J]. 江苏教育研究，2021，(33)：39-43.
② [德]雅斯贝尔斯. 什么是教育 [M]. 童可依译. 北京：生活·读书·新知三联书店，2021.40.

三、适当扩大学校的办学自主权

《国务院关于加快发展现代职业教育的决定》提出，扩大职业院校在专业设置和调整、人事管理、教师评聘、收入分配等方面的办学自主权。职业院校要依法制定体现职业教育特色的章程和制度，完善治理结构，提升治理能力。建立学校、行业、企业、社区等共同参与的学校理事会或董事会。制定校长任职资格标准，推进校长聘任制改革和公开选拔试点。

"只有当我们认为外界不存在强大的压力时，我们才会为自己的行为发自内心地负起责任。"① 产教融合人才培养模式的实施在引进企业资源的同时，学校有了一定的办学自主权，就能够在专业设置、招生考试、培养目标、课程体系、教学内容、实践教学、教学方法、教学评价等方面就可以根据企业需要，突破传统办学体制机制的束缚，结合学校办学条件和师生需求进行改革创新，这样能够充分发挥产教融合带来的生命力、创造力。

学校和企业制定的合作计划有了自主决定权，资源的配比、合作的形式、教学的安排等都可以根据自身情况灵活选择。在专业设置方面，学校可以适当突破专业目录的限制，根据企业的需求，灵活设置专业或专业方向；在招生考试方面，学校可以自主选择考试的科目，改革考试的形式；在课程体系方面，结合企业需求、学科发展、科技发展的前沿信息，适当组合课程，开发新课程，拓展课程内容，从而开阔学生的视野；在教学方法方面，教师可以根据教学目标、教学内容、学生特点灵活多样地采取启发式、分组式、研究式、项目式的教学方法……这些举措都有利于激发学校、教师、企业的创新，转而激发学生的创新意识，发展他们的创新思维。

四、创设良好学习环境

职业院校是学生进行自主探究和建构学习的场所。职业院校不仅要重视学习的物质环境的建设，也要重视给学生提供优质的心理环境。建构主义理论主张要给学生提供一个良好的、有利于知识建构的学习环境，设置开放性、生长性的课堂。这个环境能够有助于灵活调整教学时间、拓展教学空间。

良好的学习环境是职业院校学生创新学习的重要基础，有利于学生充分发

---

① ［美］西奥迪尼. 影响力［M］. 闫佳译. 北京：北京联合出版公司，2016.98.

挥创新潜能，发展创新性思维，促进良好的创新个性的形成。教师要深入了解学生的学习心理，给学生提供新颖的课题，要给他们提供便于开展探索性活动的开放灵活的学习空间，为学生提供丰富的学习资源，使学生能够在这种环境中充分自由地建构知识意义，这些措施必将有助于学生创新知识，不断提升创新学习的素质。职业院校教师还要善于为学生营造一种生动活泼、自由宽松、富于启发的能够促进学生创新思维、创新能力发展的心理环境，以使学生产生心理安全感、自由感和舒适感，使他们能够在富有创新精神的探索过程中，不断发展好奇心、求知欲，适当增加冒险精神和克服困难的勇气。

五、创新多元教学方法

职业院校的课程既有专业理论的，也有操作实践的，通常以实践课程为主。学校课堂不仅学习基础理论和专业理论，也有部分实训课程。企业课堂不仅训练专业技能，也学习相关专业理论。产教融合人才培养模式突出"学生中心"的人才培养理念。教师在教学过程中能够根据学生的个人特点和学习需求及时调整教学计划、拓展教学内容。建于学校的教学工厂能够满足学生随时学习的需要。

改变教学方法比改变教学内容付出更多的努力，因为改变教学方法意味着教师们必须改变长期以来的教学习惯，掌握一些并不熟悉的新教学技巧。[①] 为了提升学生的创新素质，更好地适应未来岗位的发展，职业院校可以采取多种多样的课型，如讲座、研讨课、实践课等，还可以采取多种教学方法。理论课和实践课都会采取分组案例学习、现场学习、合作学习、项目化学习、研究性学习等形式。相对而言，企业的课堂更为轻松、生动、直观，也更能吸引学生。在完成项目设计任务的过程中，导师们能够结合实际问题和学生情况选择个性化的教学方法。学校教师和企业教师会经常参与到学生的学习过程中来，随时对学生的学习情况进行指导和点评，这能有效地调动学生学习的积极性和效果。

六、加强创新创业教育

2018年9月10日，习近平总书记在全国教育大会上讲话时指出，把创

---

① [美]博克. 回归大学之道 [M]. 侯定凯等译. 2版. 上海：华东师范大学出版社，2012. 32.

新创业教育贯穿人才培养全过程……推进产学研协同创新，积极投身实施创新驱动发展战略，着重培养创新型、复合型、应用型人才。高度重视职业教育，大力推进产教融合，健全德技并修、工学结合的育人机制，源源不断为各行各业培养亿万高素质的产业生力军，让职业院校毕业生在职业发展上也有广阔空间。职业院校实施创业教育，培养学生的创新创业技能，是现今职业院校教育改革的重要突破口之一。通过创业教育教会学生用学习到的专业知识进行创业，让学生了解到学术领域的新的研究成果、先进的解决问题方法及在应用方面的变化等，比学习到的专业课程和理论知识更重要。①

不过，当前职业院校实施的创业教育还存在诸多问题：（1）被动化，多根据上级管理部门要求被动实施，缺乏结合校情的系统思考。（2）低端化，不少学生的创业形式主要借助网络平台，表征为快递配送、产品代销等形式。（3）非专业化，所创之业与所学专业关联度不大，当然，少部分学生跨专业、跨学科进行创业是可以的，但如果更多人都跨专业去创业则需要深入反思专业的培养目标。（4）功利化，部分院校的创业教育指向利润，什么竞赛项目能出成绩就做什么，什么项目能赚钱就做什么。（5）学理化，过于强调创新创业课程的基础知识传授，忽略创新创业意识的激发及技能的培养。（6）简单化，照抄照搬国内外先进创新创业的教育培训模式，缺乏变通与创新，将创业机会等同于商机，把创业教育简单理解为鼓动学生创办企业。（7）全民化，鼓励全体学生都去创业。退一步讲，如果大家都去创业，还有谁去从业呢？因此，创业教育重在引导那些把创业作为个人生活选择的学生，培养他们的创业能力，而不是盲目鼓励所有学生都去创业。

从本质上看，创业教育和专业课程教学是一样的，都是"点燃火种"，而无须"填满容器"。首先，创业教育应该重点关注对学生创业意识、创业精神的培养，启发学生了解创业对人才基本素质的要求等。其次，提升学生创业技能。对学生的决策、组织协调、专业知识、领导力、抗压能力等方面进行全面培养。第三，教学生分析和了解市场。教学生了解商业模式，认识创业风险，熟悉行业，学习基本的创业过程等。第四，实践演练。②

① 常海霞. 半数大学生创业自信心不足 [N]. 中国教育报，2016-5-12（12）.
② 赵思铭. 创业教育，要理解别误解 [N]. 光明日报，2018-7-26（14）.

第五章
职业教育创新技能型人才培养体系构建

职业院校创新技能型人才培养是一个复杂的系统工程。在产教融合模式的影响下，职业院校要充分利用企业资源，发挥校企合作的优势，努力从人才培养目标、内容、原则、途径和关系方面，科学建构创新技能型人才培养的体系。职业院校实施创新教育，培养学生的创新技能，不断培养大批充满活力、思维活跃、具有较强创新意识和创新技能的新人，以适应时代发展的需要，是职业院校自身能否得以生存和发展的关键所在。

第一节　职业教育创新技能型人才培养的基本目标

创新教育起源于 20 世纪中叶的美国，它是社会发展对学校教育激发变革动力的结果。从近年来世界各个国家实施创新教育的基本情况来看，创新教育主要是以"学会创新"作为基本目标的。"创新教育不是一种新的教育类型，也不是一个专业方向，而是渗透到所有学段、所有类型教育中的理念和行动。"[①] 学会创新，指的是要求人们能够指向未来发展，积极主动地改造当前环境，这能极大地发挥人们的创新潜能，使人与周边环境、社会形成一种良性互动的发展态势。

一、创新教育与传统教育的关系

与传统教育相比，创新教育在教育目标、师生关系、教学组织形式、教育方法和教学评价有着诸多不同之处。传统教育强调培养学生存储和积聚知识的能力，更为关注知识"量"的增加；而创新教育则注重发展学生建构和

---

① 范皑皑. 创新教育：渗透所有学段和教育类型的理念、行动 [N]. 光明日报，2019-2-19 (14).

创新知识的能力，更为关注知识"质"的变化。传统教育重在培养辐合思维，强调思维的集中性；创新教育重点强调培养学生的发散性思维，关注思维的流畅性、变通性和独特性。传统教育是一种"结果性"的教育，更为关注学生的学习结果；而创新教育则是一种"过程性"的教育，教学的知识性目标、技能性目标、社会性目标和创新性目标等教学目标在问题解决和实习实训过程中不断得到提高。传统教育更为强调教学整齐划一性；创新教育则强调教学的差异性。传统教育关注模仿、复制与继承，培养"知识型""技术技能型"人才；创新教育则鼓励求异、拓展、变化和发展，培养"创新型"人才。

历史上从来都没有亘古不变的真理，每一种理论都在演变中不断得到优化和发展，从而适应复杂多变的外部环境和时代发展态势。对传统教育不能完全"推倒重来"，对其适度继承和发展是实施创新教育的重要基础。创新教育来源于传统教育并不断得到传统教育的滋养，在传统教育丰厚积淀的基础上得以快速发展的。一般而言，在传统教育中确实存在一些有碍于学生创新精神、创新能力和创新个性发展的较为陈旧的教育观念、方法和模式。创新教育的实践过程，是对传统教育扬弃和革新的过程，是在继承传统教育合理内核基础上的创新。创新教育鼓励学生更能够大胆质疑、标新立异、推陈出新。创新教育必须合理地继承和创新传统教育，在一定程度上必须有所超越，创造一种真正能够适合学生、促进学生发展的现代教育。

二、创新教育与素质教育的区别

素质教育也是一种发展的教育观，从某种程度上说，是一种更为广泛的通识教育。素质教育着眼于学生综合素质的全面提高，通过多角度、多层次和全方位的培养，为学生的发展创设了良好的教育环境。培养学生形成一定的创新意识、创新能力和创新个性，也是素质教育的基本要求。因此，创新教育可以说是素质教育的灵魂，它是建立在广博而深厚的身体素质、心理素质、文化素质与思想素质基础上的一种更高水平的素质教育。不能用创新教育来取代素质教育，创新教育只能是一种"特色"教育，作为推动全面素质教育发展和深化的有效途径。

创新教育的主要目标是培养学生的好奇心和旺盛的求知欲，培养学生具有开拓进取的精神与创新能力。创新教育着眼于学生未来发展所需要的基本素质，要求学生既要全面发展，还能有个性特长；既要学习和应用科学文化知识，还要学习如何建构和创新知识；既要有科学的态度，也要有批判和怀疑精神；既要有好奇心、事业心、进取心，还要有团队意识和协作精神。

三、职业院校创新教育的目标定位

职业院校的创新教育要面向全体学生，着眼于提升大多数人的创新能力，从而提高全民的综合素质。创新教育期望的主要目标是培养学生对科学的好奇心和旺盛的求知欲，培养开拓进取的创新精神和创新能力。职业院校的创新教育应着眼于培养学生的基本素质，培养既全面发展又有个性特长的创新性人才。创新教育主要是以"学会创新"作为其教育目标的。学会创新，即要求学生积极主动地来改造环境、创新未来，极大地发挥创新潜能，使环境、社会与人处于一种良性互动的适应状态。

职业院校创新教育的目标定位不在于培养能贡献多少重大发明的创新精英，应重点关注中级创新性人才的培养。因此，创新教育的对象不能仅仅局限于少数拔尖人才。创新教育不能仅关注人才培养的结果，也应重视人才培养的过程，对培养过程中的经验和教训进行及时的总结，以便对后续的培养做出改进。创新教育不能只重视对学生进行创新知识、技术和方法的传授，更应注重对学生创新意识的激发、创新思维的培养和创新个性的塑造；创新教育的模式并不简单是"常规教育+课外创新活动"，而应该是课程教学、学科渗透、校园环境、实践活动等教学模式的整体融合。

职业院校创新技能型人才培养目标的确立，一要做到适当分类，考虑到不同专业和专业方向的实际情况，特别是在产教融合人才培养模式下的定制专业、工学交替、现代学徒制等的人才培养目标要区别于普通专业，要充分调研企业的需求，与企业共同讨论决定培养目标及相应规格。二要做好适度分级，职业院校学生创新技能的培养是一个由低到高、循序渐进的过程。就三年制的专业而言，在其人才培养方案中，第一学年重点关注创新知识的教学，第二学年重点关注创新能力的培育，第三学年结合实训和顶岗实习，重点关注创新个性的发展。三要做到明确具体，在人才培养方案中要对培养目标进一步细化，明确培养目标的基本规格和毕业后要达到的要求，要借鉴工程教育专业认证的要求，将培养目标与毕业要求、毕业要求与课程目标通过矩阵表形成环环相扣，循序渐进式的课程体系。四要能够综合，专业大类的培养目标要能够构成体系，不同专业之间互相借鉴。在专业学习过程中，具体的子目标之间也要形成完整的体系，成为一个整体。

第二节　职业教育创新技能型人才培养的主要内容

职业教育创新技能型人才培养的目标需要对接并落实到具体的内容。创新技能型人才培养要充分加强学生的创新知识、创新能力和创新个性的教育，充分利用校企融合的契机，在学校教学与企业实习过程中渗透创新能力的培养，使学生逐步由技能型人才成长为创新技能型人才。

一、创新知识教育

创新知识是创新能力发展的基础，在掌握一定的创新基础知识，获得相关的创新方法之后，学生更可能发现问题、分析问题并创新性地解决问题，才能够参与相应创新实践活动，并不断发展个人的创新个性。

（一）创新理论

创新理论知识包括创新的基本理论知识，包括创新能力的概念、要素、结构、功能、特征、影响因素。职业院校教师要帮助学生了解创新思维的概念、特征、分类、过程及培养。创新能力具有普遍性和特殊性、自然性和社会性、绝对性和相对性、主动性和发展性等特征。教师还要给学生传授创新活动实施的完整过程，从创新性的课题选择，到前期调研、设计研究方案，明确目标和假设，选择有效的创新技法，进行充分的前期试验，在此基础上，具体实施课题方案并做好相关的记录和整理，最终完成创新成果的总结。教师要给学生介绍科技论文和报告撰写的特点、构成、写作方法和基本规范。教师还要帮助学生了解科学发现与技术发明的关系，了解专利的研发和申请过程，加强知识产权保护等知识信息。

（二）创新方法

创新技法知识主要包括创新技术和创新方法方面的知识。教师要帮助学生充分了解创新技法的基本分类、适用范围、过程步骤、影响因素等。在创新实践活动中，充分采用认知元素的组合、整合、分离、移植，活动手段的迂回、还原、换元、反向、仿生等创新原理，根据创新活动的目标和要求，灵活使用智力激励法、假设验证法、演绎推理法、社会探求法、联想法、列举法、类比法、对比法和组合分解法等创新性的学习方法和问题解决技法。

要提升学生参与创新活动的积极性和有效性，教师必须教给学生一系列创新思维的策略，如发散思考策略、类比思考策略、对立思考策略、转换思考策略、移植思考策略等，还要引导学生发展创造学习的形式，如设疑创造、矛盾创造、迁移创造、对比创造、竞争创造等活动。

二、创新能力教育

（一）创新思维能力

创新思维能力的培养要求创新技能型人才在一定创新意识的驱使下，在创新性解决问题过程中，通过求同思维与求异思维、发散思维与集中思维，采取逆向思维与正向思维，运用直觉思维与逻辑思维，借助动作思维、形象思维与抽象逻辑思维，运用分析、综合、比较、归纳等多种思维方法，对已有的知识信息、方法路径、工具对象等进行创新性地加工，逐步形成新思想、新观点、新知识、新方法和新工具。

创新教育要培育学生具有良好的问题意识、思维能力、动手操作能力、知识迁移能力和问题解决能力等。创新思维的培养需要从小开始，在掌握基本的创新知识、技法的基础上，可以将创新思维训练融入课堂学习、专业实践、顶岗实习、课外活动之中。教师要充分激发学生的好奇心，培养学生形成对问题的敏感性和旺盛的求知欲，引导和激励学生参与创新，充分展开创造想象，培养学生从多角度、发散性地看待问题并寻求解决办法，培养学生思维的流畅性、变通性和独创性。

（二）创新实践能力

创新技能型人才的基本能力最显见的就是创新实践能力。创新实践能力是指在创新活动过程中，创新技能型人才能够充分利用学科专业知识、职业岗位知识和创新技法知识，结合具体项目的实施，充分运用实践操作能力、创新思维能力，去实现创新目标，完成创新性任务的能力。在产教融合、校企合作过程中，在学生的实训课程、顶岗实习中都会遇到很多结构不良领域的任务项目。这些项目主要包括设计性项目、开放性项目和综合性项目。这些项目单靠平时学到的基础知识和常规方法往往难以解决，必须要进行思考和创新，结合专业特点才能够完成。学生在参与这些活动、完成任务的过程中，能够有意识、有计划地运用创新思维、创新技法，并不断在问题解决的同时锻炼创新实践能力。职业院校学生也只有真正具有较强的创新实践能力，能够高质量地完成创新性任务，才可以说他们是创新技能型人才。

三、创新个性教育

（一）创新意识

创新意识是人进行创新实践活动的内在动力，也是人的意识活动中一种积极主动指向问题解决活动的表现形式。就职业院校学生而言，创新意识强的学生能根据产业经济结构和社会发展需求，根据自己学习的任务及发展的需要，引发意在创造前所未有的事物、观念或方法的动机。创新意识具有新颖性、时代性和个体性等特点。创新意识是一种求变、求新、求发展的意识，受限于一定活动任务、要求、载体等外在条件，且个体进行创新实践时会随着个人的知识背景、能力素养、创新技法、创新个性等的不同而不同。职业院校培养学生创新意识的重点是要培养他们形成追求创新、标新立异的精神。

（二）创新品质

良好创新品质不仅包括自觉性、独立性、坚韧性和果断性等意志特征，还包括挑战性、勤奋性、进取性、竞争性和合作性等性格特征，具体来说，职业院校要培养学生具有尊重科学、热爱创造和尝试发明的内在动力，要有科学的精神、深刻的理智感和浓厚的学习兴趣，还要有坚韧不拔的毅力、良好的职业道德以及和谐的团队合作精神等。

创新教育的深入推进，要在发展学生创新技术和方法、锻炼创新思维的基础上，通过学生在真实的创新实践活动中反复打磨，逐步形成良好的创新个性特征。为此，创新技能型人才培养要在活动中创造机会，加强对学生独立性、批判性、进取性、灵活性、坚韧性等品质的磨炼。

第三节　职业教育创新技能型人才培养的基本原则

职业院校在进行创新技能型人才培养时，要遵循基本的教育教学原则，如协同性原则、开放性原则、主体性原则等。这些教育原则的指引下，确保创新技能型人才培养方向和路径都不会跑偏，从而能够有力地保障人才培养的质量。

一、协同性原则

协同性原则首先表现为学校与企业的协同。在创新技能型人才培养过程中，职业院校通过与企业之间的深入开展产教融合，及时地引进企业的各类人员、信息、设备等资源，充分加强与企业之间协同培养人才。学校教师和企业的技师、工程师、技术主管、行政高管都共同参与到创新人才培养，学校和企业的教学生产设备都充分利用于创新人才培养。在理论课程教学和实验实训、顶岗实习过程中，可以多联系创新发明的主题内容、技术方法，给学生布置一些具有挑战性的项目，也可以指导学生的课外科技创新活动，以"导师制""创新社团""生产研发小团队"等形式来吸引更多学生加入。

其次是常规教学与创新教育的协同。在进行创新教育，开展创新技能型人才培养时，有的学校和教师会迷失方向，不知如何对二者进行平衡。实际上，常规教学是非常必要的，需要在课堂上完成一定的教学计划，完成规定的教学任务。在常规教学过程中，可以适当突出创新主题，结合实际科目、内容进行"课程创新"，渗透创新教育和创新人才的培养。

再次，创新知识、创新技能和创新个性的协同。在创新技能型人才培养过程中，三者都很重要，创新知识是基础，解决的是"知不知"创新的问题，涉及创新的概念、特点、层次、影响因素等知识；创新技能是方法，解决的"会不会""能不能"创新的问题；创新个性是素质，解决的是"愿不愿"创新的问题。创新知识、创新技能和创新个性的发展都要在一定的教学过程中才能得以实现，要注意理论课堂与实习实训相结合、课内课外与校内校外相结合。从学习时间、持久影响等方面来看，三者之间都呈现逐级递增的趋势。

二、开放性原则

开放性原则首先表现在创新学习项目的开放性。职业院校教师给学生提供的创新学习项目的选题要具有一定的开放性，能体现跨学科、多元化和综合性的特点。这些项目要有一定的探索空间，存在多种可能性，才更能激发学生的好奇心。这些项目最好来自结构不良领域，学生凭借一己之力，用已经掌握的专业知识、解题方法和现有的工具，通常难以完成，而需要在自主建构的基础上，努力与同伴及指导教师进行社会性建构。

其次，学习空间的开放性。在进行创新学习时，学生可以使用图书馆、资料室、实验室、实训中心等校内资源，还可以申请使用合作企业的生产设备和生产流水线。此外，学生还可以充分利用人工智能和网络资源进行创新学习。除了可以向校企两方老师和学校同学请教之外，还可以向校外专家、同学学习请教。

再次，学习氛围的开放性。职业院校学生在创新学习时，需要一种平等、自由、宽松的学习氛围。这时候，参与学习的每一个学生，甚至教师都是平等的，都有充分发表意见、提出问题的自由。在课内时间如果难以完成，可以延续到课后。在规定时间内如果未能完成创新学习的项目任务，也要允许适当延期。

三、主体性原则

在校企合作模式下，对创新技能型人才的培养，职业院校还要保持一定的主体性。有的领导和老师认为，学校的任务只是负责给学生传授基本的专业知识、引导学生在反复练习过程中形成专业技能，能够完成基本的课程学分，符合企业岗位的基本要求就可以了。至于创新，那是少部分拔尖学生的事，是课堂教学以外、学校以外的事，该由企业中的技师、工程师负责指导。此处，必须明确学校是创新技能型人才培养的主体。

其次，学生是创新学习的主体，而教师是实施创新教育的主导者。每一个学生都要树立创新学习的主动意识，要主动作为，有较大作为，因为人生过程就是一个持续学习的过程，特别是在一线企业从事生产、经营、建设和服务等工作人员，要随着产业结构转型、科学技术进步、行业标准变革而不断充实和完善自己，只有这样才能不被淘汰。

四、实践性原则

创新技能型人才的培养单靠课堂教学来进行知识传授远远不够，还需要通过长时间地参与创新实践活动。要在创新实践活动中不断摸爬滚打、验证假设、反复历练、攻坚克难，要将静态的陈述性知识，通过反复练习而形成技能。与此同时，在实践过程中，程序性知识和策略性知识不断得到优化，创新能力也逐步得到提升。职业院校学生创新实践活动以校内实训为主，校内实训可以帮助学生系统地形成未来工作岗位多个环节的具体专业技能，在这些子环节技能的基础上，形成系统的连贯的岗位技能。教师指导学生开展小制作、小设计、小实验和小发明等富有创意的实践活动，也可以组织学生参加各级各类的创新技能大赛，从而不断提高学生的实践创新能力。

此外，当学生完成校内学习任务后，需要到校外合作企业进行长时间的顶岗实习。在顶岗实习的过程中，学生同时扮演"学生"和"学徒"两种角色，要在学校教师和企业师傅的双重指导下，充分利用在企业真实生产线上的机会完成一些开放性的具有创新性的学习和生产任务。如果有机会参加指导教师的科技研发工作，一定要全力以赴，因为只有在实践活动中历练，人的能力才能够得到充分发展。

五、发展性原则

职业院校学生由于知识基础、工作经验、操作能力和创新技法都很有限，他们在创新学习过程中，可能经常会犯各种各样的错误。对此，指导教师要有宽容心，能够允许学生犯错，给学生犯错误的机会。职业院校要为学生创设了一个开放、包容的氛围，通过设计容错、纠错机制减少学生探索和试错的心理成本，通过鼓励探究激发学生的好奇心，从而养成学生的创新意识。学校教育是一个场，包含了辅助学生创新的教师，欣赏和协同创新的同伴，创新实验的设备和环境，激发学生创新思维的学风。①

人在成长过程中要付出各种代价，没有谁能够随随便便成功，学生在学习过程中也要交很多"学费"。每个人都是从"青铜""白银"成长为"王者"的，创新技能型人才也要经由"学徒""菜鸟"，再到熟手、老手，最后才能成长为"专家"。在创新学习过程中，通常因为问题的结构不良，缺乏现成的解决方法和工具，因此犯错误是在所难免的。很多大发明家都是在经过成百上千次的失败之后才取得发明创造成果的。

犯错误的过程也是成长的过程，这些错误都是人成长的"垫脚石"。与在未来工作中犯的错误相比，学生在学校里所犯的错误都是小错误，特别是在有指导教师指导情况下。现在犯错是为了今后不犯同样的错误、少犯其他错误，从这个角度来看，"失败是成功之母"。教师要以发展的眼光看待学生的成长过程。面对学生在技能操作过程中所犯的错误，教师要引导学生分析

---

① 范皑皑. 创新教育：渗透所有学段和教育类型的理念、行动［N］. 光明日报，2019-2-19 (14).

错误产生的原因，如练习的目标任务不明确，态度不够端正，缺少相应的知识和技能基础，缺乏正确的示范和指导，练习方式方法的不当，不同技能之间的相互干扰，缺乏及时有效地结果反馈等。在专业技能学习的开始阶段，如果教师过于追求教学的进度或者高估学生的学习能力，那么可能会忽视对学生的操作示范，导致操作示范过快，或者过于笼统。这可能会导致部分学生"顾头不顾脚"，很容易因为信息量过多而"超载"，从而可能产生较多错误。

六、个性化原则

对创新技能型人才培养，教师要充分关注学生群体、学生个体之间的差异。对此，教师讲解、示范，技能指导的方式、方法、组织形式、结果反馈等都要有所区分。教学与指导不能采取"标准化""格式化""一刀切"的标准，而要做好因材施教。在此基础上，要兼顾学生的个性特征。每个学生在身体、认知、情感、意志、个性和社会性方面都有着非常明显的区别。因此，教师在富有余力的情况下，要充分尊重每位学生的身心特点，给他们以"适合的教育"。

第四节　职业教育创新技能型人才培养的基本途径

职业院校创新性人才培养需要发挥多方优势，多管齐下，不仅要关注传统的课程教学模式，还应该重视"课程创新"模式、实习实训模式、潜课程模式、活动发展模式和个别教育模式。

一、课程教学模式

职业院校人才培养的主阵地是课堂，课程教学也是完成教学计划、实现专业人才培养目标的主阵地。职业院校学生专业技能的培养一靠理论课程的教学，二靠大量的校内实训和长时间的校外顶岗实习，这使得学生在专业技能训练上有较为充分的时间保障。但就创新能力培养而言，受学分学时和师资场地等的限制，很难再在教学计划中设置一门创新教育课程。从美国心理学家加涅的学习目标分类来看，很多课程，特别是理论课程的教学目标更为强调言语信息、智慧技能，忽略操作技能、认知策略和态度体验。如果单靠开设专门的课程就想提升学生的创新能力简直天方夜谭，也无异于痴人说梦。

王蓉（2002）的研究发现，"创造性思维训练是有效的，在短时期内对学生创造力的提高有明显作用。"① 因此，有必要突出对学生进行方法指导，加强学习内容和生活经验的练习，使学生的学习过程真正成为一个主动的过程、创新的过程和个性化的过程。如果难以开设专门的创新教育类课程，那么学校教师可以开设微型课程，或者创新创造等方面的系列讲座，还可以通过主题班会、学法指导等形式给学生介绍创新教育理论和思想。还可以提前选定系统性的创新主题，邀请企业高级技师、工程师、高管，高校或科研院所的教授专家，或者社会上的创业精英等给师生定期开设创新创业的系列讲座，从而激发学生的创新意识，掌握基本的创新理论知识和技术方法。

二、"课程创新"模式

创新教育绝非做几次次拓展性的创新讲座或者开一门知识性的创新课程就能解决，应该借鉴"课程思政"的形式，以"课程创新"模式来推进创新教育。在学科课程的教学过程中，在学术性目标的基础上可以设置简单的知识性的创新性教学目标。在课程教学过程中，各科教师要有意识地渗透创新教育的思想、理论和方法、技术。在课程教学内容中，文管类的、理论性的课程可以结合具体的教学内容，适时进行创新教育，可以介绍创新的思想、技法，还可以结合发明家的轶事、技术创新的经典案例。

在提问环节，教师在完成常规教学内容讲解的基础上，可以将准备好开放性的、结构不良领域的问题作为附加题，也可以将这类题目直接布置给成绩优、能力强的学生，给他们提出更高的要求，让他们直接跳过常规的比较简单的题目。在教学方法上，可以采取多种方法，如案例分析法、项目驱动法、研究性学习法、合作学习法等，鼓励学生大胆质疑，提出问题，勇于探究。对学生的评价也应采取发展性的、多元化的评价，鼓励学生的发散思维，一题要能多解，对于学生的新的创意、新的思路和解题方法，教师都要给予及时的反馈和适当的鼓励。

三、实训实习模式

职业院校学生实践技能的培养主要落实于实训实习类的实践课程。实训

---

① 王蓉. 中学生创造性思维训练的实验研究［J］. 社会心理科学，2002，(1)：41-43.

课程主要在校内进行，通常采取学生实践和教师培训的方式。实训的场景通常是模拟企业真实的生产场景，指导教师也会结合企业真实生产线上的任务给学生设置相应的"真题"。指导教师在实训开始阶段，会给学生提出一定的项目，明确任务、标准和要求，并进行适当的方法指导。随后，学生独自或者组队，运用所学的专业知识完成实训任务。在这个过程中，为了帮助学生能够更好地适应未来，跟岗实习及未来工作岗位，帮助学生能够创新性地解决真实生产中的各种复杂问题，进而提升学生的创新能力，在完成常规实训任务的基础上，指导教师应该在项目中增加创新性的要求。

学生到企业跟岗实习后，直接以"学徒"的角色进入生产一线，接触到的是最真实的生产场景和生产设备。学生的任务更多的是在完成生产任务的同时不断提升专业技能。学生在"做"和"在动作中理解"所能做到的，要远远超过他用自己的语言所表达的。① 新的设备、生产标准和管理标准，往往不同于学校的情况，这些认知冲突在某种程度上都能激发学生的探究心理。在一条生产线上每个人的岗位可能都不一样，遭遇到的问题也必然不同，这时单靠一个人难以解决问题，学生就需要与同伴共同研究，发挥集体智慧来解决问题。

四、潜课程模式

环境因素作为教育要素之一，具有一定的教育功能。从这个角度来看，环境也是一种课程，通常称之为"潜课程"，意即发挥潜在作用的课程。职业院校创新技能型人才培养需要一定的物理环境和心理环境。创新技能型人才培养需要一定的学习环境，除了教室、实验室、实训中心、图书馆等教学场所，还有食堂、宿舍、建筑、墙壁、走廊、雕塑、广场等。在教学场所的墙壁、走廊可以张贴一些科学家、发明家的照片和创新发明的经典名言。实验室、实训中心的墙壁、走廊在张贴实验安全须知、操作规程等管理文件的基础上，还可以介绍一些设计性、综合性、创新性等的项目简介。学校的广场、雕塑、墙报等都可以彰显创新的特色。学校学院的网站、广播、微信公众号等可以渲染创新的氛围。

学生创新技能的发展同样需要良好的心理环境。课堂上要营造平等、自

---

① ［瑞士］皮亚杰. 皮亚杰教育论著选［M］. 2版. 卢濬选译. 北京：人民教育出版社，2015. 229.

由、轻松的环境，师生之间平等地对话，思想自由、心情轻松，这样才能够毫无顾忌地思维和表达。学生在创新学习过程中，一旦犯错，得到的更多的应该是同情、理解、帮助，而不应该是批评、嘲讽和排斥。

五、活动发展模式

创新技能型人才培养需要一定的实践活动作为载体。创新实践活动能给学生更多地展示、提升自己创新才能的机会。通过创新实践活动，可以激发学生的好奇心，充分利用掌握的创新技术和方法，充分运用创新性思维，并利用熟练的操作技能去解决问题。活动发展模式主要包括系统性的课程教学活动和分散性的活动，前者主要依托于实训实习课程，此处不再赘述，后者主要由学校职能部门或各二级学院组织实施，这也是我们重点需要介绍的。

丰富多彩的班团活动能让职校生亲自积累社会现实生活的积极经验，有利于激发职校生开拓创新的意识，培养学生勇于探索的创新学习习惯。职业学校班主任可以通过组织学生参与科技活动小组、趣味学习小组、演讲朗诵协会、书法美术协会、青年志愿者服务队等学生社团，可以通过举办主题班会、歌咏比赛、文艺演出、体育竞赛、演讲辩论、参观访问、旅游考察、社会调查、学科竞赛等活动，充分发展学生创新的热情，培养学生的创新思维方式和创新技法。这些活动要做好前期的规划，明确活动多重目标，在达成其他目标的同时实现创新能力的提升。

六、个别教育模式

在面对全体学生进行创新教育的基础上，教师还应做好个别教育与因材施教，因为创新能力强的学生往往具有独特的个性和极高的热情。职业院校创新教育必须尊重学生的个性，才能激发起每个学生的创新意识，保护他们较高的创新热情。创新教育在面向全体学生的基础上，也要关注特殊的学生，一类是特别优秀的创新尖子人才，还有一类学生走向另一个极端，他们不愿、不会、不敢创新。对于前者，要专门选派由学校教师、企业师傅、其他高校或科研院所专家等组成的导师团队，将他们纳入自己的科技研发团队，精心指导他们完成小发明、小制作，甚至申报专利，系统指导他们参加省级和国家级的"挑战杯"创业计划大赛和其他学科竞赛。对于后者，要帮助他们准确找到原因，进行针对性的指导，给他们指出发展的方向和建议。

第五节 职业教育创新技能型人才培养的重要关系

21世纪是创新的世纪，高度的创新性是21世纪人才的必备素质。创新教育是教育发展到知识经济时代的必然趋势，也是现代社会发展对教育施加变革动力的产物，体现了对人的创新精神和创新能力的呼唤。如何培养大批充满活力、思维敏捷，具有良好创新意识、创新精神和创新能力的人才，以适应当前及未来社会的需要，是教育自身能否得以生存和发展的关键，必将成为我国职业教育改革最为重要的内容之一。

创新教育是教育发展到信息社会和知识经济时代的必然趋势。创新教育是推进素质教育、深化教育改革的必然选择，将成为未来教育的重要特征。未来教育在教育目的、教育内容等方面均不同于传统教育（详见表5-1）。

表5-1 未来教育与传统教育的比较

维度	传统教育	未来教育
教育目的	知识、技能，考试与求职	方法、思维，创新与发展
学习层次	浅层学习，机械记忆	深度学习，高阶思维
教育内容	传统科目与课程	个性化课程
学习动机	吸引力、外压力	内驱力
知识价值	工具性价值	发展性价值
知识类型	经验性知识	规律性知识、创生性知识
知识考核	纸笔测试，标准答案	多元考核，多维建构

在职业院校创新技能型人才培养过程中，我们必须处理好其中诸多关系，使各方得到公平对待、和谐共生，从而发展学生的创新素质。在创新教育过程中，必须正确理解以下重要关系。

一、基础知识与创新能力

过于注重学生基础知识的掌握，而忽视创新能力的培养，这是传统教育的一大弊病。创新能力的形成过程，实质上就是知识的创新过程。从认知心理学观点看，知识作为一种信息的生成是与人的认知结构发展分不开的。人的知识越多，能力越强，认知结构的水平也越高，人的创新能力也就越强。人们通过实践提高自己能力的同时，也在丰富其认知结构。基础知识的学习并非由个体简单地以显见的方式来获得的，所有的知识都是自我创新出来的。因此，在培养学生的创新能力时，不能忽视和淡化学生基础知识的掌握。创新教育应该根据学生认知发展的特点，对他们的创新意识和能力实事求是地加以激发、引导和培养。创新教育要引导学生在原有知识经验的基础上，以意义建构的形式来学习知识、获取知识和创新知识。

新知识是由学生与其他社会成员相互联系而"建构"出来的。职业院校要教育学生不仅要多掌握基础知识，还应积极参与各种实践活动，通过实践来发展创新能力。在培养学生创新能力时，必须注意到学生的创新与成人科学家的创新发明之间的差别。如果无视这些差别，学生创新能力的培养无异于"空中楼阁"。

二、创新意识与创新技法

创新意识与创新技法的关系，实际上是创新活动中的动力与技巧的关系。创新意识是人脑中不断涌现出想去创新的思想意识。意识在人的创新活动中起着巨大的推动作用。青少年如果有了强烈的创新意识，就会产生迫切的创新欲望，就会把全部心理能量充分调动起来，形成强大的创新动力，推动其去战胜各种困难。

创新技法，本质上只是一种关于创新思维的技巧和方法。在一定创新意识的支配下，再熟悉一些创新技法，是能够提高创新能力的。虽然在某些方面，创新技法可以促进思维的发散性，帮助我们克服思维定式，提高思维速度、深度和质量，但总的说来，创新意识较之创新技法更为基本，也显得更为重要。总体来看，职业院校不仅要培养学生具有一般的创新意识和技法，更要培养学生在某一专门领域的创新意识和创新技法。

三、智力因素与非智力因素

动机、情感、意志等非智力因素在传统职业教育中经常被忽略，但对人的智力活动却有着很大的制约作用。教育是一个高级的词，它意味着对我们的心智性质的一种作用，意味着一种人格的形成。① 创新能力绝不只是一种智力因素，更是一种人格特征和综合素质的体现。在创新性地解决问题

① ［英］纽曼. 大学的理念［M］. 高师宁等译. 北京：北京大学出版社，2016. 101.

时，非智力因素显得更为重要。非智力因素对智力因素而言，始终起着调节、控制、维持和补偿的作用。人的创新活动就其过程而言，是一种智力活动。非智力活动使得智力活动更具目的性、动力性和主体能动性，可以有效地控制心理资源的分配。

在高职院校创新技能型人才的培养过程中，应特别注意创新个性等非智力因素的培养。特别是在常规学校教育和家庭教育中，除了注意知识和能力培养外，要特别关注学生人生观、世界观和价值观的确立。教师要创设适宜情境激发学生的创新欲望和动机，爱护学生的创新热情，尊重和培养学生的创新个性。

四、逻辑思维和直觉思维

逻辑思维是直觉思维的前提，直觉思维是逻辑思维高度压缩、简化、内化和自动化的结果。直觉思维是一种非线性的跳跃性的立体思维，它可以让人的思维从多角度，全方位去寻找新的生长点。直觉不重抽象的概念而重感性的体验和领悟，类似于中国人所说的"悟"。"悟"的实质是通过表象，直达本质。"悟"有以下特征：一是直接性与非逻辑性，在表象与本质之间不需要任何媒介，而是直达结论，中间没有论证过程；二是高效性，个体一旦在某个领域领悟了，往往一通百通，犹如"开天眼"，学习效率极高；三是机缘性，"悟"的出现是不可预期的，往往是出于某种机缘；四是个体性，"悟"是一种体验、领悟型的思维形态。只要自己内心明白了某个道理，自己也就"悟"了。①

直觉思维不仅常常在文艺创作中起到激发智慧源泉的作用，有时也在科学研究中起到决定性作用。伯尔尼市克拉姆大街的爱因斯坦故居的墙壁上有他一句经典名言：一切发现都不是逻辑思维的结果，尽管那些结果看起来很接近逻辑规律。创新活动通常是在直觉思维和逻辑思维的协同活动下进行的。在创新活动过程中，直觉思维有很强的突破性。当我们采取习惯性的缜密严谨的逻辑思维方式难以奏效时，富有探索性的直觉思维便被启用，可以带来意想不到的效果。在直觉思维的探索取得初步结果之后，则又需要逻辑思维来加以整理和检验。

直觉思维是对事物整体结构的感知，散乱的信息、知识无助于直觉思

---

① 汪凤炎. 中国文化心理学新论（下）[M]. 上海：上海教育出版社，2019.391-392.

维。① 有组织的结构化的知识信息具有生成作用，不仅有利于发挥逻辑思维的作用，也使直觉思维更容易发生。在学校教学过程中，应注意鼓励学生大胆猜想，这可能有助于作出推测，并可促使直觉思维向合理程度发展。

五、聚合思维与发散思维

完整的创新性思维应包括聚合思维和发散思维。聚合思维是发散思维的基础，发散思维有利于提出多种设想，但需要聚合思维予以检验。只有两者高度协调，方能构成高水平的创新思维，保证创新活动的顺利进行。在创新活动的开始阶段，问题情境往往不很明确，这时，必须进行聚合思维，综合已知的各种信息条件，明确所要解决问题的关键并导出发散点。接下来，必须尽可能多地提出解决问题的可能途径和方法，这是一个发散性思维的过程。最后，从多种设想、途径中找出最佳的解决方案，从而创新性地解决问题，这又是一个聚合思维的过程。

尽管发散思维是一种非常宝贵的认知品质，但是从社会性方面看，它却被教师看成是令人烦恼的、具有破坏性乃至威胁性的东西。② 教师需要转变观念，正确看待发散思维在创新技能型人才培养过程中的巨大作用，要经常性地给学生提供开放的思维建构空间和弹性的学习时间，让学生自由地建构知识，不断获得知识意义并完善认知结构，培养学生的认知灵活性和主动积极性。

六、左脑功能与右脑功能

创新活动一般分为准备期、酝酿期、豁朗期和验证期四个阶段。新的脑科学研究结果证明，在创新过程的准备期和验证期，左脑处于积极活动状态，并起着主导作用；在酝酿期和豁朗期，右脑则起主导作用，这两个阶段是新思想、新观念产生的时期，因而也是创新性思维过程中最关键的时期。

没有科学研究能够将学习者区分为左脑型或者右脑型，也不存在针对左脑或者右脑开发的有效教学。③ 总的来讲，任何创新性产物，都是左右脑密

① 张爱卿. 放射智慧之光：布鲁纳的认知与教育心理学 [M]. 武汉：湖北教育出版社，1999. 57.
② [英] 赖丁, 雷纳. 认知风格与学习策略 [M]. 上海：华东师范大学出版社，2003. 27.
③ [美] 哈迪曼. 脑科学与课堂：以脑为导向的教学模式 [M]. 杨志等译. 上海：华东师范大学出版社，2017. 7.

切配合、协同活动的结果，只不过在其中某一具体的思维活动中，有主有次。左右脑作用的转移在整个创新活动过程中，甚至每一个阶段都可能多次发生。所以，左右脑的这种协同作用的关系才是创新能力得以发展的真正基础。

七、先天素质与后天素质

人的创新能力究竟取决于先天，还是后天，这既是个理论认识问题，也是个实践操作问题。二者都很重要，不可或缺。其中，先天素质主要决定着人脑的"硬件"，后天素质主要决定着人脑的"软件"。伦敦国王学院的行为遗传学家罗伯特·普罗敏博士坚信两者关系密切，先天条件和后天素质同样重要。"我们的大脑是由经验和基因交互作用而形成的，在这里先天和后天构成了一个整体。"①

一般来说，在培养人的创新能力时，后天素质要比先天素质重要得多，这是因为正常人的先天素质可谓差别不大，关键就看后天素质。随着时间的推移，个体间后天素质的差异也就越来越大，并造成了人的创新能力类型和水平的千差万别。因此，高职院校创新技能型人才的培养，应注重在学生后天素质的培养上多做努力。

八、客观环境与主观努力

客观环境不仅指外部环境，也包括创新主体的内部环境，如知识水平、实践经验、思维方式及个性特质等。在创新活动中，相对于客观环境来讲，人的主观努力更为重要。复杂的客观环境可以由人改变，有了人的主观努力才有了良好的客观环境。我们的主观经验从来都不是对客观环境的直接反映，而必须理解为对外部世界的一种特定解读。② 人对客观环境的适应，是积极地主动地进取。人总是通过改善环境使其更适应自己来达到适应环境的目标。因此，创新教育应激发和培养学生积极主动地去适应和改造环境，以使其创新潜能得到充分开发。

---

① Crabbe J C, Phillips T J. Mother nature meets mother nurture［J］. Nature Neuroscience, 2003, 6 (5), 440-442
② ［英］威利格. 心理学质性研究导论（第2版）［M］. 郭本禹, 王申连, 赵玉晶译. 北京: 人民邮电出版社, 2013.9.

第六章
创新技能型人才培养与职业院校的教育管理创新

为了进一步加强创新技能型人才的培养，职业院校需要革新教育理念，突破很多管理体制和机制的限制，对相关的学校管理制度进行创新。在产教融合背景下，由于企业资源的引入，使得职业院校在教育管理、教学管理、教学评价等方面需要变革，以更加紧密地对接企业，提升人才培养的质量。

第一节　职业院校的教育理念创新

当前，职业教育的吸引力正在不断增强，其受重视程度和社会地位也正得以快速、持续提升。尽管如此，消极教育的思想观念仍在一定程度上影响着职业院校教育教学的理念、目标、内容、过程、方法、途径和评价方式。在产教融合不断加强的背景下，职业院校要积极转变理念，倡导和实施积极职业教育，使其切实成为广大学生成长为创新技能型人才的重要路径。

一、积极职业教育的主要特征

（一）理念创新：超越于"消极教育"的"积极教育"

出于对消极心理学的反思与批判，积极心理学主张通过引导、培养人展现固有的积极力量而使人真正成为一个健康充实并生活幸福的人。在积极心理学理念的启迪下，在反思职业教育现状和传统教育教学观念的基础上，职业院校应形成积极的教育理念，实施积极的教育行为。在积极职业教育中，积极应当成为贯穿教育全过程的核心价值和主线，使每一个人的素质都能够获得相对于自身而言的更为健康，积极的发展与提高。① 职业院校应以

---

① 崔景贵. 职校问题学生心理与积极职业教育管理［J］. 中国职业技术教育，2012，（33）：57.

积极的、发展的眼光重新解读职业教育目标、对象、内容和方法，注意教育目标的全面性、教育对象的发展性、教育内容的多元性和教育方法的个性化。

从教育对象看，消极职业教育通常以"有罪推定"的方式视职校学生为"失败者""差生""问题学生""边缘人"。积极职业教育要面向全体学生，在关注问题学生的基础上，更要面向正常学生。从教育内容看，消极职业教育主要从问题出发，在关注专业知识与技能学习的同时，更为关注对学生德行、安全和纪律的教育。"积极教育应关注积极情绪、沉浸体验、意义、成就和积极关系五方面的内容。"① 积极职业教育在关注学生消极面的基础上，更要关注学生的积极面，注重学生素质的提升和潜能的开发，培养学生形成积极的个性、社会性。从教育方法看，消极职业教育主要采取的是军事化或准军事化的管理方式，对学生进行紧盯、严防、死守和压制。积极职业教育应采取人性化、个性化的管理方式，逐步实现变训斥、辅导、矫正为帮助、指导、促进，助人自助，培养学生的积极性、自主性。

（二）对象特殊：区别于普通教育的职业教育

就心理特征而言，职校学生与普高生既有共性，也有个性。他们都处于青年初期，不同的是，职校学生的学习生活由普通教育向职业教育转变，发展方向由升学为主向就业为主转变。尽管从当前中考录取制度来看，普高生的学业成绩总体优于职校学生，但职校学生具有在鲜明的职业院校环境下形成的特殊的群体性特征。与普高生相比，职校学生的专业思想明确，实践操作能力强，社会生活经验丰富，社会化发展程度高。就学习而言，职校学生无论是学习的目的、过程，还是学习的内容、方式，都有其独特之处，如学习目的的职业性，学习过程的实践操作性，学习内容的专业性、学习方式的半自主性等。职业院校的教学计划、教学过程、教学方式方法、教学组织形式与生产实习等均以就业为导向，特别重视加强学生的职业道德、职业意识、职业基础知识和技能、职业纪律及职业习惯等的教育与培养。

当代职校学生与以往职校学生都具有青年初期心理发展阶段的共性特征。教育者不能戴着有色眼镜来看待职校学生，因为在他们身上，更多是当代社会发展所赋予的时代性特征。不同时代的学生身上会有不同时代的教育和社会的缩影和烙印。当代职校学生在学习生活的很多方面都超越以往的职校学生，如由被动接受转为主动发现，由闭锁转为开放，由书本与学校中心转为

① 何晓丽，王娜娜．积极教育：积极心理学的理念与实践［J］．教育导刊，2012，（11）：63.

问题与需求中心。

（三） 概念扩大：基于狭义职业教育上的广义职业教育

从结构层次看，职业教育主要包括中、高等职业教育。中等职业教育主要通过中等职业院校、职业高级中学、技工学校等实施；高等职业教育主要通过职业技术学院、职业学院、高等专科学校等专科，职业教育本科院校及以上教育层次的高等职业学校和普通高等学校实施。传统的职业教育是狭义的，主要指中等职业教育。很多人通常将职业教育与普通教育相对立，他们认为，对于绝大多数职校学生而言，职业教育的终点是"断头桥"，除了就业否则无路可走；普通教育的终点则是"立交桥"，四通八达。因此，从学生、家长到教师都似乎形成这样的错觉，职业教育逊于高等教育，职校学生不如普高生，想尽一切办法也要让孩子上充满"希望愿望"的普通高校，也绝不上充斥"失望绝望"的职业院校。

《国务院关于加快发展现代职业教育的决定》指出，采取试点推动、示范引领等方式，引导一批普通本科高等学校向应用技术类型高等学校转型，重点举办本科职业教育。这样，高等职业教育还涵盖部分应用技术型本科院校。至2021年底，全国共有本科层次职业学校32所、高职（专科）学校1486所、中等职业学校7294所。2022年新修订的《职业教育法》规定，中等职业学校有关专业实行与高等职业学校教育贯通的招生和培养；高等职业学校和实施职业教育的普通高等学校应当在招生计划中确定相应比例或者采取单独考试办法，专门招收职业学校毕业生。除了设立本科层次职业学校，《职业教育法》规定在普通高校设置本科职业教育专业、在专科层次职业学校设置本科职业教育专业。这意味着，职校学生不仅可以读大专，还可以上本科，从法律层面畅通了职校学生的发展通道，给中职学生开了一个可以上大学的口子。

《现代职业教育体系建设规划（2014-2020年）》提出，要系统构建从中职、专科、本科到专业学位研究生的培养体系，满足各层次技术技能人才的教育需求，服务一线劳动者的职业成长。多年来，各级各类职业教育为社会发展培养了大批技术技能型人才，服务于社会的各行各业。由此，更应该树立积极职业教育的思想，绝不能将职业教育窄化为"中等职业教育"，而应树立"大职业教育"的理念，从广义上看，职业教育可理解为除基础教育外的一切专业教育。不同层次的职业教育，只是体现为学生就读的起点层次、入学考试的成绩以及专业培养的目标体系的不同，并没有成败贵贱之分，不能忽视职业教育的地位，不能轻视职业院校的贡献，更不能蔑视职业院校的学生。

二、积极职业教育的基本理念

（一）积极的教育价值观

从教育对人的价值看，教育目的就在于引领学生发现与认识自己的价值，采取积极的手段实现并提升自我的价值。基于此，职业教育是教师实现人生价值而非谋生的手段。积极职业教育情境下的教师应将教书育人不仅看作职业，更要看作事业；不仅圆满完成相应的教育教学工作，更要看作是学生家长、学校组织和社会授予的神圣使命。

教育的价值还体现在为了全体学生的发展。传统职业教育主要关注对部分尖子学生的培养和问题学生的矫治，因为他们可能会给学校带来良好的或不良的声誉。相对而言，"由于中等生既不能给教师带来快乐，也不会给教师带来特别的烦恼或担心，因此教师很容易自然地忽视他们。"① 积极职业教育应"抓中间带两头"，对大多数学习能力中等的学生，要帮助他们端正学习态度，进一步提升学业水平与能力；对少数学习能力强的学生，要向他们提出更高要求，以满足其学习发展的需要；对少数学习能力差的学生要重点辅导、个别帮助，消除自卑，增强自信，逐步培养他们对学习的兴趣。积极职业教育不仅关注成功，以此发展学生的成就动机与自我效能感；也关注失败，并以此发展学生的耐挫力。

传统的"中国式教育"在基础教育阶段，特别是初、高中阶段窄化为应试教育，过于注重知识灌输，寄希望于让孩子直接得到越来越多的知识，集十几年功力培养学生形成一种能力——应试能力，却将本该由基础教育阶段培养的人的基本素质的课程都搁置于边缘地带，从而将这个任务搁置到专业教育阶段。积极职业教育应该在关注学生知识传授、技能训练的基础上，进而关注学生情感、意志、想象力、创造性、个性、社会性、学习能力等的培养，使得学生在成长、成熟的过程中，不断成人、成才。

---

① ［美］查尔斯，森特. 小学课堂管理［M］. 吕良环等译. 北京：中国轻工业出版社，2003. 53.

（二）积极的学生观

教师要以积极的态度、多元的视角、发展的眼光，相信学生有积极的自我提升愿望和潜力，这也是开展积极职业教育的前提。"人是教育的中心。透过教育，来提升人，转化人，鼓励学生培养德性，并活得自由丰盛幸福。"① 职业院校教师要树立科学、积极的学生心理发展观，用积极的眼光看待当代职校学生。"说当代职校生是不可理喻、不可救药的，是因为还没有找到他们的语言体系、行为准则和生活信念。"② 因此，不能总把职校学生看成是"问题学生""学业失败者"。他们同样具有强烈的自主意识、独立思维、自我教育与自我服务的能力，同样是充满朝气、意气风发的青年群体，同样是未来社会进步和国家发展的贡献者。积极职业教育主要服务于培养未来人才，而非矫治问题学生，采取的主要教育手段是塑造而非改造。

另一方面，职业教育要避免"千人一面"式的培养机制，不能仅将人才培养定位为面向生产生活一线的蓝领工人，要真正体现由注重学生共性转变为在注重共性的基础上积极关注学生的个性，积极发展学生的独立性、独特性、独创性。积极职业教育既要把学生培养成为德智体美全面发展的人，手与脑、身与心、理论与实践协调发展的"人"，更要努力把学生造就成能立足现在、并能面向未来社会需要的创新技能型的"才"。

（三）积极的教学观

在传统教育中，教师有太多的权力和机会让学生体验消极情感，而学生似乎也难以逃脱这种命运。③ 学生的学习动机更多的是受制于诱因与压力的外部动机，缺少强大持久的内部动机。传统职业教育重教学结果，轻教学过程；重教师主导作用，轻学生主体地位；重教学形式，轻教学内容；重知识传授与技能训练，轻情感体验、个性、社会性与创造性培养。职业教育只有充分发展职校学生的独立性、积极性和创造性，才能促进其能力素质的有效提升。

积极职业教育是师生主体双方的积极行动，更是积极互动。积极课堂交往的发展轨迹由传统课堂中师生"单向性"传递，发展为"双向性"互

---

① 周保松. 什么是好，什么是坏？重建中国大学的价值教育 [N]. 南方周末，2010-8-26 (F31).

② 崔景贵. 职校生心理教育论纲 [M]. 北京：科学出版社，2013. 32.

③ 陈振华. 积极教育论纲 [J]. 华东师范大学学报（教育科学版），2009，27（3）：32.

动，再兼顾生生互动、师组互动、组组互动、生组互动等多种形式。积极、多维的课堂互动形式有助于拓展学生知识的广度、理解的深度，有助于提升认知能力、元认知能力与动手操作能力。积极职业教育要引导教师角色逐步由"教师""工程师"转向"技师""导师"，教学目的也要由"为教而教"转向"为人而教"。此外，教师要结合课程特点与专业学生的特点，对教学目标、教学内容、教学过程、教学方法、教学环境等进行精心设计，多采用项目驱动、理实一体、案例教学等模式，积极开展启发式、探究式、合作式等形式的教学。

第二节 职业院校的教育管理创新

创新型学校的管理必须从科学管理走向人本管理、心本管理。成功的学校管理依赖于教职员工积极的有创造性的参与。① 职业院校的管理受到教育行政化管理体制的影响，相对比较程序化，多年来很难有大的变化。随着校企融合的推进，企业管理制度、管理标准和管理文化不断侵入、融入职业院校，随着双方合作的加深，职业院校的教育管理在不断地做出各种改革与创新。

一、专业设置与招生考试

（一）专业设置

职业院校专业的设置缺乏自主性，当前主要根据国家正式颁布的专业目录，结合地区产业结构的需求和学校的办学传统、办学基础和资源条件完成专业设置。任凭地方产业机构如何调整、企业如何需求，专业都难以突破。职业院校能做的是在已有专业名称后面加个方向或者加个定制班，以更好地吸引生源。为此，在原有的专业人才培养方案中，唯有对课程模块进行更换和调配，去除一些课程，增加一些企业需求的课程。

（二）招生考试

在产教融合模式下，职业院校在根据企业需求设定招生专业或专业方向后，就要组织招生考试。普通专业和班级的招考，中、高职院校的报名考生

---

① 赵中建. 教育的使命：面向二十一世纪的教育宣言和行动纲领［Z］. 北京：教育科学出版社，1996. 143.

分别要参加中考或高考，并以考试成绩作为录取的唯一依据，根据分数从高到低录取。学校只能是静静地等待新生报到，缺乏自主权和选择权。在产教融合模式下，不仅可以根据企业要求灵活设置专业及方向，还可以增加技能测试、面试等环节，丰富了考核的形式；还可以根据企业的要求设置定制班，以企业的要求和标准作为人才选班的依据。

二、学制与培养模式

职业院校在与企业进行产教融合时，要根据企业的需要，结合专业特点、学校和师生现状，可以设置"弹性学制"，适当缩短和延长学习年限。一是可以与企业联合开展定制班，在现有的主流的三年制的基础上，可以再延长1~2年，这一阶段的学生应该还具有另一种身份——带薪的工人，可以采取"三明治"的形式，工作一段时间后，再次到学校接受定制提升。日本著名企业秋山木工创始人秋山利辉创办的秋山学校，将八年学习时间分为三个阶段：第一阶段见习一年；第二阶段学徒四年，进行基本训练，学习工作规划和匠人须知；第三阶段工匠三年，一边工作，一边继续学习。① 二是可以与上游的学校，如中职校对接高职校，高职校对接职业本科高校或应用型本科高校，采取"3+1+1""3+0.5+0.5"等形式。"中高"对接进一步加强技能训练，"高本"对接则加强学术性、创新性能力的训练提高。三是可以与国外相关企业或高等院校进行对接，采取"2+1"或"1+1+1"等形式。前者是两年国内一年国外，后者是前后一年在国内，中间一年去国外。此外，随着合作对象是国内还是国外，是学校还是企业，结合学习与实习的时长，可以有着非常丰富的变化，足以满足企业对人才的各种需求。

三、人事和分配制度

（一）人事制度

职业院校的人事制度具有一定的自主权。职业教育的特色决定着其对"双师型"人才的关注。在日常的人才引进上，职业院校采取两条腿走路的形式，既可以引进部分学科科研成果突出的高校博、硕士研究生，也可以引进一些高技能的企业技师、高管。随着产教融合模式的推行，由于大量的企

---

① ［日］秋山利辉. 匠人精神［M］. 陈晓丽译. 北京：中信出版社，2015.7.

业师傅参与到学校的教学工作，也适当减轻了学校教师的实践教学指导的压力。

因为部分专业具有时效性和特殊性，需要特殊的师资。对于企业师资和某些专业的特殊师资，应该为其扫清相关障碍，适当降低学历学位与科研标准。除了引进全职人员之外，学校还应该灵活聘请相关企事业单位或社会上的高技能人才，聘期可长可短，可以选择连续在校工作，也可以根据需要选择阶段性来校工作。对于教师的培养，在职称评聘、晋职晋级、评优评先上都应该均衡考虑各类教师的需求，要适当区别对待。

（二）考核分配制度

职业院校对教师的考核要根据教师的岗位和具体要求。在岗位设置时要充分考虑到学校学科专业发展的需要，合理设置岗位及职数。对专业教师做好教学、科研、服务等类型的定位，提出相应的要求和标准。对教学型教师要侧重完成教学工作量，不仅关注量，还得关注质，要求他们在专业建设上做出相应成果。理论课和实践课任课教师区别对待。对科研型教师要侧重完成科研工作量，在完成基本科研工作量的基础上，要侧重对高级别项目、高等次成果、科技产品研发的要求。对于服务性教师要侧重完成横向科研项目、产品转化、社会培训等工作量。

职业院校的考核可以采取目标考核、绩效考核的方法。在阶段性考核时，可以采取评聘分开的形式，这样对于考核优秀的、不合格的，分别可以采取低职高聘和高职低聘的方式。这样，更能够激励和鞭策相关教师。职业院校的分配制度要遵循导向性、激励性、公平性、绩效性等原则，要能体现多劳多得、优劳优酬的要求，避免平均主义。

四、产权制度与知识产权

（一）产权制度

大部分职业院校都属于公办学校，其产权属于国有资产，因此产权管理非常严格。在产教融合、校企合作过程中，因为有部分教学场地，以及大量的产品、设备的流进流出，为了便于发挥这些资产在创新技能型人才培养中的重要作用，学校产权管理要加强灵活性，在做好产权登记、明确职责的基础上，减少不必要的程序和环节，缩短办事的时间，提高办事的效率。对于企业捐赠给学校的资产，可以直接入库；对于暂时借用的应该灵活处置。对于需要借用的企业资产同样要做好区别对待。

随着民营资本的涌入，职业教育产权制度产生很大改变，出现了股份制、混合制的学校。这样对于学校的办学要求和管理制度都提出了非常高的要求，有利于推动职业教育多元化的发展。云南林业职业技术学院实行"一院两制"混合制办学形式，将产业行业人才需求量大且与企业联系紧密的专业作为合作专业，使社会力量通过"混合制"参与到试点工作中，与"公办制"形成对比，在试点过程中不断改进与完善"混合制"制度。

（二）知识产权

在职业院校产教融合过程中，校企合作进行科研研发，经常会产生的很多著作权和工业产权。一方面，对知识产权一要做好保护，避免不必要的麻烦；另一方面，要做好知识产权的认定。校企双方要事先做好约定，对合作产生的著作权、发明专利、软件著作权、产品外观设计等的贡献力和归属单位做出认定。对知识产权被转化应用后产生的经济效益也要做好相应的切割。

第三节 职业院校的教学管理创新

在校企融合背景下，随着企业师资、信息、平台等的不断融入，职业院校的教学工作也要适应新的形势，要能精准对接企业和学生，为了提升教学管理的效率，提升创新技能型人才培养的效果，必须做好多方面的创新。

一、学分制创新

（一）创新拓展学分制

职业院校专业人才培养方案中均设置了相应课程与学分，在学生修完规定的课程并获取相应的学分后就可以毕业。在学生培养过程中，少部分人会因各种原因导致所修学分不满，不能毕业，为了能给一些"挂科"的学生补救机会，也有利于学生扬长避短，集中精力发展自己的特长优势，因此可以通过设置创新学分或拓展学分来激励学生进行科技创新活动并产生创新性成果。

创新学分主要包括学生在学科竞赛、科研成果、发明创造等方面的项目学分，而拓展学分主要包括学生在技术技能、考工考级、文体活动、辅修创业等方面的项目学分。根据学校的学分管理制度的规定，可以限额冲抵部分学分。

（二）学分互认

职业院校要制定学分互认的管理办法，与职业本科高校、应用型本科高校、兄弟院校或行业龙头企业之间实现学分互认机制，对于学生在协议单位获取的课程学分直接认定。此外，对于学生在其他单位获取的学分，也可以制定相应的学分管理办法，在一定情况下进行认定。

二、课程目标创新

课程目标是指教学活动实施的方向和预期达成的结果。课程改革倡导的课堂教学目标主要包括三个维度，即知识与技能目标，过程与方法目标，情感、态度与价值观目标。创新技能型人才培养需加强多方面的知识技能和综合素质的培养。因此，在创新技能型人才培养过程中，要做好课程目标的分类。一般而言，在制订常规的理论知识学习目标时，要重点关注其与专业实践技能训练、创新能力提升之间的联系。

（一）目标分类

除了传统的学术性目标外，创新技能型人才培养目标还包括实践技能目标和创新技能目标。实践技能目标主要培养学生的专业实践技能，创新目标主要在于培养学生的创新技能。在创新学习过程中，学术性目标主要聚焦于认知目标和情意目标，在达成认知目标的同时，非常注重情意目标的作用。制定认知目标首先要反映课程教学大纲的基本要求，确定主要知识点，突出教学重点、难点。情意目标重点关注学生的情感、态度与价值观的培养。

面对不同大类专业的学生，创新技能型教学目标的制定做好分类，如文管类、理工类、艺术类。在专业技能训练方面，注意操作技能和心智技能特征、阶段的不同，要采取不同的训练方法有针对性地对不同专业学生进行训练。

教师每周应该重点讲授一两种创新技能，不能一次教得太多，否则他们无法充分"消化"和"吸收"。一般而言，在一个章节的教学中，强调掌握一两项创新技能就足够了。

（二）目标分层

教师制定课程目标不仅要依据课程教学大纲、教材与教学参考书，还要根据学生整体水平而定，应重视对学生的知识基础、学习能力与心理特征等进行深入分析。在创新学习过程中要使目标能有效发挥作用，教师必须根据不同学生的现状制定分层目标，只有当学生意识到目标是合理的、有价值的、有机会获得成功的，他们才会表现出乐于参与创新学习的意向。

三、教学组织形式创新

（一）理论课堂与实训中心相结合

在创新技能型人才培养过程中，职业院校学生主要在教室中进行专业理论课程学习，在此基础上，还要到校内的实训中心进行相应的专业实训。根据教学安排，学生经常要在这两个场所交替完成相应的学习任务。

（二）校内教学与校外实训相结合

产教融合人才培养模式决定了创新技能型人才培养需要采取校内学习与校外实训相结合的组织形式。在主流的"2+1"的模式下，学生在完成2年的校内学习后，第3年通常全年都在企业进行顶岗实习。除了这种长时段的校外顶岗实习之外，在前两年，学生也会有多次机会走进企业，观摩、体验、见习真实的企业一线的生产场景。

（三）个体学习与结伴学习相结合

在学习过程中，学生既有知识信息交流的需要，还有与同学进行情感交流的需要；不仅要与教师交流，也要与同学交流。"当不同的观点发生冲撞的时候，便会产生思想的火花，在一个良好的组织中，这种火花就是创造性的源泉。"① 结伴学习主要包括两种形式，即竞争学习与合作学习。学生的竞争与合作能力是其将来成功适应社会的基础。创新技能型人才既需要通过竞争来激发创新的"活力"，又需要合作来提升创新的"合力"。教师要引导学生在竞争学习中力求沟通双赢，在合作学习中追求自我优化，以促进学生个性、社会性和创新能力的健全发展。

---

① ［加］富兰. 变革的力量：透视教育改革［M］. 中央教育科学研究所，加拿大多伦多国际学院译. 北京：教育科学出版社，2000. 227.

四、教学质量管理创新

职业院校要形成上下结合的"全方位"质量保障体系，充分学习工程教育专业认证的"学生中心、产出导向、持续改进"的理念，推动质量标准向质量意识转化，不断加强质量文化的建设，逐步形成质量管理的长效机制。职业院校从学校层面到二级教学单位，要明确各自在教学管理中的主体责任和基本分工，形成上下结合的教学质量保障体系。

一是要全程化实时监控教学质量。首先是教学时间上的全程监控。质量监控工作做到常态化，根据学校安排，每学期均组织实施期初、期中和期末常规教学检查。期初检查以稳定教学秩序、落实教学计划为重点；期中检查以确保教学质量为目标，采取常规检查与专项重点检查相结合的方式；期末检查以抓考风考纪为重点，保障考核工作的顺利进行。其次，教学环节上的全程监控，采取过程性检查与结果性检查相结合方式进行，重点关注课堂教学、实践教学、课程考核等教学环节。每学年对课程考核、实习实训等重点教学环节进行评估，检查评估后及时反馈结果并督导整改。

二是全员性齐抓共管教学质量。提高教学质量的首要前提是我们要清楚地知道学生是如何学习的。① 职业院校各级领导要经常深入课堂与企业生产一线听课、观摩，及时发现和解决教学中存在的各种困难和问题；坚持把加强教学工作和提高教学质量作为中心任务来抓，要经常性研究教学改革与专业建设问题。

第四节　职业院校的教育评价创新

创新教育评价的原则也是进行创新教育评价应遵循的基本要求。教育评价需要建立在科学、客观、公正、及时的基础上，除此以外，创新教育与传统学校教育有着明显的区别，对其评价还要体现出更多的灵活性和多样化。

---

① ［美］斯腾伯格，金奇洛. 学生作为研究者：创建有意义的课堂［M］. 易进译. 北京：中国轻工业出版社，2002. 314.

一、教育评价的基本原则

（一）全面性原则

创新教育评价的全面性体现在多方面，不能偏颇。第一，教师不但要评价学术性目标，评判知识、理解、应用、分析、综合和评价等认知目标的达成情况，也要评价实践技能目标和创新技能目标。如果只强调学术性目标而忽略实践技能目标和创新技能目标，可能会影响学生专业技能和创新技能发展；反之，如果偏重专业技能和创新技能目标而忽略学术性目标，则又属于舍本逐末，捡了桃子丢了西瓜。第二，教师不但要评价教学目标结果的达成度，也要关注对教学过程的全面评价。第三，教师不但要对每个学生的学习进行评价，还要对学习小组的集体学习情况进行评价。过于关注集体的表现而忽略学生的个体努力，可能会对个别学生造成伤害，尽管他们努力去帮助同伴仍不能获得成功。对这类学生，要想进一步强化其助人行为，教师一定要加以适度评价。第四，教师既要评价学生，还要做好自我评价。创新教育评价是多方面的，在教室中，评价对象包括师生双方。只评学生不评自己，教师容易推卸课堂教学不力的责任。

（二）即时性原则

即时性不仅体现在评价本身，更要体现在评价的反馈上。如果有了评价结果，而迟迟不给学生反馈，那么学生也就无法得到信息而难以改进学习现状。创新教育的评价应该是连续性的，而不是间歇式的。创新教育评价要贯穿于教学的全过程，在学习中进行评价，并在评价中不断学习。职业院校传统课堂更为看重终结性评价，对过程性的即时评价重视不够，多表现为常规性地布置与批改、检查作业。要想经常性地强化学生参与创新教育的积极性，学习评价要遵循即时性原则。教师对创新教育评价的即时性，不仅体现在每节课的课堂测试环节，虽然这可以以分数或等级的形式，通过可视化的形式直观地给学生做出反馈，但更要通过学生回答问题，完成讨论题、作业单等环节，特别是学生在完成实训任务的过程中，要对学习情况经常性地进行即时评价。即时评价还体现在对课堂教学与学生实训过程中的观察，教师发现问题即刻就进行提醒与指导。

（三）发展性原则

创新教育评价的目的应该着眼于学生的发展与进步，以及教师教学的改进与提高，因此评价活动是指向未来的。创新教育对学生的评价要体现过程性、连贯性和动态性，要以发展的眼光看待学生的成长过程。发展性评价要尊重学生的知识基础、能力水平与个性特征，关注学生之间、小组之间的差异，保护学生的自尊心和自信心，关注学生的心理需要。即使学生在创新教育过程中失败了，在良好的集体氛围下，也不会为此而感到羞愧或担忧。

在创新技能学习过程中，对于学差生而言，发展性评价能增强其自信心，提高他们的学习积极性，激励他们不断进取。当然发展性评价也可能使学习成绩差的学生盲目乐观，优生感到不平。[①] 教师深入了解和剖析学生的个性特征，有针对性地加以指导，尊重每位学生的个性，提倡学生在集体学习的共同性前提下的独特性，以一种平等的心态来对待他们，提出建设性的措施，使学生的身心得以自由地表现，创新潜能得以充分开发。发展性评价主张从学生发展的内在需求和实际情况出发，评价他们的发展过程，激发其不断努力。

从积极心理学角度看，发展性评价的目的不止于分析判断学生在创新学习过程中存在的不足与问题，从而让学生在现有基础上得到更好的发展，还要善于开发学生及创新学习小组的潜力，让学生在又好又快的基础上，更好更快地学习发展。就创新教育方法程序而言，教师对其评价也要体现发展性原则。"初生之物，其形必丑。"伴随着创新教育的深入展开和教师的不断探索、实践、思考、改进，创新教育的形式、方法和过程等将会逐步得到优化。

（四）标准化原则

从评价标准看，教育评价分为标准参照评价和常模参照评价。常模参照评价以正态分布的理论为基础，所表示的是学生之间的比较，而与具体目标没有直接对应的关系。在某些学校的教学实践中，学生成绩的正态分布已成了一种"条件反射"。这样做的必然结果是：教学只能使少数学生真正掌握教学内容。[②]传统的教学评价多属于常模参照评价，强调学习者之间竞争，关注个体在集体中的位置，热衷于学习成绩的排名，其目的在于甄别与选拔。

---

① 吴钢. 现代教育评价基础 [M]. 上海：学林出版社，1996. 189.
② 施良方. 学习论：学习心理学的理论与方法 [M]. 北京：人民教育出版社，1994. 365.

标准参照评价是指以预先设定的目标为评价标准，来衡量评价对象到达何种程度的一种评价方式。对于绝大多数学生而言，如果测验成绩达到一定的标准如 60 分或及格以上，即可视为基本达到预定的教学目标，这应得到认可。基于标准参照评价，职业院校应该倡导"不求人人成名，但求人人进步"的评价理念。在创新教育中，更多的测试都属于采取标准参照评价的合格水平测验，它旨在考核学生是否达到预定的教学目标和要求。它并不要求学生的分数呈现正态分布，反而希望学生的成绩分布能呈现负偏态，这种负偏态分布恰恰说明这是成功的教学。不管是学生在课堂上要完成作业单和测试题，还是单元测验、期中测验、期末测验等都属于合格水平测验。从学校教育目的来看，合格水平测验更具有普遍意义，也更为重要。

（五）多元化原则

创新教育评价的多元化原则体现在以下方面：第一，创新教育评价主体具有多元化。传统学生评价主要由教师进行，这种评价模式导致评价结论主观、片面，难以保证学生对评价结果的认可，不能适应教育过程的民主化、人本化的发展趋势。创新教育展现了学生独立学习、与同伴之间的创新教育等多种学习形式，因此在评价时需要在教师评价的基础上，增加学生自评、同伴互评、小组自评与互评。第二，创新教育评价内容的多元化。创新教育既要评价学习结果，还要评价学习过程；既要评价学生的学习的情况，还要评价教师的教学的情况；既要评价学术性目标，还要评价技能性目标、创新性目标，关注对学生的创新意识、创新技能、实践创新能力、创新个性等的评价。第三，创新教育评价形式的多元化。评价可以分成强评价和弱评价。强评价按照严格的分数标准等第，促使各个小组之间互相比较，展开竞争。弱评价一般是指口头评价，一般来说，可以表扬好的，推动中等的，鞭策差的。第四，创新教育评价方法的多元化。既要以测试的方法对学生进行定量评价，还可以通过观察的方法对学生进行定性评价。教师应该运用多种评价方法、手段和技术，综合评价学生在知识与技能、过程与方法、个性与社会性方面的进步。

二、教育评价改革

结合产业发展特点，变革评价方式，采取灵活多元的评价方式，如个性化评价、立体式评价、序列化评价和综合性评价等。

（一）个性化评价

学生创新能力的表现通常是个性化的、多样性的。中国的教育体系，从中学到大学，长期以来都将价值教育等同于思想教育，并要求所有学生接受同一种思考模式，严重伤害他们的创造力和独立思考能力。[①] 因此，进行创新能力的评价时，教师要深入了解和剖析学生的创新意识、创新技法、创新能力和创新个性等心理特征，针对创新型学生的发展特征，做到因人而评，避免公式化地走过场。针对学生创新活动中的某些问题，要做出恰当的评价。在此基础上有针对性地加以指导，提出创新教育的建议，使每个学生都能积极主动地进行创新发展。

（二）立体式评价

在创新能力评价过程中，既要注重定性评价，也要注重定量评价；既要由教师评价，企业师傅评价，也要由学生自己评价，互相评价；既要关注学生课堂的学习成绩，也要关注在其他活动中的行为表现；既要看到学生的课堂表现，也要了解课后表现；既要听其言，更要观其行；既要注意外在行为表现，也要分析内在动机和思想观念。

（三）序列化评价

进行创新教育评价时，既要重视学生的历史和现实表现，又要重视对发展过程进行科学分析。要看到学生是在不断发展变化的，对学生每学期都提出序列要求，针对学生成长发展的整个过程给予连续不断的评价，做到评价的连贯性和经常性，从而预测其未来的发展方向，才能切合实际地对学生进行创新教育，以塑造其良好的创新个性。为此，评价标准应该由浅入深，由初级到高级，由感性到理性，由行为到习惯，由学习、模仿到创新。教师要为学生提供一定的创新学习情境，有计划、有组织地给学生提供创新学习和活动的机会。

（四）自我评价

创新教育不能只靠学校的外化，更要通过学生个体的心理认同、接纳和内化。自我评价是最有效的评价，因为它能激发学生的自尊心、自信心，使

---

① 周保松. 什么是好，什么是坏？重建中国大学的价值教育 [N]. 南方周末，2010-8-26（F31）.

其能自觉主动地接受评价。个体在自我评价中实现一次又一次的超越，这是"创新"得以持久的不竭动力。当然，自我评价仍需要紧密结合教育者的评价。

（五）情境性评价

情境性评价是在真实的创造活动中，以多种方式对学生创造性地解决问题的能力进行的评价。情境性评价主要从外部为学生创设"创新"活动的氛围，关注任务的真实性。来自真实世界的问题多是结构不良领域的复杂问题，需要学生综合多种知识并进行创新组合才能加以解决。其次，情境性评价采取笔试、口试、实验、制作等多种评价方式，注重学生与同伴之间的沟通合作。

第五节　职业院校的班级管理创新

学生却常常被认为是学校改进的最终目标而不是学校改进的伙伴。我们常常只关注教师的工作条件、教师的工作文化和工作环境，却忘记了学校也是学生们学习的场所。① 职业院校创新技能型人才培养最终还需落实于教学基层单位——班级，因此，为了进一步提升学生创新教育的效果，职业院校班主任和辅导员需要创新班级管理理论，在产教融合的大背景下对班级管理方式方法进行改革创新。

一、班级管理理念创新

1. 学生观

职业院校对学生的培养要避免按专业培养出的人才"千人一面"，要真正体现由注重学生的共性转变为在注重共性的基础上积极关注个性，培养在某些方面具有一定创新性的人才。教师要深入了解学生，帮助学生认识自我，发现特长并予以引导和培养。教师要切实体现"学生中心"的理念，爱护学生的好奇心和自信心，鼓励其充分发挥想象力，自主地开展学习活动，以使其潜能得到开发，个性得到发展。职业院校培养的人才不能仅仅定

---

① ［英］斯托尔，［加］芬克. 未来的学校：变革的目标与路径［M］. 柳国辉译. 北京：北京大学出版社，2015. 158.

位为一般意义上的技能型的蓝领工人，应该加强复合型、创新型人才的培养。

2. 教学观

职业院校要引导教师的角色逐步由"工程师"转向"导师"，教学目的由"为教而教"转向"为人而教"。"导师——即便是学术导师——最重要的工作，是帮助学生了解自我、为自己的决定承担责任，并支持学生走自己的路，不要让他人的期待主宰自己的思想。"① 教师要由教育舞台上的"独奏者"转变为"伴奏者"，从台前退到幕后，以学生为中心，努力创设适宜情境，激发学生主动创新的意识、热情和习惯。② 教师不仅要让学生了解一些现代化的专业理论，更要引导学生懂得这些理论是如何获得的，应该强调的是"发现"问题的过程，而不是简单地获得结论，强调的是创新性解决问题的方法和形成探究的精神。发现问题是创造过程的起点，而且也是创造过程的一种动力。③ 问题发现同独创性和整体艺术价值间的相关达到了统计上的显著水平，和独创性的相关更是极其显著。④ 学生对知识要由被动地接受与继承转变为主动地发现与创新，由强调学生对当前社会的适应能力转变为对时代发展的应变能力。

3. 评价观

传统的教学评价是终结式评价，对学生的学习过程并不重视。学习评价不能只针对学习结果，而应注重评价学习过程、创新思维能力的发展和创新学习习惯的养成等方面。评价方式应以学生自我评价与学习小组评价为主，这有利于促进学生反思、发展自主意识，并改进学习策略。学生在科学合理评价的过程中不断实现自我超越，这正是"创新"得以持久发展的旺盛动力。

二、班级管理方法创新

1. 加强优秀班风建设

班风建设是职业院校创新技能型人才培养的一项重要内容，其工作成效对培养具有较强创新意识和创新能力的优秀人才有着非常重要的作用。在加

---

① ［美］刘易斯. 失去灵魂的卓越：哈佛是如何忘记教育宗旨的 ［M］. 侯定凯译. 上海：华东师范大学出版社，2012.85.

② 蒋波. 建构主义理论对高职院校创新教育的启示 ［J］. 职业技术教育，2011，32（25）.53.

③ 郭有遹. 创造心理学 ［M］. 北京：教育科学出版社，2002.260.

④ ［美］斯塔科. 创造能力教与学 ［M］. 刘晓陵，曾守锤译. 上海：华东师范大学出版社，2003.101.

强班风建设的过程中，应把培养职校生的创新意识和创新能力作为班风建设的重点。良好的班风有利于学生养成良好的学习习惯和学风，对其创新意识、创新能力和创新个性的发展具有重要的作用。

职业院校的班级管理与企业的管理有很多相似之处，班级管理模式应该与社会、企业的发展接轨。在产教融合背景下，职业院校班级可以结合专业特点，积极引进优秀企业的管理文化，使学生时时刻刻接受优秀企业文化的熏陶，潜移默化地植入企业管理精神，从而快速提升学生的综合职业素养，缩短从"学生""学徒"到"员工"的成长时间。

2. 创设良好的班级学习氛围

美国著名心理学家、人本主义心理学代表人物卡尔·罗杰斯提出，未来教育具有如下特征：（1）将形成提升好奇心和求知欲的诚信氛围；（2）将使学生、教师、管理者自由地参与学习过程中各个方面的决策；（3）将形成集体意识，恶性竞争将被合作、尊重他人、互相帮助取代；（4）将成为学生尊重自我、发展自信心与自尊心的地方；（5）将形成一种情境，其中学生与教师不断发现自身价值，意识到美好的生活依赖于外部资源，但不取决于外部资源；（6）在这种教育团体中，学生将为智力与情感探索感到兴奋，而这会促使他们成为终身学习者。①

创新学习需要职业院校营造有利于学生创新思维的氛围，使师生在不受传统"戒条"限制的氛围中发挥主体的创新性，为自己创造新的生存环境，展示人的实践活动的本质力量。教师不仅要重视营造学习的物质环境，也要重视优化学习的心理环境。教师必须深入了解学生的学习心理，给学生提供开展探索性活动的开放灵活的学习空间和时间，提供丰富的学习材料，并使学生在这种环境中充分建构知识意义。教师要善于营造一种自由和谐、宽松融合、生动活泼、富有启发的适合学生创新能力发展的心理环境，以使学生产生心理安全感和自由感，能进行富有创新精神和批判性的探索，发展好奇心、求知欲和冒险精神。

习近平总书记指出，"要把创新教育贯穿教育活动全过程，鼓励学生善于奇思妙想，并努力实践，营造处处是创造之地、天天是创造之时、人人是创造之人的教育氛围，以创造之教育培养创造之人才，以创造之人才造就创造之国家。"② 为了更好地促进学生的创新学习，职业院校要改变单一的学府

---

① ［美］罗杰斯．论人的成长［M］．石孟磊等译．北京：世界图书出版公司北京公司，2015. 152.

② 编写组．习近平总书记教育重要论述讲义［M］．北京：高等教育出版社，2020. 64.

式、课堂化教学环境，把企业文化引进到课堂中来，创设尽可能与工作实际接近的教学环境，实现学校环境与工作环境、校园文化与企业文化的有机融合，推进体现企业生产实际场景的课程环境建设。

随着职业院校学生自我意识的增强，创新教育还应该启发和培养学生进行自我教育。这样，才能形成主动积极的创新意识和良好的创新素质，教师要在全面了解学生的基础上，指导学生学习和掌握一些自我创新教育的有效方法和技巧。创新学习要求职校生热爱学习，勇于探索，具有自强、自立和不断进取的精神，并具有自我评价、自我体验、自我管理和自我完善的能力，能不断增强创新学习的动机，使其创新智慧能被激活。

费孝通先生曾说过，"我并不认为教师的任务是在传授已有的知识，这些学生们自己可以从书本上去学习，而主要是在引导学生敢于向未知的领域进军。"① 教师要引导职校生对未知事物进行积极主动地探索和发现，以激发其进行创新学习，培养其创新能力。此外，要使学生尽可能多地参与到学习活动中来，在教师引导下，大胆想象，积极思维，主动探索，在学习中不断发掘自己内在的潜力，培养和发展各种能力，不断提高创新能力，形成良好的创新习惯。

3. 创新学习型班集体

一方面，建立民主平等的师生关系。建立新型的师生关系也是职业院校开展创新教育的前提条件。华东师范大学丁钢教授说过，"教学是一种教与学双方的相互沟通的过程，也是一种价值分享的过程。如果教师不打算加入不同学生个体的不同价值分享和理解过程，只是停留在知识传授的范围，那么，在教学过程中，或者说当一个又一个的可教育时刻来临时，教师充其量只是一个教学活动的旁观者。"② 只有建立民主平等的新型师生关系，才能激起学生的共鸣，才能达到"亲其师而信其道"的效果。尊重学生，才能让其感受到自我的价值，才能使学生在轻松愉快的环境下进行创新学习。当然，新型师生关系的建立有赖于教师自身教育教学观念的更新和素质的提高，更要给学生提供一个自由安全的创新学习氛围。

另一方面，引导学生进行结伴学习。学生既有知识信息交流的需要，还有情感心理交流的需要；不仅需要与教师交往，更需要与同伴交往。单独学习时，学生可能缺少群体压力感，在遇到困难时容易产生无助感。结伴学习

---

① 费孝通. 乡土中国 [M]. 北京：人民出版社，2015. 重刊序言.
② 丁钢. 声音与经验：教育叙事探究 [M]. 2版. 北京：教育科学出版社，2020.

能增加学生之间的交往互动，帮助他们去除自我中心的思维方式。当不同的观点发生冲撞的时候，便会产生思想的火花，在一个良好的组织中，这种火花就是创造性的源泉。①

结伴学习主要包括两种形式，即竞争学习与合作学习。学生的竞争与合作能力是其将来成功适应社会的基础。创造性人才既需要竞争来激发创造的"活力"，又需要合作来提升创造的"合力"。教师要引导学生在竞争学习中力求沟通双赢，在合作学习中追求自我优化，以促进学生个性、社会性和创造性的健全发展。

① [加] 迈克·富兰. 变革的力量：透视教育改革 [M]. 中央教育科学研究所，加拿大多伦多国际学院译. 北京：教育科学出版社，2000.227.

第七章

创新技能型人才培养与职业院校的课程教学改革

职业教育区别于普通教育的是突出"职业性",如何把握"职业性",这是职业教育的难点。职业院校确立的一般教学原则是——"理论够用,实践为重"。对于实践课,根据技术的职业性、技能的岗位性尽可能增加教学时数,最大限度地帮助学生形成和提高职业技能。常州工程职业技术学院构建了由基本技能、专业技术能力与综合应用能力三个层次训练组成的实践教学体系。在实践中,各职业院校的实践课与理论课课时比平均达到1:1,个别专业实践课时总量甚至超过50%。在"实践为重"的教学原则下,职业院校积极营造良好的实践教学氛围,全面开放实验室,大力开展课外科技实践活动、实践技能竞赛与考核等活动。

第一节 职业院校创新技能型人才培养的模式创新

当前,产教融合人才培养模式正在职业教育中如火如荼地展开,培养了一大批满足企业需求的高级技能人才。广大职业院校要充分借鉴德国"双元制"、澳大利亚"TAFE"、美国"社区学院"、英国"三明治"、日本"产学合作"、新加坡"教学工厂"等国外职业教育产教融合模式,及"订单式""2+1""工学交替"等国内模式,总结共性规律,积极推广"厂中校""校中厂""工学结合"和"产业学院"等新型产教融合的模式,促进产业需求侧和教育供给侧资源的双向改革,将其中的创新理念、创新机制、创新举措积极应用创新技能型人才的培养。

一、"引企入校"模式

(一)"引企入校"模式的基本概况

"引企入校"模式是指职业院校将企业厂房建在校内,企业投入资金购买设备，学校提供场地，这样，就能将企业真实的生产经营活动引入校内，建成"校中厂"。从另一个角度看，还可以将职业院校引入企业，在企业内部办职业院校，建设"厂中校"，这将非常有效地帮助企业及时、系统地培训员工。学校和企业共同对入校企业进行管理和建设，共同对学生实践技能进行指导。浙江义乌工商职业技术学院创设的双轴四轮驱动产教融合模式，以时间轴和企业轴进行划分，大一阶段学校重在打基础、重参观、广体验；大二阶段企业深入课堂教技术、深认知、重实践；大三阶段学生定方向、拜师傅、强技能。在"引企入校"培养模式下，企业就是学校，车间就是教室，教师就是师傅，学生就是学徒，作品就是产品，这是在更深层次上进行的产教融合。

（二）"引企入校"模式的主要特征

1. 校企零距离接轨

职业院校将企业的师资、经费、设备、管理、信息、技术、制度、文化等引入学校，引进企业标准化的管理模式和成熟的企业文化。职业院校师生能够更加便捷地深入生产一线，及时了解行业形势，还能让学校师生真切感受到现代管理的先进性和优越性，及时了解企业对所需人才规格的要求，有助于推进学校管理标准化的进程。学校根据教学计划，分批分期地将学生派到校内企业实习。在校实习期间，学校选派教师，企业选派师傅共同指导。学生作为"学徒工"直接参与"企业"的生产流水线的全过程，实现了学校与"企业"之间的零距离接轨，这样他们能够深切感受企业的真实场景和工作氛围。

2. 校企命运共同体

校企在实体上形成深度融合，决定着二者之间必然成为命运的共同体。校企双方，特别是企业由于高额的资金、设备投入，必须全程紧密介入人才培养过程，才能够有较好的结果产出，因而更能发挥其积极主动性。企业工程师、技师和高管等业务骨干与学校教师根据双方需求和基本情况，共同制定教学计划，根据产业、学科发展的现状，在课程教学内容基础上适当补充新技术、新材料和新工艺的信息。实施理实一体化教学，在企业技术骨干指导下生产企业产品，能使学生的知识和能力更为扎实，更符合社会的需求。学生在全真的企业生产环境中进行技能训练，不仅实现了"做中学""学中做"，还能实现"学中思""做中思"。操作、学习和思维的过程能够帮助学生加强深度学习，深刻理解专业技能的形成过程。学生直接参与企业的生产过程，在顶岗实习的过程中，实现教学内容实用化、教学手段现场化、实习情景真实化，从而实现专业知识培养与职业岗位能力培养的无缝对接。

《建设产教融合型企业实施办法（试行）》要求将企业参与产教融合人才培养，从"要我做"变为"我要做"，进一步发挥积极主动性，把数以万计的产教融合型企业打造成为支撑职业教育高质量发展的"学习工厂"。校企双方本着资源共享、优势互补、互利互惠、协同发展的原则，校企双方以协议形式明确要求、规范行为，开展互认挂牌、互派挂职交流合作、产学研合作，可以实施订单培养、员工合作培训，帮助学生完成顶岗实习、就业推荐等。学校为企业提供"一站式"的人才服务，能够有效降低企业在人才招聘和岗前培训中的成本。

3. 学校全力增内涵

学校通过"引企入校"的模式，可以在极大程度上缓解学校建设中的师资、资金、技术和设备等的不足，将节省下来的资金投入到专业内涵建设、教学研究与改革上，可以促进学校的办学理念、办学水平的全面提升，促进师生的快速成长。苏州经贸职业技术学院打造了苏州现代服务业产教园和苏州经院大学科技园。通过引企入园，为学生提供生产实习实训岗位。"二园"入驻行业协会 2 家，各类型中小企业 100 多家。校企通过共建实训基地，可以实现实训基地的企业化管理。通过科学的企业化管理、市场化运作，凸显具有教学改革力度大、装备水平高、优质资源共享的高水平实训基地的示范作用。

二、"嵌入式"模式

"嵌入式"最早是一项运用于信息工程领域的专门技术，后被应用于职业教育实训工作。嵌入是将一个独立系统介入到另一个系统的过程，这样会在两个系统的基础上产生新的功能。

（一）"嵌入式"模式的基本概况

在产教融合框架下，"嵌入式"模式是将企业岗位技能的要求作为学生技能训练的标准并将其嵌入到教学实训之中。企业通过深度参与专业建设和课堂教学，使学生的综合素质能够基本符合企业要求。"嵌入式"培养模式根据企业介入时间的早晚，可以分为前期嵌入、过程嵌入和后期嵌入三种形式。

1. 前期嵌入

这是指在校内实训前，企业技师与学校教师共同按照企业需求制定实训指导工作方案。方案除了包括培养职业技能的相关实训课程，还包括企业管理制度、企业文化、职业道德及相关工种的操作规范、安全须知等课程内容。企业教师根据一线生产的实际工作要求，结合学生具体情况，编写实训操作资料，并要求学生严格遵守操作规范。通过学习和实训，学生的专业理论和技能水平都将得到明显提升。

2. 过程嵌入

这是指在校内实训过程中，企业技师对学生遇到的问题进行技术分析，分析原因并寻找解决方案，同时还向学生明确指出不规范操作可能带来的危害。在学生熟练操作生产设备的基础上，企业技师还要向学生传授自己总结出来的操作经验和操作技巧。在阶段考核时，企业技师严把质量关，考核不合格的学生安排专人一对一辅导，跟踪督促直至其能够通过考核。

3. 后期嵌入

这是指在校内实训结束后，学生按照校企共同制定的培训方案到企业进行顶岗实习。学生在校实训期间获得的操作技能还需要得到及时巩固，这样才会固化为能力。为了进一步强化学生的操作技能，能够在企业真实的生产场景下进行顶岗实习，企业要在生产一线留出充足的工作岗位，让更多学生能够经常性地在企业生产中进行历练。

（二）"嵌入式"模式的主要特征

1. 企业提供行业标准

采取"嵌入式"培养模式的班级其实也是一种"定制班"。在"嵌入式"培养协议下，企业会根据生产标准和具体要求，结合职业院校的教学安排，制定实训实习的基本标准，并在与职业院校进行商讨后"嵌入"到人才培养过程。与学校标准相比，校企共同商定的实训实习标准更能反映行业企业发展的现实要求，更为切合生产实际。职业院校学生经过"嵌入式"过程的培养，就会成为企业量身定制的优质"产品"，能够直接上岗。

2. 企业提供高水平师资

职业院校教师普遍存在理论基础扎实、动手操作能力相对薄弱，部分新教师是从学校到学校，远离实践操作和生产实际。这种现状严重制约了学生的实训指导，学生技能实训处于水平低、方法旧的状态。实施"嵌入式"人才培养模式，企业根据约定会派出高水平技师参与教学，这为学校带来生产一线的真实操作方法和技巧，弥补了职业院校教师在实践教学指导上的不足。"嵌入式"人才培养模式也为职业院校教师提升自己专业技能水平提供了便利，通过在合作教学过程中相互学习，不断提升操作水平，很多教师都能够上得了课堂，下得去车间，从而使得很多职业院校教师顺利成长为优秀的"双师型"教师。

3. 学生获得历练机会

在学生完成职业院校的定制学习任务后，企业会为"嵌入式"培养的学生提供生产岗位供其进行顶岗实习，这样能帮助学生在完成校内实训任务后及时有效地强化专业技能。学生的技能学习从基本的操作训练，到学校实训，再到企业顶岗实习，专业技能的训练由简单到复杂，由部分到整体，操作不断因为系统联系而得到整合，最终形成连贯的系统化的职业技能。这个过程能够激发出学生技能学习的趣味性和层次性。学生在企业生产一线岗位得到真刀真枪的历练后，操作技能得到巩固并及时固化为能力，能帮助学生在较短时间内迅速成长为能满足企业需求的高级技能型人才。

三、"行业学院"模式

（一）"行业学院"模式的基本概况

"行业学院"模式是职业院校借助行业协会与行业中的骨干企业合作，共同开展专业人才培养、科技服务的应用型专业学院。行业学院不同于传统的专业学院，它提供了学校人才培养和行业相融合的个性化教育。具体而言，行业学院是在学生完成专业基础课程和技术课程后，加入1-2年的行业培训，以行业实际生产的项目为依托，为常规的专业培养提供面向行业的技能训练。学生掌握职业技能并通过考核后，可以直接上岗。校企双方通过行业学院的深度融合，校企合作得以顺利展开，形成了学校、行业、企业、教师、学生等多方共赢的良好局面。

（二）"行业学院"模式的主要特征

1. 鲜明的行业特色

行业学院是应行业发展需求变化而产生的，具有鲜明行业特色。行业学院借助行业协会的桥梁作用，依托行业及行业中的骨干企业，围绕行业相关岗位的标准，把行业技术标准充分融入课程体系中，突出行业特色和优势，培养符合行业需求的人才。

2. 高度的办学自主权

与传统的专业学院相比，行业学院具有相对独立的运行机制。为了有效提升行业学院的运行效率，确保人才培养的质量，行业学院的管理方式采取理事会领导下的院长负责制。院长由理事会聘任，可以由职业院校二级学院院长担任，也可以由行业协会会长来担任。行业学院的管理团队独立于学校和行业，能够代表学院行使权力。行业学院通常分为四个部门：一是企业联络部，负责校企之间的联系；二是技能培训部，提供技能培训服务；三是人力资源部，负责聘请师资、推荐学生实习就业；四是项目管理部，负责校企合作具体项目的管理。

3. 更强的集成度

行业学院需要精准对接新型行业的运行链，体现多个传统行业领域的融合，因此行业学院不能像传统学院那样以单个学科专业单兵作战，需要突破学科之间的壁垒，突破教学组织和行政部门的界限，汇聚各方资源抱团发展，建立学科专业群，组建课程群，集中优势资源条件打造学科专业高地。

四、"现代学徒制"模式

（一）"现代学徒制"模式的基本概况

传统学徒制在中国传统社会和中世纪的欧洲都广泛存在。在传统学徒制下，师傅与徒弟朝夕相处，口耳相传、言传身教，师傅除了对徒弟进行技能指导外，还非常重视对学徒进行品德教育，也正因为如此，传统学徒制培养出的工匠不仅有高超的技艺，还有较好的人品。同时，传统学徒制对于徒弟经验技能的获取，尤其是缄默知识的传授具有很大优势，但其缺点是教学效率较低，也不利于徒弟构建系统的知识和理论。随着西方工业革命的兴起，生产作业分工不断细化，这使得大多数工作变得比较简单。学校职业教育大大提高了人才培养的效率，一个教师可以同时向几十名乃至上百名学生传授职业知识并指导技能训练。这样，传统学徒制就逐步走向衰落。

"现代学徒制"是一种基于校企深度合作，将现代职业教育与传统学徒制教育有机结合的人才培养模式（见图7-1）。这是通过学校和企业的深度合作，学校教师和企业师傅共同授课，对学生以技能培养为主的人才培养模式。

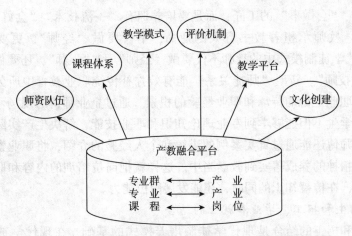

图 7-1　产教融合视角下的现代学徒制人才培养模式基本路径

现代学徒制是对传统学徒制的深化发展，既保留了传统学徒制的优点，也融入了现代职业教育的一些新的理念和方法。20 世纪 80 年代末以来，西方国家纷纷开展了以"学徒制"为核心的职业教育改革，在创新职业教育人才模式、提高职业教育质量、促进国民经济发展等方面均取得了非常显著的成效。黑龙江职业学院的机械制造与自动化专业和哈尔滨东安实业发展有限公司合作开设现代学徒制试点专业，创新校企协同育人机制，建立具有现代学徒制特点的管理制度，创建了"三段递进、工学交替"人才培养模式，通过"识岗、融岗、跟岗"实现学徒能力的分段培养，构建了"两岗多证、育训结合"课程体系，形成了独具特色的现代学徒制育人体系。

（二）"现代学徒制"模式的主要特征

1. 学校和企业的结合

"现代学徒制"模式的两个主体——职业院校和企业，使得学生入学时就拥有了双重身份——学生和学徒。职业院校和企业之间建立了非常密切的合作关系，学校根据企业提出的要求制定培养计划，将企业岗位所需要的理论知识和工作技能落实到课程教学，从而帮助学生了解未来职业发展的方向。在现代学徒制模式观照下，学生在学校教师和企业师傅的共同指导下，其角色会经常在学生和学徒之间转变，以此达到工学交替，技能循序渐进的发展目标。

2. 经师、人师和技师的结合

日本著名企业秋山木工创始人秋山利辉强调，我并不希望只是培养"技术"优秀、"会做事"的工匠，而是要培养拥有"一流技术""会好好做事"的匠人。① 教师承担着教书育人的使命，不仅要做"经师"，更要做"人师"。现代学徒制模式中的教师不仅要做"经师"和"人师"，还要做真正意义上的"技师"。新型"师徒关系"能有效弥补传统职业教育中所欠缺的职业精神、职业道德的传承和职业经验的积累。通过企业师傅的现场示范、言传身教，学生不但能够学到专业理论知识和职业技能，解决生产实际中的各种问题，师傅还能通过真实案例的讲解和个人经验的介绍，将职业素养的培育和职业精神的养成落实到教学当中。这样就把岗位培训的内容和职业教育结合起来，在传授知识的同时，还能发展岗位能力。

3. 招生和招工、毕业和就业的结合

招生和招工的结合是现代学徒制培养模式的基础。在现代学徒制模式下，校企双方贯彻"招生即招工、进校即进厂"的校企联合培养的要求，不断加强招生工作的统筹和协调，在政府和教育部门的支持下，根据企业需求，与企业共同制定招生与招工方案，改革考核方式和录取办法。

引导学生更好地就业是现代学徒制模式推行的目标之一。现代学徒制模式为了引导学生学习目标瞄准企业岗位，从校园学习逐渐向企业工作转变，从而达成以就业为导向的专业人才培养目标。现代学徒制模式通常与国家职业资格证书考评体系紧密关联，依据现代学徒制培养的学生在毕业前通常能够获取相应的职业资格证书。

第二节　职业院校创新技能型人才培养的课程创新

结合产教融合需求，职业院校创新技能型人才培养需要创新课程内容，增加活动课程和综合实践课程，充分利用第二课堂，重点加强创新技法、创新思维能力、创新实践能力等的培养。

一、课程内容创新

职业院校课程改革需要改变传统课程结构过于强调学科本位、课程过多和缺乏整合的现状，要切实体现课程结构的均衡性、综合性和选择性。必须改革传统的知识本位课程，确立创造教育的课程目标，建立完整的课程体

---

① ［日］秋山利辉. 匠人精神［M］. 陈晓丽译. 北京：中信出版社，2015.131.

系，优化课程结构。① 课程内容创新必须紧密贴合企业需要，及时更新课程内容，还可以联合企业开发新的课程，这样才能紧跟时代步伐，为培养创新技能型人才奠定深厚的知识基础。"重要的是，学校所教授的科目应该和现实统一，以使孩子看到这些科目的目的和实用价值，而不会把它当作纯粹抽象理论。"② 常熟职教中心与常熟华联宾馆围绕产学研目标，将企业所需的课程和要求纳入教学改革，针对常熟日资企业多的情况，学校便开设了日语等相关课程，并结合服务所需，将课程贴近于实际，根据企业要求，还增设了书法、地方语、常熟历史等文化课程，为学生的全面职业素质发展加分。

职业院校的课程体系包含了知识类、情意类和活动类课程以及综合实践类课程。综合实践类课程通常以企业生产中的真实问题作为课程任务，具有更强的综合性、实践性和创新性。学生通过参与综合实践能积累丰富的经验，提高综合运用知识解决问题的能力。职业院校必须进一步加强综合实践课程教学，大幅增加创新性、设计性和综合性实验。这四类课程要重点加强对学生进行创新理论知识、创新技法、创新思维能力、创新个性等的教育。其中，要特别加强对学生进行思维的流畅性、灵活性和独创性等创新思维的训练。

为了进一步强化学生的实践操作能力、创新能力，更早地接触未来的工作岗位，职业院校要调整教学计划，进一步增加实习实训的时间，进一步加强校企合作、工学结合，通过顶岗实习的方式，向学生完整展示真实的企业生产场景，使学生了解职业情境和岗位要求，不断强化专业能力的学习，而且可以使学生在遵照企业要求完成工作任务的过程中不断增强责任意识、合作意识和创新意识。③ 江阴职业技术学院在实践中形成了"工学结合、顶岗实践"和"主体参与、情感体验、积极创新"的教学模式。苏州托普信息职业技术学院的动漫设计与制作专业创新"任务驱动、项目导向"教学模式，机械制造与自动化专业强化实践教学，采用"工学交替"培养模式。

二、课程资源创新

产教融合人才培养模式使得职业教育打破了单纯的课堂教学的基本教学形式，突破了职业院校的范围。学习目的的职业性、学习过程的实践操作性等特点，决定了学生在学习期间必须通过"工学结合"，一边学习、一边实

① 冯建军．创新教育与课程改革［J］．中国教育学刊，2000，（4）：15-17.
② ［奥］阿德勒．儿童的人格教育［M］．田颖萍译．北京：台海出版社，2016.116.
③ 马成荣．创业、创新、创优：职业教育的新视界［J］．教育研究．2011，（5）：60.

践，必须尽量利用专业知识和技能参加社会服务，投身社会实践。

（一）校内课程资源创新

课堂和教材不再是职校生唯一的学习资源。"学校再也不会是一个为学生一生准备一切的地方。"① 课堂学习仅能满足学生系统接受知识的需要。"闭门"难以造出"好车"。在课堂以外的学习空间中，学生可以开阔视野、了解社会需求，增加学习目的性和针对性，可以广泛接触不同人群，面向社会生产生活实践，应用和创新所学知识，不断发展专业技能和素养。

南京科技职业学院建设了现代化工教学工厂，建立了完整的"三维四层"实践教育体系，将教室与车间合二为一，创新性地突破了化工人才培养的瓶颈。江苏经贸职业技术学院则创建"校内工学结合"人才培养新模式，为在校生提供20多间门店，帮助学生搭建创业实践平台，营造了"鼓励创业，宽容失败，勇于创新，追求成功"的创业环境。创业学习能给学生提供自主操作、科学分析、评价应用的机会，获得更为丰富的学习资源。

（二）校外课程资源创新

除了进行校内课程资源创新以外，还应该注意联合企业共同开发课程。如江苏食品职业技术学院与"雨润""今世缘"等江苏食品职教集团理事企业、龙头企业、合作制定专业标准和人才培养方案，合作开发新专业，合作构建课程体系和教学内容。

此外，学生不仅要在现实社会中学习，还要学会利用网络在虚拟社会中学习。网络学习是全球范围内的合作学习，突破了学习的时空界限，提供交流合作的平台，共享"无限"的资源，是现代社会一种高效率的学习方式和手段。职业院校可以尝试开发专业课程的在线学习系统和考试系统，给学生提供自学、检测和考核的平台。

三、课程结构创新

相对而言，传统的职业教育课程结构比较单一，体现在重必修课程、轻选修课程；重实践课程、轻理论课程；重学科课程、轻活动课程；重分科课

---

① 联合国教科文组织编，王一兵译. 学会关心：21 世纪的教育——圆桌会议报告 J]. 教育研究，1990，(7)：76.

程、轻综合课程。这在相当程度上剥夺了学生对课程的自主选择权，压抑了学生学习的热情和兴趣。当代职业教育要求学校要创新条件设置丰富多彩、应用性强、课程标准弹性化的选修课程、实践课程和活动课程，以进一步增强学生的探究意识及创新能力。

职业院校应积极与企业密切围绕产学研的发展目标，将企业所需的课程和要求纳入教学改革，结合社会服务所需，使所开设的课程能贴近社会实际需要。江阴南华职业高级中学以企业用工需求、社会发展需求、学生职业生涯规划为目标，研究社会对本专业技术人才需求的趋势，针对地方经济社会发展的特点与趋势，大力实施"以能力为本位、以职业实践为主线、以项目导向为主体"的模块化课程体系。常州工程职业技术学院构建了由基本技能、专业技术能力与综合应用能力3个层次训练组成的实践教学体系。在加强知识技能等专业基础课程的前提下，高职院校要特别重视综合实践课程的开发。综合实践课程具有较强的综合性、经验性、实践性和创新性，通常以生产生活中的问题为中心，学生通过参与社会生产生活实践，可积累丰富的经验与体验，自由地表现自己的创新欲望，逐步养成主动探究的习惯，不断提高综合运用专业知识创新性地解决实际问题的能力，从而促进其创新素质乃至整体素质的提高。

四、课程评价创新

传统的职业院校课程评价重技能操作、轻创新拓展，多为终结式的评价，通常更为关注学生的学业成绩及专业技能等级证书，相对忽视学生的学习过程。实际上，课程评价不能只针对课程考核结果，也应关注过程性评价、创新能力发展等方面。对创新技能型人才的评价，需要实现多元化的评价机制，建立多种形式、多次机会的评价模式。

课程评价要体现以创新技能为中心，从过去单一的根据文化理论考试成绩评价，转变为着重依据学生的专业综合实践能力、创新能力来全面衡量。评价层次逐步由对记忆能力、思维能力的评价转变为操作应用能力、创新能力的评价；评价方式由教师一维评价延伸到学生自我评价、学习小组评价和教师评价相结合的多维评价；评价形式由闭卷考试拓展到开卷考试、口试、现场操作等；评价场所由教室转移到实验室、工厂和社会……这样，学生在科学合理的评价系统中能够不断提升专业知识技能，这也正是创新得以持久发展的旺盛动力。

"从学生的观点看，教育系统的目的就是通过考试。而且，他们受教育的内容一定是要考试的。不管是有意还是无意，决定学生学习哪些课程的人必须问他们自己，这些课程的目的是学习还是考试？答案是：不是学生应该学什么，而是学生要考什么。"① 实际上，职业教育的目的应该是最大限度地提升学生的职业能力，通过多种训练方法提升学生的专业操作能力，在此基础上，发展学生的想象力和思维力，使他们能够进行独立的、有效的思考，做出准确的判断，为其成为一个高技能人才奠定基础。

第三节　职业院校创新技能型人才培养的教学策略创新

教学策略创新是学生在学习过程中，为达到一定的学习目标，创新性地调控学习策略、方法、环节等的操作过程，是认知策略在学习活动中的体现形式，它在一定程度上表现为创新学习的方式和技巧。

越来越多的心理学家认为，创新是由多种心理因素构成的复合体，其心理结构具有多维性。西南大学张大均教授认为，创新性是由多种心理品质有机结合构成的心理结构系统，主要包括创新认知品质、创新个性品质和创新适应品质。创新认知品质是创新活动的核心，是指创新心理结构中与认知加工有关的部分。一般而言，创新认知品质主要包括创新想象、创新思维、创新认知策略三个方面。创新认知策略是指有效进行创新思维和想象的方法和操作程序，为近年来众多心理学家所关注，并提出了许多有助于创新思维和想象的认知策略，如"头脑风暴法""分合法""幻想法"等。创新认知策略可以通过适当途径传授给学生。

我国教育存在重教有余，重学不足；灌输有余，启发不足；复制有余，创新不足等缺点，这在很大程度上压抑了学生的创新意识，摧残了学生的创新能力。职业院校创新技能型人才的培养，需要教师创新教学策略，有效地开展创新性教学。创新教学策略是教师在教学过程中，创新教学策略、方法、环节等的操作过程，它在一定程度上表现为创新性的教学方式和技巧。近年来，众多心理学家提出了许多有助于创新思维和想象的教学策略，如头脑风暴法、发散思维法、非逻辑思维法等。

---

① ［美］赫钦斯．学习型社会［M］．林曾等译．北京：社会科学文献出版社，2017.87.

一、头脑风暴法

头脑风暴是迄今为止人类发现的最有成效的培养创新思维和解决问题能力的方法。① 头脑风暴法是由美国学者阿历克斯·奥斯本于 1938 年首次提出的。头脑风暴法，即像暴风骤雨一样给人脑以不同观念的冲击。通过多人集体讨论，在平等、自由的环境下，各个个体通过相互启发和激励，逐步摆脱头脑中已有观念的束缚，避免思维定式，充分激发想象力，引导个体不断进行发散性思维，强调灵活变通，最终提出创新性的问题解决方案。

头脑风暴法通常围绕一个主题，召开十人左右规模的畅谈会，要求参会者尽可能多地在短时间内提出自己的想法。为保证集思广益，所有人都畅所欲言，表达方式和思维方式都没有任何框架。所有参会者都必须遵守四条基本原则：（1）对其他人提出的各种问题解决方案暂时不作任何评价；（2）鼓励所有成员自由思考，可以跨学科、跨文化，通过不同视角看待问题，所产生的想法能够标新立异、与众不同；（3）以成员获得各种问题解决方案的数量为目标，不过分关注质量；（4）鼓励成员之间相互激励，能够站在他人更高的肩膀上提出更优秀的解决方案。

二、发散思维法

发散思维又称求异思维，是指人脑在思维时呈现的一种扩散状态的思维模式。人们在解决较为复杂的问题时，需要进行发散思维，从多方向、多角度寻求答案。不少心理学家认为，发散思维是创新思维的最主要的特点，也是测定创新能力的主要标志之一。发散思维训练的主要做法包括：（1）用途扩散，即以物品的结构、形状等为发散点，尽可能多地设想它的种种用途。如尽可能多地说出砖头的用途：建筑、练功、挡车轮、做标记、做锤子、垫脚、写字、凳子、压东西等。（2）结构扩散，即以事物的结构为扩散点，设想出利用该结构的各种可能性。如尽可能多地划出包含"〇"结构的东西，并写出后说出它们的名称。（3）方法扩散，即以问题解决方法为扩散点，设想出利用该种方法的各种可能性。如以"打"的方法为例，打枪、打票、打酱油、打字、打车、打地铺等。（4）形态扩散，即以事物的形态、颜

---

① ［美］崔西 . 压力是成功的跳板［M］. 史雷译 . 北京：机械工业出版社，2015.65.

色、气味等为扩散点，设想出利用某种形态的各种可能性，如以红色为例，可作红色交通信号灯、火警、红十字标志等。

在日常学习和生活中，为了更好地促进发散思维，首先，我们要做好随时记录，随身携带一个便签或记事本，当想法一闪而过的时候立即将它写下来，或者随时用手机记录、录音或拍摄，以便捕捉那些类似的观点或想法。其次，写随笔。可以及时写下关于这个主题你脑子里所有闪过的想法，不去修改或校对，直到所有的想法都以某种方式记下来。过后再去组织和重新思考它们。最后，作思维导图。从一个核心观点出发，用线条从中心到其他相关的观点画一个"地图"，这样，从视觉上更能直观地发现这些概念之间的联系。

三、非逻辑思维法

非逻辑思维是创新思维的重要成分，因此，很有必要加强直觉、灵感等非逻辑思维的培养。非逻辑思维的培养应注意以下几个方面：（1）加大思维的联想跨度，培养学生善于把事物与所探索的问题联系起来。在学习过程中，要敢于把人们容易忽略的、习惯上认为不相干的问题联系起来或移植过来，这有助于灵感的迸发。灵感有三个特征，首先，灵感是突如其来的，处于个体自己意料之外；其次，灵感是不由自主的，有时苦心搜索而不能得的偶然在无意之中涌上心头；最后，灵感也是突如其去的。① （2）加大思维的转换跨度，引导学生敢于否定原来的设想，善于打破固有的思维习惯。有效转换思路的一种有效方法是把先问题放置一边，使头脑得到休息，从而有利于冷静地思考以往的得失和被忽略的线索，有利于思维从不同角度出击。（3）加大思维的"前进跨度"，提倡跳跃式思维，培养思维的跳跃能力。在做作业时，不需要学生每次都写出详细步骤。（4）培养学生构建整体观念的能力。教师应教会学生从宏观上、整体上来观察并理解学习内容的框架与结构，而不仅是记住细节。（5）训练学生的直觉思维。教师应注意鼓励学生大胆猜想，这可能有助于作出推测，并可促使直觉思维向合理程度发展。（6）教师要创设让学生大胆探索与猜测的情境。

---

① 朱光潜．谈美［M］．北京：北京联合出版公司，2020．149-150．

四、类比思考法

类比思考法是受到两个（或两类）对象之间在某些属性上的相同或相似性的启发而产生类推的一种解决问题的思考策略。类比问题解决要求问题解决者看到当前问题（靶问题）与记忆中已有问题（源问题）之间存在的各种相似。[①] 由于事物间有功能、形态、结构、因果关系等的相似，因此也可相应地分为功能类比、形态类比、结构类比、因果关系类比等。通常，我们将陌生的对象与熟悉的对象进行比较，未知的对象与已知对象进行比较，这样往往可以由此及彼。在运用类比解决问题时，一定要注意认真分析对象之间的共性，善于发现本质属性，以使问题得以成功解决。

类比推理包含五个子过程：（1）提取（retrieval），将"靶"保持在工作记忆中，同时在长时记忆中寻找与其类似的、自己更熟悉的例子。（2）映射（mapping），将"源"和"靶"同时保持在工作记忆中，调整源和靶，将源的特征映射到靶上。（3）评价（evaluation），确定当前的类比是否有用。（4）抽取（abstraction），将源和靶的共同结构抽取出来。（5）预期（predictions），根据对源的已知信息，提出关于靶的行为或特征的假设。[②]

运用类比，抽象的内容可以具体化、形象化，新知识可以通过与已有知识的类比得以触类旁通，深奥的道理可以明白简单地揭示出来。例如，在学习分子运动论时，学生对一瓶水与一瓶酒精混合后装不满两瓶的实验难以理解。只要以"一桶核桃和一桶大豆倒在一起，还是两桶吗？"的类比，学生就会豁然开朗，明了水与酒精混合体积缩小是由于分子之间有空隙。

运用类比时，首先要考虑可比性，即比较对象（被比方）与比较标准（比方）必须具有某种共性。其次，要考虑可接受性，所选的比方必须是学生熟悉、易懂的。所选的比方不能是生僻的，否则可能会使学生越听越糊涂。第三，比方是手段而不是目的，只能起过渡作用。不应再在比方做过多的描述，以免喧宾夺主。

---

① [英] 罗伯逊. 问题解决心理学 [M]. 北京：中国轻工业出版社，2004. 155.
② [美] 史密斯，科林斯. 认知心理学：心智与脑 [M]. 王乃戈等译. 北京：教育科学出版社，2017. 463.

五、对立思考法

对立思考法即指从已有事物、理论或经验等完全对立的角度来思考，使问题得到创造性解决的一种思维方法。对立思考法的要旨是设立对立面。设立对立的创新思维过程，通常在心理历程上有着四个时序连续的步骤：树敌——破阵——包摄——建构。（1）树敌，指给予限制性条件，以造成一种极例置于原理论的适用范围之外。（2）破阵，指从原理论的对立面出发，与之相互比较、质疑、诘难，以暴露原理论的"置信区间"，从而打破旧理论的局限。（3）包摄，当相互对立的公设充分对立矛盾，又都充分为证据所支持不能舍弃任何一个，于是出路就在于把二者结合起来，提出新假设、修改原理论，以把新事实包容进来。（4）建构，指在明确的理论目标和包摄融合的前提下，建构一个更为普遍适用的新理论。值得注意的是，在第二阶段"破阵"时就可能创造性地解决问题。当两个极端都存在适用范围时，这时才需要进一步的包摄、建构。对立思考是一种打破原有认知局限，突破思维定式的一种有效方法。

六、转换思考法

转换思考法是一种在没有直接解决问题的通路时，间接地绕过问题障碍而解决问题的方法，也就是平常说的"换个角度想想""另辟蹊径"等。每当我们用常规思路、习惯思路解决问题受阻时，就应该转换思路，另辟蹊径，通过其他问题的解决转换为该问题的最终解决，或者借用解决其他问题的方法解决该问题。在数学学科中的数形转换方法，用代数的方法解决几何问题，或用几何方法解决代数问题称得上是这种方法在具体学科中的运用。此外，如曹冲称象、阿基米德测量金字塔的高度均是这种方法运用的精彩实例。

七、分合思考法

分合思考法是将思考对象的有关部分进行组合或分离，从而设法找到解决问题的新思路、新方法的思维方式。由于事物性能、原理、功能、结构或模块等的组合方式不同，事物也就显现出不同的性质、形态或功能。小学生喜爱的橡皮头铅笔的发明就是典型的组合思路的运用。

第四节　职业院校创新技能型人才培养的学习方式创新

伴随着职业院校课程改革、培养途径改革和学习策略改革，要求与其配套的学生的学习方式也要进行相应的转变，以达到培养学生创新精神和创新技能的目标。学习方式转变不能盲目进行，必须积极关注并处理好转变过程中的多对关系，科学转变、优化组合、灵活运用，以促进学生形成良好的个性化的学习方式，不断发展其学习素质，促进其全面和谐的发展。

一、学习性质由重复学习转向创新学习

劳动力市场的变化加剧使职业院校学生在未来工作中所需要的技能变得更加复杂，要求他们必须通过持续不断地学习以形成灵活适应新技术、新环境的能力和心态。技能概念因此被不断扩展，明显呈现出一种所谓的"软化"趋势，即问题解决、批判反思、沟通合作等"核心"技能受到高度重视。[1] 作为人类文明的继承者和传递者，学生不仅要学习现成知识以适应环境，更要探求未知世界以改造环境。

"即使一个人掌握了学习的方法和策略，具有了出色的学习能力，但所学的毕竟是社会中已经存在的知识，充其量是适应现存的社会，而人生活在世界上更重要的是要改造社会，创造美好的未来。"[2] 因此，学生要努力实现由重复学习向创新学习的根本转变。创新学习有利于学生将知识、能力运用于生产生活实践之中，并为社会做出更大贡献。学生只有学会创新学习，才能在完整意义上懂得学习、工作和生活的意义。因此，教师应努力引导学生学会创新学习，不断培养其创造意识，发展其创造的积极信念和坚强意志。

二、学习目的由理论学习转向应用学习

我国的教育方针指出，教育必须为社会主义现代化建设服务，必须与生产劳动相结合。美国著名心理学家、约翰·霍普金斯大学罗伯特·斯莱文教

① 米靖，赵伟.职业教育如何开启提质培优高质量发展新征程［N］.光明日报，2021-4-27（13）.
② 陈建翔，王松涛.新教育：为学习服务［M］.北京：教育科学出版社，2002.59.

授说过，"生活中许多问题的产生并不是由于我们缺乏知识，而是由于无法应用所掌握的知识。"① 作为未来的应用型人才，应用学习有利于学生提高学习效果，是知识得到深化、能力得以发展的主要途径。根据斯腾伯格的成功智力理论，只有发展了实践性智力才能使我们最终获得成功。加涅将解决问题学习作为学习的最高级的形式，而且他认为"教育计划具有的重要的、终极的目的是教会学生解决问题。"② 应用学习有利于提升学生的学习兴趣。"学校不应该是记忆知识的地方，而应该成为练习运用知识、探究知识的地方。所谓练习运用知识，是将掌握的知识不断应用于各种领域，并由此自主发现并掌握新知识。这才是自主学习的本质。"③ 因此，我们不应仅仅是为"学"而学，而应树立为"用"而学的观念。

笔者认为，"应用学习有三种水平：（1）应答式学习，应用知识来解决课堂学习问题，如回答提问、完成作业等。（2）应试式学习，应用知识完成课程考核任务。（3）应变式学习，包括两种形式，一是指学校环境下的应用学习，应用知识参加社会实践活动，如见习、实习、社会调查等。二是指社会环境下的应用学习，应用知识到日常生产生活中去，使其成为自己生存、生活的基本需要。"④ 知识的应用，一直都不被看作训练过程的一部分，当然也不是学校的责任之一……应用这些知识才是教育的最后阶段；如果这些知识没能派上用场，那么教育只完成了一半。⑤ 学生要加强应用学习，逐步回归生活，接近社会。

三、学习态度由他主学习转向自主学习

传统教育无视教学活动中学生的自主权，不注重培养学生的自主意识，没有把学生作为学习知识的创新性主体，而只是作为被动接受知识的容器。⑥ 学生从小学到大学，是一个他主性逐步递减、自主性不断递增，由局

---

① ［美］斯莱文. 教育心理学［M］. 姚梅林等译. 北京：人民邮电出版社，2004. 146.
② ［美］加涅. 学习的条件和教学论［M］. 皮连生等译. 上海：华东师范大学出版社，1999. 221.
③ ［日］今井睦美. 深度学习：彻底解决你的知识焦虑［M］. 罗梦迪译. 北京：北京联合出版公司，2016. 197.
④ 蒋波. 应用学习：大学生知识学习的最终目的［J］. 江苏技术师范学院学报. 2006，（5）：67-70.
⑤ ［美］博比特. 课程［M］. 刘幸译. 北京：教育科学出版社，2017. 31.
⑥ 上官子木. 创造力危机：中国教育现状反思［M］. 上海：华东师范大学出版社，2004. 11.

部自主学习到全部自主学习的发展过程。自主学习，通俗地讲就是自学，包括三层意思，即主动学习、能动学习和独立学习。主动学习是自主学习的首要特征，体现了学生对学习的一种内在追求和渴望。新的教育精神使个人成为他自己文化进步的主人和创新者。自学，尤其是在帮助下的自学，在任何教育体系中，都具有无可替代的价值。① 学生在学习过程中，应始终主动积极地进行学习，摆脱被动消极的学习态度。

随着学习内容选择范围增大，专业发展方向变化和自我支配时间增多等因素，学生需要能动地选择适合自己的学习内容、方法和策略，能动地计划、实施、调节和评价学习，不断优化知识结构。在学习过程中，"学生必须自己教自己，因为只有他们自己才晓得哪种方法最适合自己。"② 这样，他们在面临种种情境和问题时才能及时能动地做出反应。此外，学生还必须注重训练独立学习、独立思维和独立工作的能力。

四、学习途径由经验学习转向体验学习

知识学习分为两种，一种是间接经验的学习，另一种是直接经验的学习。职业院校学生的学习主要是间接经验的学习，表现为书本知识和教师传授的知识。而直接经验知识的学习，为学生亲身亲历，现场感受习得的知识，这是一种体验学习。从个体的精力和时间来看，尽管经验学习非常必要，但被动接受式的经验学习使得学习普遍缺乏现实感，缺少心理体验。人类在获得"浓缩果汁式"的知识的同时，却忽视了生命的丰富性与完整性，忽略了对成长过程的直接经历与体验。③ 在幼童时期，学生还能有一些体验的机会，但在进入中学后，书本、文字、图片和公式等单调的符号刺激物就隔开了青少年与外部世界的联系。书本上的插图也由幼儿园、小学阶段大量的照片式彩图，到中学阶段少许的黑白插图、示意图，到大学阶段则鲜见图表而成为完全文字版。

体验学习是针对传统教学忽视教学过程的亲历性和自主性而言的。体验是学习主体对外部知识、信息的深层次加工、解读与综合性构建，它是实现

① 联合国教科文组织国际教育发展委员会. 学会生存：教育世界的今天和明天 [M]. 华东师范大学比较教育研究所译. 北京：教育科学出版社，1996. 251.

② ［美］斯腾伯格，史渥林. 思维教学：培养聪明的学习者 [M]. 赵海燕译. 北京：中国轻工业出版社，2001. 149.

③ 陈建翔，王松涛. 新教育：为学习服务 [M]. 北京：教育科学出版社，2002. 58.

知识内化的必由之径。① 体验学习有利于学生亲历学习过程并在过程中体验生动的知识和丰富的情感；有助于发现、掌握、应用和创造知识；有利于更好地反思学习，总结经验和教训；有助于发展动手操作能力，使手脑结合，身心结合。另一方面，很多知识是内隐性、程序性和策略性知识，难以言传，只可意会和亲历体验。当然，并非一切知识都是可以体验的，也没有必要过度强调体验学习。

在体验学习的过程中，教师还应引导学生开展研究性学习。研究性学习具有开放性、实践性、探究性、多样性、过程性等特点，是实施创新教育的有效途径和方法。

五、学习层面由片面学习转向全面学习

要想获得全面发展，学生必须学会全面学习。全面发展的"全面"主要不是一个量的概念，"全面"不是指包罗万象的一切方面。全面发展，实质是个性发展。全面发展，应是一些基本方面的发展。② 从学习目标来看，学生不仅要习得知识，形成技能，发展智力，还要增强体质，培养正确的思想道德观念和审美素质。从学习水平来看，学生不仅要识记和理解知识，还要分析和综合知识，在此基础上加以评价和应用。从学习内容来看，学生要重视德、智、体、美、劳的全面发展，促进手与脑、身与心的全面发展。当前，"学校倾向于让人们从脖子以上接受教育，这种不平衡性对孩子的全面发展有着不良的影响。"③ 从学习系统来看，学生要促进知、情、意、行的全面发展，在学习过程中，教师应该引导学生学会全面学习，正确处理好德与才、渊与博的关系，做德才兼备、学识渊博的人才。学生要注意全面、综合地发展知识、能力与素质，把全面发展与个性优化紧密结合起来，这既有利于自己聪明才智的发挥，也能满足未来社会对人才多样化的需求。

① 王钢，张音. 学习方式 [M]. 上海：上海教育出版社，2004. 64.
② 谭顶良，周敏. 学习方式的转变：热点冷观 [J]. 南京师大学报（社会科学版）. 2004，(1)：66.
③ [英] 罗宾逊，阿罗尼卡. 什么是最好的教育 [M]. 钱志龙译. 杭州：浙江人民出版社，2020. 131.

六、学习风格由匹配学习转向失配学习

现行高职院校多强调专业学习与生产实习及未来就业的对口，提倡匹配学习，即扬长避短式的学习。事实上，不少学生往往面临因所学专业与从事职业不相一致而造成的职业"失配"问题，而且他们在工作岗位中也经常会遇到"结构不良问题"，这些问题利用在校所学专业知识技能往往难以解决。如果学生只进行扬长避短式的匹配学习，那么他们在面对"结构不良问题"时，由于缺乏弥补自己学习风格中的短处，凭借原有风格中的优势将无法应对新的学习任务。由此，为了使学习能力和身心素质得到全面和谐的发展，学生应该在匹配学习的基础上，提倡有意失配学习，即抑长补短式的学习。为了更好地应对复杂的学习任务，学生需要经常采用平时用得较少，对自己来说是劣势或短处的学习方式。

此外，学生的学习风格经常会与教师的教学风格不相一致，这就可以理解为一种失配学习的方式。因此，学生要自觉进行有意失配学习，同时努力适应不同教师的教学风格。通过学习方式的匹配与有意失配策略的相互补充，其最终目的是促使学生掌握并采用多样的学习方式。①

① 谭顶良. 学习风格论 ［M］. 南京：江苏教育出版社，1995.381.

第八章
创新技能型人才培养与职业院校的合作文化构建

"文化是一个国家、一个民族的灵魂，文化兴国运兴，文化强民族强。"① 文化是一个组织历史传统的长期积淀，彰显了一个组织的价值软实力、发展的生命力。学校之间的差异，归根到底是学校文化的差异；学校之间的竞争，根本上是学校文化的竞争。企业界流行这样一句话——三流企业竞争靠产品，二流企业竞争靠服务，一流企业竞争靠文化。优秀的企业必然有优秀的文化，优秀的学校也同样需要优秀的文化。

学校文化指的是由全体师生在校园范围内，为实现学校发展目标，在教育理念、观念文化、制度规范、物质形态等方面的历史积淀。职业院校创新技能型人才培养，不仅需要学校营造良好的创新文化环境，也需要加强学校与政府部门、行业企业、家庭和社会之间的衔接、协调和配合，充分发挥多者之间的教育合力。更大范围的合作文化体系的构建要求教师、学校领导、学生及政府部门、行业企业、社区人员的广泛参与，必然要求他们进行广泛深入地合作。

学校是一个更大的课堂，社会也是一个更大的学校。合作与交流是人们社会性发展和社会进步的动力。为了培养能适应并促进企业需求和未来社会发展的创新技能型人才，并能借此将合作共赢的思想向每一所学校、企业、家庭并通过其向社会进行广泛辐射，可以在时间与空间两个维度上都逐步扩大产教融合、校企合作的影响力。作为学校教育的一种愿景，一方面，需要从空间上逐步扩大合作的范围，从学校内部的合作，拓展到学校之外的各种合作，将合作从学校延伸到企业，再到家庭、社区，最后覆盖全社会；另一方面，从时间维度上延伸合作育人的生命力，将合作由课内发展到课外，从线下延伸到线上，从学校到职业生涯的开始，再到终身合作。为此，作为一种教育示范，更作为一种教育追求，学校有必要去建构多层面的合作文化体

---

① 本书编写组．中国共产党简史［M］．北京：人民出版社：中共党史出版社，2021.403.

系，积极主动地加强校内外的各类合作交流。

第一节 教师之间的合作文化

教育家苏霍姆林斯基说过，任何教师都不可能是一切优点的全面的体现者，每一位教师都有其优点，有别人所不具备的长处。教师之间的合作文化是促进教育改革成功的一个重要因素。产教融合的过程就是职业院校与企业、行业组织、政府部门及相关社会组织合作的过程，是各个办学主体之间资源共享、协同共进的过程。在产教融合模式影响下，职业院校为了实现创新技能型人才培养的目标，需要整合与企业的各类师资力量，这些教师之间要逐步形成良好的合作文化，共同为人才培养显示出强大的合力。

一、学校教师与企业师傅的合作

基于师资共建共享的理念要求，在教学管理队伍上，职业院校与企业可以共同组成职业教育管理的共同体，可以采取双方人员的互聘和交叉任职来加强管理人员的融合。职业院校可以聘请企业高管担任学校相关领导，可以聘请企业大师、高管、高工等作为兼职教师或学生技能指导教师。企业科学家经常可以作为兼职教授在学校担任部分教学工作，并能为学校相关系科的学术项目作出贡献，同时还能开辟出一条学校和企业实验室增进交流的渠道。[①] 企业也可以聘请职业院校领导、教师参与企业管理，也可以聘请学校的教授博士担任企业的技术顾问或技术指导，参与企业的技术研发、生产经营的管理和员工的教育培训。校企双方可以合作制定专业人才培养方案或职工培训方案，共同为学生实习实训、教师实践提升、学生创新创业、员工专业培训提供优质服务。校企双方还可以组织相关技能竞赛，或者根据企业的岗位需求开展导师制、学徒制合作，也可以合作招收学员，按照工学结合、顶岗实习等模式，实行校企"双主体"育人。

学校教师与企业师傅可以合作制定教学计划、开发课程、设置课程标准，合作编写教材和教学参考书、学生实验实训指导书或指导手册，可以互相提供有关信息资源合作备课。除了教学工作上的合作，校企双方教师还可

---

① ［美］博克. 走出象牙塔：现代大学的社会责任［M］. 徐小洲，陈军译. 杭州：浙江教育出版社，2001. 173.

以在科研项目、科技研发、社会服务等方面做出更多更加深入的合作。

二、相同专业学科教师的合作

职业院校内部的同一专业或学科组的教师可以合作制定课程教学大纲、集体合作备课、合作教学、合作评议，相互进行教学观摩、分享教学资料信息，还可以通过学科组、课程组、教研组（室）、课题组等正式或非正式合作小组的相关教科研活动来增进不同教师的交流。

笛卡尔说过，最好的办法就是把自己所发现的一点东西毫无保留地、原原本本地告诉大家，请求有志之士继续努力，更进一步，按照各人的倾向和努力从事必要的实验，把自己获得的经验再告诉大家，代代相传，使后人能够接过前人的火炬前进，把多数人的生命和成绩汇合在一起，这样，我们群策群力，就可以大有作为，远非个人单干所能比。① 教师之间通过互助共享，可以实现减负增效的目标。通过对总体工作任务的分解和分担，每位教师在完成各自任务的基础上，分享各自的信息和成果，可以减轻教师的工作量，避免重复性劳动，还能充分发挥集体智慧，相互启发，获得心理支持，不断提高整体工作效率和最终的教学质量。

三、不同专业学科教师的合作

职业院校创新技能型人才培养离不开不同专业学科教师的紧密配合。随着交叉学科的发展，我们会面对越来越多的各种复杂问题，需要运用多学科知识和综合能力。面对一个涉及很多学科的综合性问题，这就要求教师打破学科界限，互相支持、共同努力。如数学教师制作多媒体课件时不能顺利编辑数学公式和复杂图形，这时，信息技术教师则可施加援手。

布鲁纳说过，"我已愈来愈认识到多数场景中的学习是一种共同活动，一种对文化的共享……正是这一点使我不仅强调发明和发现，而且强调协商与合作的重要性——概括而言是强调合作性文化创造的重要性。"② 教师集体的通力合作会让合作学习的课堂更加精彩也更有实效。语文教师有时离不开历史教师的帮助，因为有些课文要求学生了解一定的历史背景。当语文

---

① ［法］笛卡尔. 谈谈方法［M］. 王太庆译. 北京：商务印书馆，2009. 50.
② ［美］斯特弗，盖尔. 教育中的建构主义［M］. 高文译. 上海：华东师范大学出版社，2002. 144.

教师力不从心时，历史教师则可指点迷津。

四、任教同一班级教师的合作

任教同一班级的教师，教授的是同一批学生，经过长时间的接触，每一位教师都能对学生的基本情况了如指掌，熟记于心。因此，他们可以针对不同学习成绩、不同心理特点的学生进行分析讨论，进行更具有针对性的面对学生群体的分层教学和面对个体的个别教学，更能发挥因材施教的作用。由于教学对象均处于同一年龄层次，往往具有相同的身心特征，因此，任课教师可以相互讨论交流如何针对学生特征实现高质量教学。

五、教科研课题成员的合作

教师之间有时还会参加教科研课题组、协作组等。为了完成教科研项目，众多成员从各自擅长的专业领域进行合作研究，定期召开课题研讨会。教师们在研究活动中，通过相互启发、相互切磋，不断提高各自的教育科研能力和水平。这是一种潜在的、无形的自我能力提高的过程，教师们在相互作用中能达到彼此间的教学相长。

当然，所有使用合作学习方法的教师可以共同组建学习小组，通过自己与同事的合作学习来讨论和交流学生的合作学习。学习小组将是自我提高的一个重要平台。在小组内，可以对遇到的共性问题进行讨论，还可以分享成功的经验，一起设计合作学习的教学目标、教学内容与教学方法等。如果条件允许的话，偶尔还可以进行团队合作教学，即两位或多位教师同时在一个班级上课。

不同类别教师之间要努力形成专业学习共同体。学习共同体包括教师、学校管理者以及学校合作伙伴，他们带着对自身专业发展的执着追求以及对其工作清晰的认识聚集到一起，进行持续不断的研究、反思、对话与学习。[①] 专业学习共同体有五方面的特征：（1）相互支持和共同领导要求校长邀请员工参与决策的与实施来分享权力。（2）共享价值观与愿景是指教师的工作必须保障对学生学习的承诺。（3）集体学习与实践需要学校各类人员共

---

① ［美］林赛. 教育公平［M］. 卢立涛，刘小娟，高峰译. 上海：华东师范大学出版社，2015.3.

同寻找新知识和满足学生学习需求的方法。（4）提供支持性的条件包括给员工提供发展所需要的物质条件和必须具备的能力，在共同体中鼓励和维持平等的氛围及集体学习。（5）分享实践经验既包括同事对教师行为的评价，也包括有利于个体与共同体发展的活动的反馈信息。①

第二节 校际的合作文化

在职业教育领域内做任何努力，都应当整合优质的学校，同时在职业高中与产业、高等学校之间建立起更紧密的伙伴关系，以此发展并落实优质的技术标准。② 从宏观层面看，很多学校更为关注校外合作，成效也更为明显。相对忽视校内合作与校际合作。合作学习教学不应是孤立存在的，它应是镶嵌在整体学校情境里的现象。③ 在营造良好的校园合作文化的基础上，学校还需要加强与不同层次、不同学段学校的校际合作和交流，以取长补短，互相促进。

一、职业院校与基础教育学校的合作文化

职业教育与基础教育在国民教育体系中都占据重要的位置，两者之间有着较为复杂的关系。《中华人民共和国国民经济和社会发展第十四个五年规划和 2035 年远景目标纲要》指出，深化职普融通，实现职业技术教育与普通教育双向互认、纵向流动。"普职融通"要强化职业认知，逐步将职业教育融入各级普通教育体系，发挥基础教育和高等教育在技术技能人才培养中的协同作用。在中小学阶段，应在文化课和实践活动课中加强职业基础知识、能力和观念的启蒙，帮助学生了解自身特点和行业产业特点，培养初步的职业认同意识，为选择适合自己的职业打下基础。

当前，职业院校与中小学校之间的合作总体不多，仅有的合作主要表现在招生工作或者社会服务工作。往往项目完成、招生结束，合作也就戛然而止。要充分发挥基础教育在职业教育人才培养中的协同作用。中等职业学校

---

① ［美］霍德. 学习型学校的变革：共同学习，共同领导［M］. 胡咏梅译. 北京：中国轻工业出版社，2004.7.

② ［美］帕特南. 我们的孩子：危机中的美国梦［M］. 田雷，宋昕译. 北京：中国政法大学出版社，2017.287.

③ 黄政杰，林佩璇. 合作学习［M］. 台北：五南图书出版公司，1996.29.

的文化基础课程与高中阶段的课程基本一致，中职校的教学会更关注应用，普高的教学会更关注理论与解题，二者之间可以借鉴各自的教学特点。华东师范大学徐国庆教授认为，"普职融通需要的是动力机制，把职业教育中理论性、专业性比较强的科目纳入普通高考选考科目，是普职融通的有效机制。这一措施还可以推动普通高中教育改革。"① 为了培养学生对专业形成初步的认知，不至于在中考或高考填报志愿时一无所知，基础教育可以开展"大师/劳模进校园"的活动，支持学校聘请高技能人才和劳动模范兼职授课。中小学还可以结合课程基地的建设，适当增加学生的职业基础知识、职业技能和职业价值观的启蒙教育，可以把中小学生带到职业院校的实训中心，帮助学生了解产业和行业的特点，了解不同类型企业的基本生产过程，从而培养对职业初步的认同感，为今后的职业选择奠定一定的认知基础。

职业院校需要加强与中小学校进行合作，特别是要了解初高中学生的基本情况，提前进行招生宣传。因此，职业院校与中小学校的合作是互利共赢的。"我们要从象牙塔里走出来和中小学校的人们一起工作……如果我们将他们看作与我们一起工作的伙伴，而不是看作我们的研究对象的话，我们才能够切实发挥自己的影响力。"②

二、职业院校之间的合作文化

在学校合作文化体系中，职业院校之间的合作文化属于"左右"的文化，各学校要努力做到"左右逢源"。学校之间应该在良性竞争的基础上进行更多方面的合作，尽可能避免陷入争夺生源、争抢资源的恶性竞争。尽管兄弟学校之间可能具有一定的同质性，但是每个学校都有自己的优势和特色，都有值得其他学校学习的方面。因此，通过合作可以互相学习、交流分享、取长补短。尽管兄弟学校之间具有很强的竞争性，但是可以在合作的基础上，倡导"竞争性合作"的理念，在讲求竞争道德的前提下进行更高层次、更高水平的合理竞争。

同城的兄弟学校之间，一定更要尝试合作，建立合作机制，在加强产教融合、校企合作的基础上，逐步形成良好的合作文化。通过合作可以做到资源共享，如师资队伍共享、课程资料共享、教学设备共享、实践基地共享

---

① 李玉兰. 职业教育体系距离"现代"还有多远？[N]. 光明日报，2021-4-27 (13).
② ［英］斯托尔，［加］芬克. 未来的学校：变革的目标与路径 [M]. 柳国辉译. 北京：北京大学出版社，2015. 163.

等，如可以进行领导相互挂职锻炼，教师互聘，教学平台和设备可以错开使用时间以便共享。在合作逐步加深后，可以在"合作、共建、共享、共赢"的建设理念下，成立学校集团或建立学校联盟，制定一系列的合作制度，创建一定的合作机制，设置一定的合作平台，以便进一步提升合作效果。

随着产业升级转型，部分职业院校的专业也有较大的调整，尽管产教融合帮助学校解决了部分资源，但是现有的教学设施可能还是难以满足新专业和学生的教学需求。因此，我们可以充分借鉴产教融合的经验，在完成校企融合的同时，还可以采取校校融合的形式，特别是距离较近的学校，可以充分整合资源，在打破校企的壁垒的同时，打通学校的围墙。

常州科教城高等职业教育实验区集聚5所高职院校（表8-1）。首创资源跨界"共建、共管、共享"新机制和"校·所·企"全方位协同育人新路径，形成了"政府主导、产教融合、协同育人"区域高职教育常州模式。

表8-1　常州科教城5所高职院校基本情况比较

	常州机电职业技术学院	常州信息职业技术学院	常州工业职业技术学院	常州纺织服装职业技术学院	常州工程职业技术学院
占地面积（亩）	942	1042	1000	825	1109
建筑面积（平方米）	30万	32.03万	30万	30.6万	36.05万
在校生数	12000	12334	13000	9600	13000
人才培养模式	引企入教、三层递进、分段实施	工管一体、学科交叉、专创融合、教研一体	德技双育、校企双元、专创双融	"三融合"，"五业贯通"	双元四阶、三融三合

注：表中数据信息均来自各校网站简介。

目前，常州科教城的5所高职院校所设专业涵盖了机械、电气、信息、轻工、纺工、化工、建材七大行业，学生实践教学依托于园区内的常州科教城现代工业中心。该中心围绕高素质技术技能型人才的培养要求，针对长江三角洲地区对现代制造业、生产性服务业、创意产业紧缺人才的需要，集中建设了设备先进、规模较大、专业覆盖面广、共享程度高、富有特色的实训基地，是一个集公益性、社会化、产学研结合于一体的实践性教育平台、高技能人才培养平台、职业培训平台、终生学习平台、科技与社会服务平台。现代工业中心秉承"联合共建、统筹管理、内外开放、充分共享"的理念，实行"共建、共有、共管、共享、共赢"的建设与管理运行思路、"理事会—管理中心—项目管理团队"的三级管理运行体制、"政府专项、学校共筹、企业投入、自我造血"的经费筹措方式，实现了优质教育资源的集聚、集约、开放、共享。

二、其他校际合作文化的类型

（一）职业院校与本科高校的合作

从表面上看，似乎职业院校更需要与高校合作，并得到高校更多的帮助。这表现在很多职业学校在调整招生专业时，为了解决学生的出口问题，除了就业之外，也有一部分学生会选择"3+2"或"5+2"转本考试力求到本科高校深造，为此，职业院校经常会寻求高校的帮助。此外，职业院校在加强科研工作及进行相关教育教学改革时，由于缺乏专家对基础理论与研究方法的指导，其教科研活动水平通常受限。很多一线教师由于缺乏理论指导，在进行教学实践研究时往往有"盲人摸象"的感觉，很多教师宝贵的教学经验难以得到提升，更不用说进行推广应用了。就开展合作学习而言，为了解决合作学习中出现的诸多问题，未来的教师合作学习发展计划应该包括训练（coaching）和使用大学支持小组（collegialsupportgroups）。[①] 因此，需要加大与学科专业相同或相近的本科高校特别是师范院校的教科研合作，帮助教师提高教学研究和科学研究的水平，有时还需创设机会提升教师的学历学位。

此外，本科高校可以向职业院校学习产教融合推进过程的成熟的机制转化、教育教学改革等举措，不断提升自己参与政产学研的能力。职业院校还可以帮助本科高校解决部分学生的实习和就业工作。

（二）职业院校与不同学段学校的合作

在学校合作文化体系中，这属于"上下"的文化，要努力做到"上下贯通""承上启下"。各级学校还要加强与不同学段学校的合作，以便做好学段之间的无缝对接。中职校要加强与高职校、职业本科高校及其他本科高校的合作，高职校不仅要加强与中职校的合作，也要加强与职业本科高校及其他本科高校的合作。

中高职院校要互相了解不同学段之间在专业教学目标、课程内容、教学

---

① Veenman S, Kenter B, Post K. Cooperative learning in Dutch primary classrooms [J]. Educational Studies, 2000, 26 (3): 299.

方法、教学组织形式等方面的区别，还要了解学生的学习态度、学习兴趣、学习动机、知识基础、能力结构以及身心特征等方面情况。在与不同学段学校接触时，不能只对上不对下，即只关注高一学段的学校而忽略低一学段的学校，如关注学生升学出口而不关注生源进口。反之，也不能只对下不对上，关注生源进口而忽略出口，即"愁买不愁卖"。实际上，应该上下兼顾，不能失之偏颇。

（三）职业院校的国际合作文化

《中国学生发展核心素养》指出学生应"具有全球意识和开放的心态，了解人类文明进程和世界发展动态；能尊重世界多元文化的多样性和差异性，积极参与跨文化交流；关注人类面临的全球性挑战，理解人类命运共同体的内涵与价值等。"因此，有必要加强对职业院校学生的国际理解与跨文化教育。随着全球化理念的贯彻、国际交流的日益频繁以及互联网的飞速发展，有条件的职业院校都在寻求国际合作。通过国际合作可以了解国外先进的教育教学理念、课程、方法和模式等，在进行本土化后以更好地指导教育教学。国际合作的内涵丰富，既有师生主动走出去的，也有以各种方式请进来的。

1. 师资与学生的国际合作

职业院校可以借助各种机会派出领导与教师到西方发达国家进行培训学习、考察交流，也可以邀请外教及相关技术人员来校执教，或邀请外国专家来校讲学。对于国际先进的教学理念、方法和模式等可以通过浏览国外研究机构或学校的网站，阅读相关外文文献资料，或上网观看国内外专家的相关讲座或课程来加以学习、消化和吸收。当然，还可以互派教师到对方学校任教，以进行更长时间的系统学习，体验异域的学校文化。有条件的学校还可以采取交换生制度，给对方学校派出部分学生，对方学校再对等派过来一些学生，编入普通班级正常上课。也可以利用假期选派学生到对方学校和国家进行游学。

2. 课程与教材的国际合作

可以引进国外先进的职业教育课程，采取外文授课或双语授课，提升学生的外语水平。当然国际课程的引入不只是外语课程和常规的专业学科课程，还可以引进一些带有"全球化""国际化"名称的课程，以进一步拓展学生的国际视野。尽管大多数本科院校将国际化作为优先考虑的目标，然而仍有将近一半左右的本科院校没有要求学生选修任何国际课程。[①] 因此，这也是值得职业院校注意的。职业院校可以充分利用网络平台，组织学生学习国外优秀的"慕课"。同理，还可以引进一些优秀的国外教材或教辅图书。相比之下，国外的教科书更为关注学生的心理，除去内容新颖，图文并茂，对于部分学生来说，更具有观赏性和可读性。

第三节 学校之外的合作文化

生活在不同地区的人群在历史上从未像现在这般联系紧密，而正因此，彼此间的全球合作也变得日益亟须和紧迫。[②] 合作型学校不仅能在教室内指导学生进行合作学习，还能引导教师进行合作研究、合作教学，并能逐步构建良好的教师合作文化、师生合作文化以及校际合作文化。在此基础上，学校还应该进一步拓展视野，合作不能只停留在学校之内与学校之间，应该关注到与学校有着密切关系的学校之外其他主体的合作文化的建构。

一、职业院校与企业的合作

为了进一步完善并创新产教融合的教师发展体系，有效提升教师职前培养和职后培训的质量，创新发展教师教育与培训模式，为职业院校搭建教育教学改革和发展的合作平台，可以由校企双方共同建立"职业教育创新实验区"。

（一）交换挂职锻炼制度

一方面，地方教育行政部门和企业可以选拔部分领导、专家到相关职业院校挂职学校领导、中层干部或专业系的副系主任，可以定期给职业院校师生做政府部门政策解读或行业企业发展的专题报告，参与人才培养方案制定，提出专业教学改革的策略建议。另一方面，职业院校要建立教师到行业企业挂职锻炼、学术休假的常态机制，促进教师从"只会讲"向"也会做"转型，建设一支教学和工程资格兼具，教学能力、工程能力兼备的"双师双

① ［美］博克 . 回归大学之道［M］. 侯定凯等译 . 2 版 . 上海：华东师范大学出版社，2012. 156.
② ［美］克里斯蒂安 . 起源：万物大历史［M］. 孙岳译 . 北京：中信出版社，2019. 中文版序.

能型"教师队伍。① 新修订的《职业教育法》规定：产教融合型企业、规模以上企业应当安排一定比例的岗位，接纳职业学校、职业培训机构教师实践。职业院校可以选拔部分业务领导与教授、博士等业务骨干到地方挂职副镇长、副局长，或到企业挂职副总经理、工程师、车间副主任等。

（二）脱产研修与顶岗实习制度

该制度主要指职业院校教师与企业员工互相交换岗位。职业院校可以将企业作为实践教学基地，而企业可以将职业院校作为教师培训基地。企业员工到职业院校脱产学习，参加相关专题培训，职业学校学生则利用实践教学时间集中到企业顶岗实习。这样，可以给学生更充分的实习时间，也可以给在岗职工更多的机会到职业学校学习先进的学科专业知识。

（三）"双师型"教师培育工程

职业院校每年遴选部分高水平、有潜力的教师作为培养对象，企业遴选水平高、责任心强的高级工程师、高级技师或高管作为其指导教师。经双向选择后，进行结对指导，分别确定责、权、利，考核方式可采取定性与定量考核结合，以定量考核为主的。经过一定周期的指导与培养，可以指导职业院校教师加强实践能力提升，加强技术研发、工艺改进等能力的发展，逐步成长为"双师型"教师。另一方面，职业院校还可以创设"大师培育工程"。遴选出部分高年级学生，采取"双导师制"，分别配备 1 名学校教师和 1 名企业师傅作为导师，强化学生的专业技能、创新能力。学生要经常性地深入企业一线，与企业师傅们打成一片，经常性参与企业生产和研发活动。最终希望通过系统培育后，学生能在毕业前考取相关职业资格证书和技能登记证书。

二、与学生家长的合作

家庭是社会的细胞，社会是由亿万个家庭组成的。教师必须与家长和社区进行有效的沟通，维护学校的整体利益。② 完善的家校联系，能够在任何

---

① 徐从才. 一专多能打开地方本科应用型人才培养的大门 [N]. 光明日报，2018-8-16 (14).

② 联合国教科文组织. 反思教育：向"全球共同利益"的理念转变？[M]. 联合国教科文组织总部中文科译. 北京：教育科学出版社，2017.47.

必要之时，促进家庭与学校之间的合作。而如果家校联系不到位，家校双方也许便不会再寻求与彼此的合作。① 因此，要想持续提升学生创新技能学习的效果和影响力，千万不能忽略家庭的影响。教育仅靠学校单方面的力量是难以实现的，无论是离开家庭教育的学校教育，还是忽视学校教育的家庭单方面教育对孩子的学业发展和身心成长都非常不利。学校教育必须要有家长的配合，家庭教育既是学校教育的基础，又是学校教育的延续与升华。给学生家长一些关于创新学习的信息有助于减少他们的担忧和焦虑。学生成长与发展除了课堂学习和校内活动之外，还需要在社会中进行更多地教育和训练，需要家长更多的帮助和支持。有充分的证据表明，家长与学校的合作越紧密，学生的学习环境会发展得越好，这种情况可以通过各种良好的状况和不断提高的学业成就表现出来。②

家校合作是家庭与学校之间的一座桥梁，使得学校教育与家庭教育能有机结合起来并形成合力。美国教育专家爱普斯坦（Epstein J L）在《学校、家庭和社区合作伙伴：行动手册》一书中说到，家校合作是教育者与家长共同承担孩子成长的责任，包括当好家长、相互交流、志愿服务、在家学习、参与决策和与社区合作等六种实践类型。学校作为提供系统教育的主体，必须重视家长在孩子教育中的作用，主动开放课堂、开放学校，充分展示学生及教学的现状，主动邀请家长参与教学和管理。因此，在创新教育中，可以通过家校互动平台及时发布孩子创新活动的有关图文信息，以引起家长的积极关注。同时，更要精心准备，不断提升创新学习的效果，以显见的学业成绩的提高与专业技能水平提升给家长及时反馈，让家长看到孩子的成长，尽可能获得他们更多的支持。

此外，实施积极职业教育，还需要加强家校合作的频度和广度，家长要去除教育的"功利化"取向，不能觉得把孩子送进职校就意味着毕业时能找到好的工作，更不能把"问题"孩子放到学校就身心轻松而不闻不问。企业也要去除"工具人"取向，需求的人才既要有熟练的技术技能，也要具有一定的创新能力、潜力和继续学习的能力，而非机械重复操作的"机器人"。因此，企业要配合职业学校做好人才培养工作，做到职业学校与企业人才需求的无缝对接，职前教育与职后培训的一体化。

---

① ［美］林赛等. 教育公平［M］. 卢立涛，刘小娟，高峰译. 上海：华东师范大学出版社，2015. 164.

② ［挪威］达林. 理论与战略：国际视野中的学校发展［M］. 范国睿译. 北京：教育科学出版社，2002. 195.

（一）成立家校合作机构

首先，学校可以成立专门的家校合作领导机构——家校联络部，专门负责与全校学生家长进行联系，如接受家长咨询，协调家长与教师的关系，安排家校活动。这有利于保证家校联系的专门化、专业化和规范化。家校联络部由学校德高望重的资深教师担任联络部主任。其次，成立家长委员会，由家长联络部领导，但要相对独立。家委会要完全由家长会选举产生，有一定任期。家委会要定期开展活动，主要负责代表学生家长与学校进行沟通联系并做好双方反馈，还有监督学校工作，帮助学校改进工作的职责。

（二）建立家校互动平台

当前，学校为主导的家长学校运行机制弊端日益凸显，学校教育资源有限性和家长需求无限性的矛盾、教师时间有限性和家长时间多样性的矛盾、学校可利用场所空间的有限性和家长活动需求空间的广阔性的矛盾日益扩大，急需建立政府牵头、以社区组织为主导、多元力量参与的新型家长学校制度。[1]

随着网络信息的发展，家校互动平台可有多种形式，如开设班级网站，建立微信公众号、微信群或 QQ 群，开设手机短信平台等。通过家校互动平台，缩短了学校和家庭的距离，可将学校和家庭紧密联系起来，双方可以随时随地地增进了解。教师可以及时发布孩子在学校学习或活动的情况，家长也能及时了解孩子在学校的表现，也可以将孩子与家长沟通的情况向老师做出反映，有利于双方及时发现问题，加强合作交流，共同想方设法帮助孩子成长。

（三）建立互访和回访机制

职业院校应具有开放性的机制，设置学校开放日与课堂开放日，定期开放学校与课堂，邀请学生家长参观学校，向家长介绍学校教育教学的进程，邀请观摩课堂教学，与孩子共同学习。学校开放日的活动设计要目的明确、形式多样，吸引家长充分参与。在家校双方互访之后，还要对问题事件进行相应的回访，了解问题解决的进程。

---

① 申培轩 . 怎样激发社会力量参与人才培养［N］. 中国教育报，2017-11-23（7）.

二、职业院校与其他相关单位的合作

职业院校不仅需要学生家长的积极支持，有时还需要借助家长与相关政府部门、行业企业单位，以及电视台、车站、博物馆、名人故居、公园、会展中心、烈士陵园等教育基地等进行合作，以充分地利用这些单位的社会教育资源。2016 年 11 月 30 日，教育部等 11 部门印发了《关于推进中小学生研学旅行的意见》，明确要求中小学要将研学旅行活动纳入教学计划。学生们通过在社会大课堂里的自主探究，独立思考，合作讨论，真正成为学习的主人，体会到了生活的乐趣，因此，这是一种非常有益的教学形式。一方面，研学旅行是个体性的；另一方面，研学旅行也是群体性、开放性和实践性的，即引导学生关注自然、关注社会、关注人生，走向实践、走向社会，体悟人生与社会，形成积极的人生态度，学会服务他人、服务社会，对国家和社会有责任和担当。①

西方发达国家学校非常注重学生的社会学习，除了正常的产教融合的学习实践活动，经常会组织学生参观博物馆、美术馆、政府机关、公司企业等。工学一体化的培训活动可以缩短了学习与应用之间的距离，并进而导致这种学习活动获得了一种全新的体验。实践社区是一种团队学习与团队工作的新方式。成员绝大多数是自愿在一起的，他们坦率沟通、共同学习和工作，清楚彼此的专长，强调各自的知识和能力，并追求理想的管理速度。② 这种开放学习能通过直观地与现实的"对话"来吸取知识，其形式更为生动、直观、有趣，深受学生喜爱。通过带领学生走入社会，能拓展学生的视野，丰富他们的知识，进而提高其探究精神、创新精神和实践能力，更能增强他们的社会责任感和主人翁意识。

---

① 陈文杰. 我们需要怎样的研学旅行 [N]. 光明日报，2017-8-10 (14).
② [德] 贝克. 指向工业 4.0 的教育研究 [N]. 中国教育报，2017-5-4 (7).

参考文献

［1］白慧琴．试论职业学校的创造教育［J］．教育与职业，2004，(21)：11-12.

［2］［美］博比特．课程［M］．刘幸译．北京：教育科学出版社，2017.

［3］［美］博克．走出象牙塔：现代大学的社会责任［M］．徐小洲，陈军译．杭州：浙江教育出版社，2001.

［4］［美］博克．回归大学之道［M］．侯定凯等译．上海：华东师范大学出版社，2012.

［5］蔡华俭，符起俊，桑标等．创造性的公众观的调查研究（Ⅰ）：关于高创造者的特征［J］．心理科学，2001，24（1）：46-49.

［6］蔡华俭，符起俊，桑标等．创造性的公众观的调查研究（Ⅱ）：关于影响创造性的因素［J］．心理科学，2001，24（4）：432-435.

［7］蔡克勇．转变教育观念培养创新人才［J］．求是，1999，(22)：11-14.

［8］陈保荣．职业教育产教融合的国际比较研究［J］．职教论坛，2018，(5)：40-46.

［9］陈春，康芸英．职业教育集团建设之政府角色定位研究［J］．继续教育研究，2018，(1)：50-53.

［10］陈丹．整体性治理：美国合作教育质量保障的经验与启示［J］．中国高教研究，2020，(9)：85-90.

［11］陈建录，袁会晴．高校创新创业教育中的工匠精神培育［J］．教育研究，2018，39（5）：69-72.

［12］陈鹏磊，李郡．英国职业教育协同育人模式的经验借鉴：基于"三明治"教育模式与现代学徒制模式［J］．职业教育研究，2015，(7)：84-87.

[13] 陈钰. 德国"双元制"职业教育成功的关键因素分析 [J]. 成人教育, 2019, (10): 78-84.

[14] 陈增红, 杨秀冬. 职业教育产教融合人才培养模式研究 [M]. 北京: 中国社会科学出版社, 2020.

[15] "创造教育的研究与实践"课题组. 课堂教学中创造教育的策略研究 [J]. 上海教育科研, 2001, (5): 57-58.

[16] 崔驰, 陈新忠. 德国"双元制"职业教育产教融合的特点及启示 [J]. 继续教育研究, 2021, (8): 79-83.

[17] 崔军. 英国高校创新创业教育国家框架: 理念更新与思路借鉴 [J]. 比较教育研究, 2020, 42 (5): 63-69.

[18] 崔景贵. 现代职业教育心理学: 积极范式的实证研究 [M]. 北京: 知识产权出版社, 2018.

[19] 崔景贵. 职校生心理与积极职业教育策略 [M]. 北京: 知识产权出版社, 2018.

[20] 崔景贵. 积极心理学: 教育范式的行动研究 [M]. 北京: 知识产权出版社, 2021.

[21] 崔景贵, 蒋波. 职业教育心理学新论 [M]. 南京: 南京大学出版社, 2020.

[22] 邓莉, 伍绍杨. 人是如何学习的 [N]. 光明日报, 2018-10-10 (14).

[23] 丁妍. 日本高校创造性人才培养研究: 以东京工业大学的课程改革为例 [J]. 清华大学教育研究, 2005, 26 (6): 66-72.

[24] 董奇. 儿童创造力发展心理 [M]. 杭州: 浙江教育出版社, 1993.

[25] 董鲁皖龙. 现代职教体系是怎样炼成的 [N]. 中国教育报. 2015-12-3 (5).

[26] 杜冰, 陈锋, 田立国, 陈德荣, 李书福. 来, 到"学习工厂"体验产教融合的新型学习 [N]. 光明日报, 2019-4-9 (15).

[27] 范皑皑. 当教育从劳动密集型转向人才密集型, 教师素质该怎么升级 [N]. 光明日报, 2018-12-8 (6).

[28] 范皑皑. 创新教育: 渗透所有学段和教育类型的理念、行动 [N]. 光明日报, 2019-2-19 (14).

[29] [美] 菲德尔, 比亚利克, 特里林. 四个维度的教育: 学习者迈向成功的必备素养 [M]. 罗德红译. 上海: 华东师范大学出版社, 2016.

［30］冯建军．创新教育与课程改革［J］．中国教育学刊，2000，（4）：15-17.

［31］冯俊丽．我国职业教育产教融合运行机制分析［J］．现代职业教育，2018，（34）：186-188.

［32］顾月芹．德国双元制和北美CBE职教模式的比较研究［J］．黑龙江高教研究，2015，（11）：64-67.

［33］郭建如．深化产教融合，推动教育与经济社会协调发展［N］．光明日报，2017-12-26（15）.

［34］郭偌伶．案例教学法在创造性人才培养中的作用［J］．徐州教育学院学报，2005，20（4）：64-65.

［35］郭有遹．创造心理学（第3版）［M］．北京：教育科学出版社，2002.

［36］［美］哈迪曼．脑科学与课堂：以脑为导向的教学模式［M］．杨志等译．上海：华东师范大学出版社，2017.

［37］［新西兰］哈蒂，［澳］耶茨．可见的学习与学习科学［M］．彭正梅等译．北京：教育科学出版社，2018.

［38］杭国英，平若媛，龙阳．论高职院校学生创新能力的培养［J］．教育研究，2008，29（10）：82-86.

［39］郝天聪，石伟平．从松散联结到实体嵌入：职业教育产教融合的困境及其突破［J］．教育研究，2019，40（7）：102-110.

［40］和学新．创新教育与课程改革［J］．课程·教材·教法，2000，（8）：1-5.

［41］和震．职业教育产教融合制度创新［M］．北京：科学出版社，2019.

［42］［德］赫尔巴特．教育学讲授纲要［M］．李其龙译．北京：人民教育出版社，2015.

［43］贺星岳．现代高职的产教融合范式［M］．杭州：浙江大学出版社，2015.

［44］胡继渊，沈正元．国外中小学创新教育撷谈［J］．外国中小学教育，2000，（1）：1-4.

［45］胡卫平，韩琴．国外对青少年创造力影响因素的研究［J］．外国中小学教育，2003，（10）：25-28.

［46］胡卫平，林崇德，申继亮等．英国青少年科学创造力的发展研究

[J]．心理科学，2003，26（5）：775-777.

[47] 黄倩．"产教融合"人才培养模式探析［J］．中国高校科技，2017，（9）：66-68.

[48] 华学成．试论创造性人才培养的载体建设［J］．湖北经济学院学报（人文社会科学版）．2008，5（9）：68-70.

[49] 季晓辉．从创造性人才培养视角谈我国高等教育改革的方向［J］．南京医科大学学报（社会科学版），2007，（3）：235-238.

[50] 蒋波．创造教育的基本定位与模式建构［J］．江西教育科研，2001，（7）：8-10.

[51] 蒋波．构建中小学创新教育的体系［J］．沙洋师范高等专科学校学报，2002，（2）：53-56.

[52] 蒋波．学会学习：职校生学习心理教育的新理念［J］．职教通讯，2004，（9）：51-54.

[53] 蒋波．当代高职生必备的几种素质［J］．职教通讯，2006，（11）：38-40.

[54] 蒋波．应用学习：大学生知识学习的最终目的［J］．江苏技术师范学院学报，2006，12（5）：67-70.

[55] 蒋波．继承与创新：辩证地看待传统教育与现代教育［J］．当代教育科学，2006，（22）：25-27.

[56] 蒋波．谈合作学习小组的组建［J］．教学与管理，2009，（12）：17-20.

[57] 蒋波．江苏职业院校创新技能型人才培养的现状与前景［J］．江苏理工学院学报，2011，17（12）：17-20.

[58] 蒋波．建构主义理论对高职院校创新教育的启示［J］．职业技术教育，2011，（25）：52-55.

[59] 蒋波．创新技能型人才培养与高职院校教学改革［J］．职教论坛，2012，（15）：31-33.

[60] 蒋波．积极职业教育：特征、理念与实施［J］．职教论坛，2015，（7）：10-14.

[61] 蒋波．有效合作学习的原理与策略［M］．北京：科学出版社，2018.

[62] 蒋波．在合作学习中让职教课堂更"积极"［N］．中国教育报，2021-9-28（7）.

[63] 蒋波，崔景贵．职业教育心理学课程建设的困境与出路 [J]．职业技术教育，2014，（32）：80-83．

[64] 蒋波，谭顶良．合作学习：种种误识与基本要素 [J]．全球教育展望，2006，（12）：27-31．

[65] 蒋波，谭顶良．论高效合作学习的教学策略 [J]．课程●教材●教法，2007，（7）：18-22．

[66] 蒋波，谭顶良．论竞争与合作教育 [J]．江西教育科研，2007，（9）：18-20．

[67] 蒋波，谭顶良．论有效合作学习的内在机制 [J]．中国教育学刊，2011，（6）：33-36．

[68] 蒋永平，徐杜，郑胜林等．网络教育与创造性人才培养模式的理论与实践研究 [J]．电化教育研究，2003，（6）：46-49．

[69] [法] 焦尔当．学习的本质 [M]．杭零译．上海：华东师范大学出版社，2015．

[70] 教育部教育发展研究中心．让职业教育站得更高走得更远 [N]．光明日报，2020-6-9（14）．

[71] [日] 今井睦美．深度学习：彻底解决你的知识焦虑 [M]．罗梦迪译．北京：北京联合出版公司，2016．

[72] 靳晓燕，严圣禾．就读职业学校，是将就还是成就 [N]．光明日报，2021-3-23（13）．

[73] 晋浩天．《职业学校校企合作促进办法》有何新看点 [N]．光明日报，2018-2-23（8）．

[74] [德] 康德．康德论教育 [M]．李其龙，彭正梅译．北京：人民教育出版社，2017．

[75] [印] 克里希那穆提．当教育成为束缚：大胆从教育制约中走出来 [M]．张婕译．上海：上海社会科学院出版社，2017．

[76] [美] 科佐林诺．优化课堂中的依恋与学习：大脑神经可塑性带来的启示 [M]．杨安博，姜雪译．上海：华东师范大学出版社，2018．

[77] 李锋盈．创新教育的建构主义诠释 [J]．教育探索，2003，（4）：7-9．

[78] 李国和，闫辉．澳大利亚 TAFE 模式研究 [J]．中国职业技术教育，2017，（9）：78-81．

[79] 李红浪，吴希仁．浅谈高层次创造性人才的培养途径 [J]．教育

与职业，2007，（27）：50-51.

[80] 李寿欣，李涛．大学生认知方式与人际交往及创造力之间关系的研究 [J]．心理科学，2000，23（1）：119-120.

[81] 李瑛．多元智能理论与高校创造性人才的培养 [J]．河北科技师范学院学报（社会科学版），2008，7（1）：47-50.

[82] 李玉兰．职业教育体系距离"现代"还有多远？ [N]．光明日报，2021-4-27（13）.

[83] 李政，徐国庆．指导路径项目：美国社区学院的深度变革之举 [J]．外国教育研究，2019，46（6）：17-29.

[84] 林崇德．创造性人才·创造性教育·创造性学习 [J]．中国教育学刊，2000，（1）：5-8.

[85] 林崇德．创造性教育纵谈 [J]．现代特殊教育，2002，（12）：5-6.

[86] 林崇德．林崇德口述历史 [M]．北京：北京师范大学出版社，2010.

[87] 刘道玉．教育问题探津 [M]．北京：北京出版社，2019.

[88] [美] 刘易斯．失去灵魂的卓越：哈佛是如何忘记教育宗旨的 [M]．侯定凯译．上海：华东师范大学出版社，2012.

[89] 卢家楣，刘伟，贺雯等．情绪状态对学生创造性的影响 [J]．心理学报，2002，34（4）：381-386.

[90] 卢家楣，贺雯，刘伟等．焦虑对学生创造性的影响 [J]．心理学报，2005，37（6）：791-796.

[91] 卢晓东，刘雨．"考教分离"模式对创造性人才培养的制约 [J]．北京教育（高教版），2008，（5）：47-48.

[92] [英] 罗宾逊，阿罗尼卡．什么是最好的教育 [M]．钱志龙译．杭州：浙江人民出版社，2020.

[93] [美] 罗杰斯．论人的成长 [M]．石孟磊等译．北京：世界图书出版公司北京公司，2015.

[94] 罗玲玲．创造性人才培养的实践走向 [J]．东北大学学报（社会科学版），2007，（9）1：73-77.

[95] 罗晓路，林崇德．大学生心理健康、创造性人格与创造力关系的模型建构 [J]．心理科学，2006，29（5）：1031-1034.

[96] 吕新强，边仕英．论创造性人才培养 [J]．西昌学院学报·社会

科学版，2005，17（2）：63-66.

[97] 米靖，赵伟. 职业教育如何开启提质培优高质量发展新征程[N]. 光明日报，2021-4-27（13）.

[98] 聂衍刚，郑雪. 儿童青少年的创造性人格发展特点的研究[J]. 心理科学，2005，28（2）：356-361.

[99] [英] 纽曼. 大学的理念 [M]. 高师宁等译. 北京：北京大学出版社，2016.

[100] [美] 帕特南. 我们的孩子：危机中的美国梦 [M]. 田雷，宋昕译. 北京：中国政法大学出版社，2017.

[101] 潘海生，林宇. 参与职教，企业缘何犹犹豫豫 [N]. 光明日报，2017-7-27（14）.

[102] 潘海生，汤杰. 高质量技能人才培养离不开灵活开放的职业教育[N]. 光明日报，2020-12-1（14）.

[103] 潘涌. 论课程新理念与教师角色转换 [J]. 中国教育学刊，2003，（4）：27-30.

[104] 彭林，Jesiek. 历史制度主义视角下美国产学研合作教育政策变迁研究 [J]. 清华大学教育研究，2021，42（6）：52-61.

[105] [瑞士] 皮亚杰. 皮亚杰教育论著选（第2版）[M]. 卢濬选译. 北京：人民教育出版社，2015.

[106] [日] 秋山利辉. 匠人精神 [M]. 陈晓丽译. 北京：中信出版社，2015.

[107] 任聪敏. 职业教育产教融合的发展演进、形成原因与未来展望[J]. 教育与职业，2021，（4）：26-31.

[108] 宋保兰. 澳大利亚TAFE职业教育对我国的启示 [J]. 教育与职业，2018，（12）：110-112.

[109] 宋鸿雁. 高等学校学生活动的创造性人才培养价值及其管理[J]. 大学·研究与评价，2007，（3）：46-48.

[110] 宋志一，朱海燕，张锋. 不同创造性倾向大学生人格特征研究[J]. 中国健康心理学杂志，2005，13（4）：241-244.

[111] 上官子木. 创造力危机：中国教育现状反思 [M]. 上海：华东师范大学出版社，2004.

[112] 申继亮. 从跨文化比较看我国创造性人才培养. [J]. 中国人才，2004，（11）：57-58.

［113］申继亮，王鑫，师保国．青少年创造性倾向的结构与发展特征研究［J］．心理发展与教育，2005，（4）：28-33.

［114］申培轩．怎样激发社会力量参与人才培养［N］．中国教育报，2017-11-23（7）.

［115］石中英．中国传统文化阻碍创造性人才培养吗［J］．中国教育学刊，2008，（8）：1-6.

［116］［美］斯塔科．创造能力教与学［M］．刘晓陵，曾守锤译．上海：华东师范大学出版社，2003.

［117］［英］斯托尔，［加］芬克．未来的学校：变革的目标与路径［M］．柳国辉译．北京：北京大学出版社，2015.

［118］孙卫平，聂强．在产教融合中探索跨界治理［N］．光明日报，2020-5-19（15）.

［119］唐殿强，吴燚．高中生认知方式与创造力关系研究［J］．教育理论与实践，2002，22（12）：35-38.

［120］唐松林．论创造性教学模式［J］．外国教育研究，2001，28（1）：17-23.

［121］王进安．高校引入业界师资的"三限"与"三关"［N］．光明日报，2017-7-1（10）.

［122］王启龙．职业教育如何步入"互联网+"时代［N］．中国教育报，2017-1-3（9）.

［123］王庆环．创业教育，应该是一种怎样的教育［N］．光明日报，2017-8-12（7）.

［124］王松柏．黎明职业大学深化产教融合培养区域急需人才［N］．中国教育报，2017-8-28（3）.

［125］王守伦．以创业教育带动创新人才培养［N］．中国教育报，2008-1-30（8）.

［126］王为民．合作产权保护与重组：职业教育校企合作机制创新［J］．教育研究，2020，41（8）：112-120.

［127］王小栋，王璐，孙河川．从 STEM 到 STEAM：英国教育创新之路［J］．比较教育研究，2017，39（10）：3-9.

［128］王妍妍，王志蔚．产学合作：日本经济界的自觉推进与启示［J］．职业教育研究，2020，（1）：91-96.

［129］王永强，刘香，李遵法．更新教育观念培养创新人才［J］．教育

探索，2000，（12）：17-18.

[130] 王永清．产教融合 企业主动作为很关键 [N]．光明日报，2018-5-10（14）.

[131] 王羽菲，祁占勇．国外职业教育产教融合政策的基本特点与启示 [J]．教育与职业，2020，（23）：21-28

[132] 王真东．中小学创新型教师特征研究 [J]．中国教育学刊，1999，（6）：47-49.

[133] 王真东．对中小学创新教育课程设置的思考 [J]．教育理论与实践，1999，19（10）：37-40.

[134] 王振洪．优质高职建设的四个切入点 [N]．光明日报，2017-7-29（7）.

[135] 汪凤炎．中国文化心理学新论 [M]．上海：上海教育出版社，2019.

[136] 汪姁．人格教育与创造性人才培养 [J]．中国成人教育，2008，（4）：22-23.

[137] [美] 吴尔夫，奥斯丁．教授是怎样炼成的：未来大学教师培养的改进策略 [M]．赵文译．北京：北京大学出版社，2015.

[138] 武春岭，李腾，何欢，童世华．重庆电子工程职业学校：基于"产教融合"的创新型人才培养探索 [N]．中国教育报，2018-4-26（7）.

[139] 夏昌祥．以企业需求为动力，探索"双定生"培养模式 [J]．中国高等教育，2006，（23）：52-53.

[140] 徐从才．一专多能打开地方本科应用型人才培养的大门 [N]．光明日报，2018-8-16（14）.

[141] 徐国庆．我国二元经济政策与职业教育发展的二元困境：经济社会学的视角 [J]．教育研究，2019，40（1）：102-110.

[142] [德] 雅斯贝尔斯．什么是教育 [M]．童可依译．北京：生活·读书·新知三联书店，2021.

[143] 杨东平．教育的智慧 [M]．上海：上海科学技术文献出版社，2014.

[144] 杨晓华，钦惠平，刘琳，朱保华．"2+1"职业学校教师企业实践模式的构建与实践 [J]．教育教育研究，2015，（12）：15-20.

[145] 杨秀英，杨静，谢林．职教本科发展的关键在于"双师型"教师 [N]．光明日报，2021-10-5（6）.

［146］杨韵莹，罗泽兰，董艳．未来教师的工作创新、跨界与重塑［J］．开放教育研究，2022，28（1）：43-50．

［147］杨治良，蔡华俭，符起俊．大学生创造性内隐观的调查研究：关于高创造性者的特征［J］．心理科学，2001，24（6）：641-645．

［148］姚亚冬．职业技能培训教学方法的改革与创造型人才的培养［J］．新课程研究（职业教育），2008，（11）：158-159．

［149］叶阳永．产教融合亟待政府弥合信息鸿沟［N］．光明日报，2022-3-22（15）．

［150］应若平．如何认识和破解新时代职业教育的主要矛盾［N］．光明日报，2018-5-10（14）．

［151］俞慧刚，徐公芳，陈旭平．校企合作模式下的工学交替教学实践［J］．高等工程教育研究，2017，（2）：184-188．

［152］袁振国．知识经济呼唤叫与创新体系［J］．江苏教育，2001，（3）：10-14．

［153］张东初，裴旭明．创造教育与创造性人才的培养［J］．黑龙江高教研究，2003，（4）：151-152．

［154］张克平．当代国内外创造性人才培养的思想及其模式［J］．长春理工大学学报（社会科学版），2005，18（4）：83-85．

［155］张剑，郭德俊．创造性与环境因素关系的社会心理学理论［J］．心理科学，2003，26（2）：263-267．

［156］张小鹏．从世界技能大赛看中外职业教育［N］．光明日报，2017-6-22（14）．

［157］张珣，李运顺，李国勇．新加坡南洋理工学院"教学工厂"产教融合模式的经验及启示［J］．职业技术教育，2021，42（11）：76-80．

［158］赵晶晶，张薇．职业教育准备好了吗［N］．光明日报，2020-10-20（14）．

［159］赵思铭．创业教育，要理解别误解［N］．光明日报，2018-7-26（14）．

［160］郑金洲．创新能力培养中的若干问题［J］．中国教育学刊，2000，（1）：13-16．

［161］中共中央国务院关于进一步加强人才工作的决定［N］．人民日报，2004-1-1（1）．

［162］周玉萍．创造性人才培养的系统学分析［J］．太原科技大学学

报, 2005, 26 (4)：317-320.

[163] 周治金, 杨文娇, 赵晓川. 大学生创造力特征的调查与分析 [J]. 高等教育研究, 2006, 27 (5)：78-82.

[164] 朱德全, 沈家乐. 职业教育 "1+X" 证书制度执行的分析框架与理论模型 [J]. 教育研究, 2022, 43 (3)：110-126.

[165] 朱光潜. 谈美 [M]. 北京：北京联合出版公司, 2020.

[166] 朱柯锦, 马近远, 蔡瑜琢. 新工科背景下大学产教融合组织创新的影响因素及挑战 [J]. 高等工程教育研究, 2021, (12)：39-46.

[167] 朱小军. 应用型高校产教融合人才培养模式研究：基于美国社区学院办学经验、典型模式的启示 [J]. 职教论坛, 2020, 36 (10)：123-129.

[168] 庄西真. 试谈发展示范性高等高职院校的几个问题 [J]. 大学·研究与评价, 2007, (4)：70-75.

[169] 庄西真. 以工匠精神引领高技能人才培养 [N]. 中国教育报 .2017-8-31 (3).

[170] 壮国桢. 高职院校 "双证" 融通的优势、难点与突破 [J]. 高等工程教育研究, 2005, (4)：94-97.

[171] Barron F, Harrington D M. Creativity, intelligence, and personality [J]. Annual Review of Psychology, 1981, 32 (2)：439-476.

[172] Boud D, Cohen R, Sampson J. Peer Learning in Higher Education：Learning from & with each other [M]. London：Kogan Page, 2001.

[173] Carlsson I. Anxiety and flexibility of defense related to high or low creativity [J]. Creativity Research Journal, 2002, 14 (3&4)：341-349.

[174] Cohen E G. Restructuring the classroom：Conditions for productive small groups [J]. Review of Educational Research, 1994, 64：1~35.

[175] Crabbe J C, Phillips T J. Mother nature meets mother nurture [J]. Nature Neuroscience, 2003, 6 (5), 440-442.

[176] Ebert E S. The cognitive spiral：creative thinking and cognitive processing [J]. The Journal of Creative Behavior, 1994, 28 (4)：275-290.

[177] Esquivel G B. Teacher behavior that foster creativity [J]. Education Psychology Review, 1995 (2)：185-200.

[178] Feist G J. A structural mode of scientific eminence [J]. Psychological Science, 1993, 4 (2)：366-371.

[179] Feldhusen J F. Creativity：A knowledge base, metacognitive

skills, and personality factors [J]. The Journal of Creative Behavior, 1995, 29 (4): 255-267.

[180] Gillies R M, Nichols K, Burgh G, et al. The effect of two strategic and meta-cognitive questioning approaches on children's explanatory behaviour, problem-solving, and learning during cooperative, inquiry-based science [J]. International Journal of Educational Research, 2012, 53: 93~106.

[181] Goswami A. Creativity and the quantum: a unified theory of creativity [J]. Creativity Research Journal, 1996, 9 (1): 47-61.

[182] Gruber H E. The evolving systems approach to creative work [J]. Creativity Research Journal, 1988, 1 (1), 27-51.

[183] Gruber H E, Wallace D B. Special issue: Creativity in the moral domain [J]. Creativity Research Journal, 1993, 6 (1): 1-200.

[184] Guastello S, Shissler J. A two2factor taxonomy of creative behavior [J]. Journal of Creative Behavior, 1994, 28: 211-221.

[185] Hay K E, Barab S A. Comparison and contrast of apprenticeship and constructionist learning environments [J]. The Journal of the Learning Sciences, 2001, 10 (3): 297.

[186] Hendry G D, Frommer M, Walker R A. Constructivism and problem-based learning [J]. Journal of Further and Higher Education, 1999, 23 (3): 359-370.

[187] Hennessey B A. Social, environmental and developmental issues and creativity [J]. Educational Psychology Review. 1995, 7 (2): 163-183.

[188] Houtz J. The Educational Psychology of Creativity (Perspectives on Creativity Research) [M]. Hampton Press, 2002.

[189] Hu W P, Adey P, Shen J L, et al. The comparisons of the development of creativity between English and Chinese adolescents [J]. Acta Psychologica Sinica, 2004, 36 (6): 718-731.

[190] Hu W P, Adey P. A scientific creativity test for secondary school students [J]. International Journal of Science Education, 2002, 24 (4): 389-403.

[191] Iran-Nejad A. Constructivism as substitute for memorization in learning: Meaning is created by learner [J]. Education, 1995, 116 (1): 18-27.

[192] Jaques D. Learning in Groups: A handbook for improving group work

［M］. 3rd edition. London：Routledge Falmer，2000.

［193］Kirschner F, Pass F, Kirschner P A, & Janssen J. （2011）. Differential effects of problem－solving demands on individual and collaborative learning outcomes ［J］. Learning and Instruction, 21 （4）, 587-599.

［194］Luckin R, Cukurova M. Designing educational technologies in the age of AI：A learning sciences-driven approach ［J］. British Hournal of Educational Technology, 2019, 50 （6）：2824-2838.

［195］Michael F, Shaughnessy. An interview with E. Paul Torrance：about creativity ［J］. Educational Psychology Review, 1998, 10 （4）：441-452.

［196］Nengah S N. Creative, inspiring, and innovative teacher in creating excellent and competitive humans ［J］. International Journal of Research in Social Sciences, 2019, 8 （1）：643-663.

［197］Piirto J. Understanding Creativity ［M］. Great Potential Press, 2004.

［198］Renzulli J S. A general theory for the development of creative productivity through the pursuit of ideal acts of learning ［J］. Gifted Child Quarterly, 1992, 36 （4）：171-182.

［199］Runco M A. A longitudinal study of exceptional giftedness and creativity ［J］. Creativity Research Journal, 1999, 12：161-164.

［200］Runco M A, Nemiro J, Walberg H J. Personal explicit theories of creativity. ［J］ Journal of Creative Behavior, 1998, 32 （1）：1-17.

［201］Saxena S. Study of creativity in relation to anxiety ［J］. Indian Psychological Review, 1985, 28 （5）：5-8.

［202］Sheldon KM. Creativity and self2determ ination in personality ［J］. Creativity Research Journal, 1995, 8：23-36.

［203］Simon H A. Creativity in the arts and the sciences ［J］. The Kenyon Review, 2001, 23 （2）：203-220.

［204］Sternberg R J. Implicit theories of intelligence, creativity, and wisdom ［J］. Journal of Personality and Social Psychology, 1985, 49 （4）：607-627.

［205］Sternberg R J. An investment theory of creativity and its development ［J］. Human Development, 1991, 34：1-31.

［206］Sternberg R J, Lubart T I. Investing in creativity ［J］. American Psychologist, 1996, 51 （2）：677-688.

［207］Sternberg R J, Lubart T I. Investment in creativity and its development

[J]. Human Development, 1996, 34 (1): 1-31.

[208] Treffinger D F. Creative problem solving (C. P. S.): Overview and educational implications [J]. Educational Psychology Review, 1995, 7 (3): 301-312.